JN166824

もし、日本という国がなかったら

ロジャー・パルバース
坂野由紀子＝訳

角川文庫
21473

もし、日本という国がなかったら　目次

はじめに

　二〇〇八年九月二一日の午後一時半ちょうどに、ぼくはイギリス海岸にたたずんでいました。といっても、英国のドーバー海峡ではなく、岩手県花巻《はなまき》市にある北上川《きたかみがわ》の白い泥炭層《でいたんそう》の川岸のほうで、そこは宮沢賢治《みやざわけんじ》が、白い崖で名高いイギリスの海岸に似ているのかもしれないと想像して、そのような名前を付けたのでした。

　なぜそんなに日時にこだわるのか、と思われるかもしれません。

　実は、宮沢賢治が息をひきとったのが、一九三三年九月二一日の午後一時半、つまりぼくがその川べりに立っていたときからちょうど七五年前のことになるのです。ぼくはその瞬間に、全身が震えるのを感じました。賢治がぼくに何か伝えようとしていたのでしょうか？　風の又三郎《またさぶろう》がぼくの体を吹き抜けていったのでしょうか？

　宮沢賢治から日本の読者へのメッセージとは（といっても読者はその後全世界に広がったわけですが）、人は幸せで満ちたりた人生を送りうるのだ、ということでした。本書のテーマの一つは、どうすればそのような、幸せで満ちたりた人生を送り、しかもその幸せをほかの人にもおすそわけできるのだろうかということです。

日本が迎えたいまの時期は、暗黒時代などではありません。東日本大震災によるかつてない規模の災害や福島の原発事故、あるいはそれに先立つ二〇年におよぶ五里霧中《ごりむちゅう》の時代を経験しても、はたまたここ数年の政治や国際情勢から漠然とした不安を抱いていたとしてもなお、日本という国には希望と前途があります。

いま、日本の人々が、老若男女の別をとわず、幸せで満ちたりた人生を手に入れるにはどうしたらよいのかと考え、そのための知恵と教えを求めているこの時代に、宮沢賢治の作品と生き方は、少なくとも一つの答えとなるでしょう。つまり、すべての人が幸福にならなければ個人の幸福はない、というのです。

しかしそれが唯一の答え、唯一の方法というわけでは決してありません。折しも、平成という一つの時代が終わり、新しい時代が始まろうとしています。日本のみなさんが未来を、新たに形づくろう、新たな発想で、新たな構想を思い描こうとするなら、日本の慣習や伝統、日本ならではの考え方といったものを参考にすればよいのです。明るい未来を作るための鍵《かぎ》は、みなさんの国の文化のなかにあるのです。あなた自身の明るい未来をひらく鍵は、その文化をただ傍観することを選ぶにしろ、積極的に貢献する道を選ぶにしろ、あなたがその文化とどう関わるかにあるのです。

そのことを伝えるのが、この本の役目です。これは、日本のみなさんにとって、将来へのロードマップとなるものです。日本という国は世界にとって、なくてはならない必

岩手県花巻市の「イギリス海岸」（一般社団法人花巻観光協会提供）

要な存在です。日本のみなさんがそのことを再び信じられるようになったとき、日本は世界での居場所を取り戻すでしょう。経済あってこその文化ではありません。真実はまるきり正反対です。文化あってこその経済なのです。日本の人々がそれを理解するとき、日本経済に対する信頼も、国内外で回復することでしょう。

日本がほぼ三〇年ものあいだ沈滞感におおわれ続けた結果、若い世代は自信を失ってしまったようです。自分にとって本当に価値があり、しかもこの国の国民の社会生活に貢献もできるような生き方を、自分の手でつかむことなどできないと感じている。彼らが目にする上の世代といえば、戦後の復興に力を尽くしたあげくに燃え尽きてしまった人ばかり。会社づとめに（あるいは自営業や農業にそれぞれ）身も心も捧げつくして、結局それでいったい何になったというのか？ できあがったのは、父親は子供のことをろくに知らず、女性は出産を望まなくなり、老人は家族からも国からも見捨てられたと感じている社会。これでは若い人が「そういうものにわたしはなりたくない」と思うのも当然です。

では、私はどんな人間になればよいのか？ と問いたくなるかもしれません。この国に、私が手本とすべき人物はいるのか？ バラク・オバマはアフリカ系アメリカ人の手本になるかもしれないが、日本で生まれた若い人のモデルにはなりえない。日本とアメリカでは、歴史も習慣も社会構造もあまりに違いすぎる。

ではトーマス・エジソンならどうか？ あるいはビル・ゲイツ？ 女性ならばキュリー夫人や、ヘレン・ケラー？ いや、たしかに彼らは理想の人物像となるのにふさわしいけれども、別の国に生まれ、当時の日本あるいはいまの日本とはかなり異なる状況を生きていた人たちです。

日本の将来に対して悲観的な若い人が多い。まるでいまのこの灰色の世界が、見渡す限りずっと広がり、そしてその先までも続いているとでもいうかのように。自宅にひきこもって出てこようとしない者もいます。彼らは孤独な人生を送り、人との接触といえば、携帯電話とインターネットの電子的なつながりだけですませることを良しとしているのです。

しかし、明治時代や戦後の日本人にとって世界は、いまのぼくらの目の前にあるものよりも、はるかに暗いものでした。江戸時代の価値観が崩壊し、まったく新しい社会の体制を築かなければなりませんでした。昭和三〇年代についても、同じことが言えるでしょう。その時点からみた過去の価値体系は、侵略行為や帝国主義的な征服に夢中になるような社会を生み出してしまった。前の世代が、日本の文化には本来あったはずの人道的な価値観をふみにじった結果、一九四五年を迎えるころの日本は、理念というものを失っていたのですから。

それでも、どちらの時代にも日本は国の姿を新たに発想、構想し、その発想と構想が現実になるまであきらめませんでした。

やれば、またできます！

暗く灰色のぱっとしない時代が訪れたときこそ、人や国を新たにつくり直すチャンスなのです。

一九世紀ヴィクトリア朝時代に、英国人のしたことを考えてもみてください。彼らは「都市」というものの概念と現実を根本的に変えてしまったではありませんか。田園地区つまり郊外というものを作って住み、そこから職場へ通勤というものをするようになったのです。鉄道と蒸気船での移動が可能になり、人々は遠方のさまざまな場所まで快適に旅することができるようになりました。それまでの英国には、生まれた所から三〇キロ以上離れた場所には生涯一度も行ったことのない人がほとんどだったのに。

そしていまぼくらの目の前にも、まったく新しいものの考え方が登場しはじめています。その分野はコミュニケーション、エネルギー、ライフスタイル……とさまざまです。いまこそ、日本の新たなるビル・ゲイツやキュリー夫人やトーマス・エジソンが日本の新しい姿を思い描き、まったく新しい国を創造するチャンスです。またそれは、この国がこれまで世界に示してきた、科学や芸術の分野における、あるいは社会のしくみについての、素晴らしい成果の上に築かれることになるでしょう。

いま再び、日本の若い人にこう言いましょう。世界はもう君たちのものであると。しかしまず、世界は自分たちのために用意されたものだ、と本人たちに思ってもらわねば。それが若い人の特権というものではありませんか。ところがどうでしょう、彼らはそう思えなくなっているのです。なぜなら、自尊心をなくしてしまったから。

ぼくには、ある企業経営者の言った好きな言葉があります。第二代住友総理事であった伊庭貞剛《いばていごう》（一八四七―一九二六）がこう言ったというのです。「事業の進歩発達に最も害をするものは、青年の過失ではなくて老人の跋扈《ばっこ》である」。

これは企業経営だけでなく、あらゆる分野でなにごとかをなそうとするときにあてはまる言葉です。若い人が、国の過去の過ちや無気力に、責任を感じたりしていてはいけない。むしろ、明治や戦後の若者にあった「反逆の精神」が自分にもあることを知るべきなのです。

それぞれのもつ才能に違いはあっても、すべての若い人がひとしく、想像する力と、想像したことを行動に移す力を秘めています。たとえもう若くなくても、ぼくと同じぐらいの年齢の人だって、まだ自分の人生を新たに作り直すことはできるのです。

だからこそぼくはこの本を書いたのです。つまり、日本のみなさんに、「雨ニモマケズ」の宮沢賢治のように、そういう人に私はなりたい、と言ってもらえるように。

そのあとにぼくはこう付け加えましょう。そういう人に私はなるのです、と。

二〇一九年一月　ロンドンにて

ロジャー・パルバース

1 ここが、ぼくの国だ

タクシーの窓から見えたもの

創造は過去と現在とを材料としながら新しい未来を発明する能力です　与謝野晶子《よさのあきこ》

幻灯機と万華鏡の世界へ

ぼくが二〇〇八年九月に、花巻《はなまき》市の北上川《きたかみがわ》の川岸で風に吹かれて銅像のようにたたずんでいた話はしました。でもその地点にたどり着くまでには、長い道のりがありました。かつてのぼくには、宮沢賢治《みやざわけんじ》も花巻も知らず、それどころか、大阪の場所や寿司の味さえ見当もつかない……つまり日本に関することをなに一つ知らない、まったく白紙の状態という時期もあったのです。

一九六七年九月一四日の夕方に、二三歳で東京国際空港（羽田空港）に到着したとき、ぼくはたどり着いた国の言葉をしゃべれませんでした。知り合いも一人もいません。ぼくは徴兵をのがれるためにアメリカを脱出してきたのです。当時進行中だったベトナム戦争が、ぼくには不当で残虐なものとしか思えませんでした。心情的には、アメリカ人でいることがいやになっていました。でも、よその国の国民になるまでには数年を要しました。ようするにぼくは、途方に暮れていたのです（実はぼくはこの、知らない街で道に迷ったというか、方向感覚を失ったというか、一瞬自分が誰でどこにいるのかも忘れてしまうような感覚が好きです）。

ぼくは空港の荷物受け取り用ターンテーブルから、たった一つの荷物、それまでの三年間もヨーロッパやアメリカを旅するぼくの相棒だった使い古しのスーツケースをひきあげて税関を通ると、ロビーの案内所で安い宿を紹介してもらうことにしました。目黒におすすめのホテルがあるというので、バス乗り場はどこかと聞いてみました。

「え、お客さんがバスで行くのは大変でしょう。どうかタクシーをお使いください」

ぼくの所持金は三〇〇ドルだけで、しかも当時のぼくにしてみれば、これを使い果たしたらあとは死ぬしかないという金なのでした。しぶしぶタクシーに乗り、ホテルの名前を運転手に見せました。

結局タクシー代に一五〇〇円も払わされることになりました。一ドル三六〇円の時代とはいえ、ぼくには大金でした。しかしそれは、ぼくの生涯で最も重要なタクシーの旅となったのです。

ぼくを乗せた車が蒸し暑い夕暮れのなかを、都心をめざして進みはじめると、タクシーの窓から目が離せなくなりました。街路にあふれる人々が、飲食店や自宅をめざして足早に歩いてゆくさまに目を見張りました。万華鏡《まんげきょう》のようなネオンの光にとりつかれたのです。ぼくは目の前を通り過ぎる夜の街を、驚きの目で夢中になって見つめていました。

それはちょうど、まだ映画のなかった時代に楽しまれたという幻灯機をのぞきこんでいるようなかんじでした。タクシーの窓は、ぼくの幻灯機の覗《のぞ》き窓だったのです。ぼくは車内で、こんな独り言を言いました。いまでもそのときのことははっきりと覚えています。「ぼくは死ぬまでこの国に永住するぞ。ここがぼくの国だ」と。

よくもまあ、着いてからわずか一時間ばかりの日本を、自分の国だなどと言えたものです。日本に関して知っていたわずかなことといえば、日本人は外国人にも礼儀正しいが、外国人を「身内」とみなすことはめったにない、ということぐらいのものでした。ぼくが「日本人になる」ことなんてできるのだろうか。日本人がぼくを日本人と認めてくれることなど、決してないかもしれないのに。

ぼくは前世で日本人だったのか？　それとも、日本のどこかの僻地《へきち》にある沼の底で泳いでいたなまずだったとか？　その数年後にぼくはラフカディオ・ハーン（小泉《こいずみ》八雲《やくも》）の名を知り、のちに彼に関する小説を書くことになるのですが、ハーンもまた、一八九〇年四月に横浜港の波止場《はとば》の板を踏んだ瞬間に、日本はまるで自分の家のようだと思ったといいます。ぼくらは生まれる前から、日本に来る運命だったのかもしれない……いやそれとも、こうなったのは単なる偶然、運命のいたずらにすぎないのだろうか？

タクシーが目的地に到着し、運転手がぼくの古いスーツケースをトランクから歩道におろしました。一五〇〇円を支払うと彼は「スミマセン」と言っておじぎをしました。ぼくはホテルの部屋に入るとスーツケースから小型辞書をとりだし、スミマセンという単語をひきました。定義を読むと、英語の「エクスキューズ・ミー」にあたる表現だといいます。ぼくは不思議に思いました。なぜタクシーの運転手が、料金を支払われて「エクスキューズ・ミー」と謝るのだろう？　スミマセンは「ありがとう」の意味でも使われるとあとから知って、とても重要なことを学んだと思いました。日本語を理解したいなら、辞書ではなく経験から学べ、ということを。

一九六七年九月のその夜は、ぼくがいまでも歩み続けている道の第一歩となりました。自分を発見するその旅はいまも続いています。そして、目を丸くして幻灯機を覗きこんだときのあの驚きも少しも失われていません。「ぼくの国」を幻灯機で初めて見たときに目にした光と、北上川の岸で体を吹き抜けていった風とが、ぼくの人生を語るうえで決定的な二つの要素、ぼくの人生という写真をふちどる光と風のフレームなのです。

旅の友《スプートニク》との旅立ち

日本の土を踏むまで、ぼくは日本料理を食べたことがありませんでした。ぼくが育ったロサンゼルスにも当然日本料理店はありましたが、その多くが日系人の訪れるリトル・トーキョーにあり、ぼくの家からはとても遠かったのです。ぼくは日本の有名人の名前も一人も知りませんでした。日本の小説も読んだことはありませんでした。日本映画だけは二本見ていました。だがそのうちの一本は「ゴジラ」で、英語に吹き替えられていたからアメリカの映画だと思っていました。もう一本は「砂の女」(Woman in the Dunes)。「砂の女」を見たのは一九六四年ですが、当時のぼくはその主演女優の岸田《きしだ》今日子《きょうこ》さんを、二〇年後に東京で、演出することになるとは思ってもみませんでした。

こんな話を持ち出したのは、当時のぼくの、日本に対する恥ずべき無知ぶりを披露したかったからではなく、一九五〇年代、六〇年代のアメリカでは、日本文化の存在感がいかに小さかったかを示したかったからなのです。本格的な日本料理はダウンタウンのリトル・トーキョーで食べられたし、日本映画を上映する映画館もありました。「ラブレア東宝」という、東宝が主に自社作品の宣伝のために経営した映画館です。でも日本料理を食べたり、日本映画を見たりすることは、アメリカ人のあいだではきわめてマイナー派の趣味と考えられていました。ぼくの知り合いで日本映画を(「ゴジラ」はべつとして)見に行く人はいなかったし、まだそうとう異色の存在だった料理を食べに、わざわざダウンタウンのリトル・トーキョーまで足を運ぶ人もいませんでした。

ぼくの通っていた高校には日系アメリカ人の生徒が何人かいましたが、たいていは日系人以外の生徒と仲間づきあいをしません。日系人の多くはロサンゼルス郊外にある特定の地域に集住しており、そのほとんどが静かで目立たない中産階級的な暮らしに満足していました。

そういうわけで、ぼくが初めて日本人に接したのは、二一歳になってからのことでした。それは一九六五年の夏にモスクワからレニングラード（現・サンクトペテルブルグ）にむかう列車のなか。その日本人は身なりのきちんとした一人旅の学生で、チェックのシャツにカーキ・パンツ、ぴかぴかに磨かれた靴といういでたちでした。彼は英語もロシア語もしゃべれず、もちろんぼくも日本語はしゃべれませんでした。

彼はシャツのポケットに手をのばし、白地にブルーの「ハイライト」の箱をとりだすと、一本どうぞとすすめてくれました。ぼくがほほ笑みながら断ると、彼は輝く銀色のジッポーのライターで自分のタバコに火をつけました。

「日本《ジャパニーズ》の？」とタバコを指さしてぼくが言います。

「ああ《イエス》、そうだよ《ジャパニーズ》！」と彼は歯を見せて煙をふぅっと吹きながら答えました。

ぼくはそのとき、日本に国産のタバコがあることを知って、とても驚いたのを覚えています。

その数カ月前にも、ハーバード大学のキャンパスにあるハーバード・ヤードを歩いていると、若い日本人のカップルが近づいてきました。ぼくとカメラとを交互に指さして、

「写真《ピクチャー》、いいですか？」と言いました。

「ぼくを撮るの？　いいけど」とぼくは答えました。

もし読者のなかに、ご両親（あるいは祖父母かも！）が一九六五年の春にハーバード大学で撮った、バミューダ・ショーツに白いソックス姿で大きな濃紺のロシア語辞典を抱えた、ぎこちないポーズの学生の写真に見覚えがある方は、ぜひ本書の出版社経由でご連絡ください。


ぼくが一九六七年九月に日本に来るきっかけになったのは、その一〇年も前の一九五七年一〇月なかばに起きた、ある事件でした。それは日本とはなんのつながりもない事件です。しかしその後のぼくの人生の展開を考えると、それが結果的にはぼくをこの国にいさせる「きっかけ」になっていたのです。人生とは、理屈どおりなら次に起こるはずのことなど起こらず、あれよあれよという間にことが運んでゆき、あるときふと気がつくと、自分はどこか別の場所にたどり着いていて、それまでまったく知らなかった人々に出会い、自分自身ももはや以前の自分と同じではないことに気づく、そういうものなのです。

ある事件とは、ソ連による初の人工衛星スプートニク（ロシア語で「旅の友」）の打ち上げです。一九五七年一〇月四日のことでした。ぼくの少年時代で最もワクワクした出来事でした。

スプートニク打ち上げの成功がアメリカに与えた衝撃たるや、すさまじいものでした。ソ連のような共産主義国が、というかあの国は「遅れている、ましてや無神論者の集まり」のはずなのになぜ、わがアメリカ合衆国が夢に見るしかなかった偉業を、成し遂げられたのか？　考えられないことでした。アメリカはただちに独自の宇宙開発プログラムに着手し、科学教育に巨額を投ずるようになりました。資本主義のイデオロギーがアメリカ国民に理性的な判断力を失わせ、どんな国でも、たとえ「遅れている」ロシア人でも、やる気になれば立派に科学的成果をあげられるという事実を見えなくさせていたのです。

ぼくはスプートニクから重要なことを学びました。一三歳だったぼくは、ロサンゼルスの自宅であわてて望遠鏡をとりだし、夜空を流れるスプートニクの軌跡を見つめました。それがどれほど衝撃的だったかを想像するのはいまの若い人には難しいかもしれません。人類の作った機械が打ち上げられて軌道に乗り、地球のまわりを一周九〇分でまわっているなんて……しかもそれが自分の家のすぐ上を飛んでゆくなんて！　ぼくの想像力は大きな翼をひろげ、スプートニクのもとへ飛んでゆき、スプートニクとともに軌道をめぐりました。ぼくはスプートニクの「旅の友《スプートニク》」になったのです。

ぼくはその夜、父を外に連れ出してスプートニクを見てもらいました。しかし父は、感銘を受けてはいない様子でした。

「それで、なにが言いたいんだ？　金属のかたまりが空を飛んでるだけじゃないか。部屋にもどって宿題をやれ」

父がなぜロサンゼルス上空を飛ぶスプートニクを見て死ぬほど興奮しないのか、ぼくにはわかりませんでした。

わが家のガレージには、祖母の古いラジオが残っていました。かつてはどの家庭でも特等席を占めていた、戦前の家具調のラジオです。昔は夜になると家族がそのまわりに集まって耳を傾けたものでした。その風景は「アメリカ式一家団欒《だんらん》」の象徴といえます。

祖母のラジオはまもなく廃品回収業者にひきとられる運命にあり、音が出るのかも怪しかった。でもぼくが電源をいれるとブーンと鳴り、ザーザーと雑音を発しはじめました。大きなダイヤルをロサンゼルスの新聞に出ていた周波数にあわせると、なんということでしょう、上空を飛行中のスプートニクが発するピーッ、ピーッ、ピーッという音が聞こえてくるではありませんか。あの小さな、科学の奇跡のかたまりがいま、ぼくに直接話しかけてきているのです。ロサンゼルスに住む一三歳の、地球のまわりを回れるものすべてに畏怖《いふ》の念を覚えてしまう少年に。

その翌日、ぼくが地元の図書館からロシア語入門の本を借りてきて、ロシア文字を我流で学びはじめたので、両親は本気で心配してしまったようです。となりの部屋から、どうやって「ロジャーを正しい方向に戻す」べきかを相談するひそひそ声が聞こえてきました。

「望遠鏡なんてものを買ってやるんじゃなかった！」と父が言っていました。

16歳のとき、ロサンゼルスの自宅で天体望遠鏡と

ぼくは棚の上にあった望遠鏡をあわてでベッドの下にかくしました。望遠鏡を奪われたらきっと……そう、目が腫《は》れるほど泣き、たとえ裸眼でも星を眺め続けたことでしょう。一九五〇年代のロサンゼルスはすでにスモッグの問題を抱えていましたが、晴れた夜にはまだ天の川が見えるほどで、いつでも夜空を見上げて、この惑星のまわりを周回中の「旅の友」を驚きの目で眺めることができました。

ぼくがロシア語を正式に勉強できるようになったのはその四年後、一九六一年にカルフォルニア大学ロサンゼルス校（UCLA）に入学してからでした。結果的には、学部生として過ごした三年のうち、ロシア語を勉強したのは二年間だけになりました（ぼくは四年間の学部教育を三年で終え、二年間の大学院を一年で修了したので、ハーバード大学を修士で卒業したときには二一歳だった）。一九六四年六月にUCLAを卒業したときには、簡単なロシア語なら読めるようになっていましたが、ちょうど日本で英語を学んでいる多くの学生と同じように、ぼくはロシア語で話しかけられても何を言われているのかわからなかったし、あいさつはできても、それ以上のことはなにもしゃべれませんでした。

ぼくは日本の教え子たちに、ずっとこう言い続けてきました。ぼくが二〇歳の誕生日に話せたのは英語だけでした。当時のぼくに誰かが「あなたは外国語をしゃべれる人ですか？」と聞いてきたら、まちがいなくこう答えたでしょう。「まさか。ぼくにはそういう才能はないんですよ」と（ところで、ぼくの誕生日は五月四日で、誕生日が同じ有名人にはオードリー・ヘップバーン、建築家のブルーノ・タウト、俳優の森繁久彌《もりしげひさや》、政治家の田中角栄《たなかかくえい》がいます）。

一九六四年夏に初めてソ連に行ってからは、ロシア語を流暢《りゅうちょう》に話せるようになり、ほとんど英語とおなじようにすらすらと読めるようになりました。一九六六年から六七年にワルシャワ大学に留学していたおかげで、ポーランド語も会話、読み書きともに不自由なくできるようになりました。そして一九六七年に日本に来たときも、半年もするとかなり流暢に日本語をしゃべれるようになりました。読み書きの能力がついたのは、もっとあとのことだけれど。

というわけで、二〇歳から二四歳のあいだにぼくは三つの外国語を、しかもかなり難しい言語ばかり、身につけることに成功しました。

いまのはきっと自画自賛のように聞こえたでしょう。しかしぼくは決して自慢するためにこの話を書いているわけではありません。自分になにか能力があるなら、照れずにそれを認めるべきなのです。もちろんその一方で、自分にない知識や能力をあるかのように言うのも決してよいことではありません。単語とフレーズをいくつか知っているだけで、ある言語を話せると言ってはいけません。いずれ誰かにその言語で話しかけられて、嘘がばれるでしょう。

ぼくがこの話を持ち出したのは、いつも自分の学生にこう言っているからです。「若い人間の脳はスポンジのようなものです。望めばなんでも吸収できる。必要なのは好奇心と熱意だけだ」と。ありがたいことに、ぼくにはその両方がありました。最初は空と旅の友に対して。そのおかげで、自分でもあるとは知らなかった能力があることに、気づいたのです。

外国語を話すときに、人は自分自身であると同時に、別人になることができます。自分を客観的に眺められるようになり、なにかを言うたびに、それがどんなにささいで平凡な内容でも、違う言葉で言うために、想像力をはたらかせるようになります。そして、その言葉をつかって話している相手の本心を知る。つまり彼らの考え方で考え、彼らの見方で見て、彼らの感じ方で感じることができるようになるのです。これは断言できますが、ぼくの人生において、外国語の勉強ほど、ものごとの真理を明らかにし多くを教えてくれる、刺激的な体験はほかにありません。

新しい日本を作るのは「反逆精神」だ

さて、ここで一九六七年から二〇一一年に話が飛ぶことをお許し願いたいと思います。ロサンゼルス、ソ連、ポーランド、羽田空港、ときて、次は現在の話です（そのあいだに羽田はまた国際空港になった）。

いまの日本の若い人が、はるか昔のぼくの体験から学べることはあるのでしょうか。彼らが早く知りたいと思っているのは、自分の力でいったいどこまでやれるのかということだし、彼らが情熱と関心を持っているのは、自分の世界を広げることなのに？

ぼくはあると思います。二つの異なる人生、まだ両国が戦時下にあった一九四四年のアメリカに生まれた人間と、二〇世紀末の日本に生まれた人間とを結びつける鍵《かぎ》は、たった一つの言葉にあります。

そんなに昔のことではありませんが、ぼくはある単語を忌《い》み嫌うようになっていました。その単語とは、かつてはぼくが良いものだと信じ、大切にしていたものでもあるけれど、いまではおそらく、日本語で最も誤用されている単語かもしれません。それは「夢」です。

いったいなぜ、この美しい響きをもつ、ときには詩的な含みさえある単語が、これほどまでに空虚なものになってしまったのか？　ぼくの四人の子供たちがまだ幼く、日本の幼稚園と小、中、高等学校に通っていたころ、卒業式では（ぼくはどの子の式にも全部出た）ほとんどすべての園長、校長が、卒業生に「夢を持ちなさい」と熱弁をふるったものです。当時はそれがきわめて無害で感動的なものに思えました。ところが、年月が流れるとともにぼくは、あの誠実で献身的な教育者たちは「夢」という言葉を、本当はどういう意味で使っていたのだろう？　と考えるようになりました。

その背後にあるものに気づくために、ぼくは自分の子供時代をふりかえってみなければなりませんでした。

一九五七年のこと、一三歳のぼくは両親に、天文学者になりたいと告げ、それがぼくと両親とのあいだで数十年つづく喧嘩《けんか》のはじまりとなりました。しかしおかげで一三歳という幼さで、ぼくが「もつべき」夢とされるものは、ぼく自身の夢とは別物であるということに気づきました。前者は親の夢なのでした。ぼくの両親は自分たちがなれなかったもの、自分たちが夢見ていた姿に、ぼくをならせようとしました。

実際には、すべての世代がそれぞれの夢を持っているし、そうあってしかるべきです。どの国のいつの時代でも、若者は、上の世代が実現できなかった夢を背負い込むことだけはしないように注意しなければいけません。

それが現代の日本にどうあてはまるのかを考えるために、この国が進歩的な変貌をとげた二つの偉大な時代をふりかえってみましょう。そのことによって現代に欠けているものがわかり、なぜ若い人が年長者の残した、夢らしさなどまるでない泥沼にはまりこんでいるのかを理解できるかもしれません。

明治時代の日本人には夢がありました。それは西洋諸国と肩を並べるような近代国家をつくるために、国際的に通用する教育や社会発展の理念を吸収することです。彼らはそれまで二五〇年続いてきた鎖国《さこく》主義を捨て去りました。自分の属する村、町、市、国などの集団がなにかを達成することが、各人の自尊心を生み出していました。明治のリーダーたちは若く、近代社会の「日本人」像を新たに創造しようと躍起《やっき》でした。

二つ目の偉大な変化の時代は、第二次世界大戦後、大都市をはじめ、小さな都市もほとんどが瓦礫《がれき》と化したときにやってきました。このときも若い人たちは、過去に裏切られたと感じていました。学校で軍国主義的、国粋主義的な教えを刷り込まれたことを恨んでいました。彼らは過去を否定し、文化面でも商業面でも個人の業績を認めるような新しい気風をつくりあげました。彼らには、日本は逆境に負けない、平和で、創造的な、世界に貢献できる国に生まれ変われるという信念があり、それが彼らに自尊心を持たせていました。

言い換えれば、明治と戦後の日本人は自分の夢を追いかけていたのです。そして彼らの夢の根底にあるのは「反逆の精神」にほかならなかったのです。

一九六〇年代になると、戦後世代の作家、劇作家、映画監督、芸術家、写真家たちが成年に達し、メディア、特に印刷メディアは侃々諤々《かんかんがくがく》の議論でにぎわいました。小劇場ブームがおこり、日本社会の土台をなす根本的な理念に疑問をつきつける作品が舞台にかけられました。映画監督も、過去も現在もひっくるめた日本社会の紛《まが》いもの的な側面を、徹底的に攻撃しました。そして何千という一般の市民が、学生のデモに加わりました。彼らには、政府がアメリカ合衆国と「戦略上の協力関係」を結んだことが軍国主義の再来に思えたのです。

戦後世代の、日本を自立した開放的な国にしたいという夢は、一九八〇年代にも興味深い姿となって現れました。この「ルンルン時代」にはいわゆる「新人類」が、古い世代がまじめくさって示した教訓の裏を暴き、遊び心にあふれた商品と享楽《きょうらく》を特徴とする「ジャパン・ライト」とでもいうべきブランドをつくりあげました。この精神があとに続くテレビゲームやアニメのブームを生み出したのも、自然な流れでしょう。この精神もまた、日本人にまじめで規律正しくあることを求めた過去に対する、反逆の一形態でした。

では、現在はどうなのでしょう。いまの若い人は、ぼくの子供たちと同じように、夢を追いかけろと言われてきたのではないか？　そうです。でもその夢はもはや、新しい世代の日本人である彼らに自尊心を、集団としても個人としても、与えてくれるものではありませんでした。彼らはその夢が、自分たちをあと戻りさせてしまうものであることを見抜きました。それは、日本人があくせく働き、権威者に恭《うやうや》しく頭をさげ続けていた「古き良き時代」の日本に戻るためのしかけにすぎないと。

反逆の精神はどこにいってしまったのか。若者とは、過去の世代の奇行に、鋭く冷たい視線を注ぐ生き物ではなかったのか？　だいたい、前の世代が成し遂げたことといえば、日本という国を三〇年にもおよぶ停滞に陥《おとしい》れることだけだったではないか。民間でも政府でも、年功序列が守られているといえば聞こえはいいけれど、ようするに抑圧的な、何もしない主義が、制度として守られているということです。

インターネットというメディアが登場し、それがソーシャルネットワークに利用されるようになったことで、若者は自分たちの手で情報を広めるツールを得たといってもいいのかもしれません。日本以外の国々では若者がその素晴らしいメディアを利用して、新しい社会のビジョンを創造しています。たとえば中東では二〇一一年に、若者たちがテクノロジーを利用して政治を大きく変えました。ところが日本の若者は新しいテクノロジーを、ますます「自分だけの小さな幸せ」の世界に引きこもる手段にしてしまいました。

国を誇りに思う気持ちは、今でもたしかに、日本のサッカーチームが海外のチームに大勝したときや、日本の映画や俳優がアカデミー賞を受賞したときには表明されています。しかし、それは日本や日本人が海外に認められたときにだけ感じられる誇り、つまり部外者によって生み出された誇りでしかありません。

いま足りないのは「反逆の精神」です。理屈ではなく、両親や祖父母の世代にはだまされた気がするという感覚、自分の自尊心を呼び覚ますには自分なりの価値観を、まずは同世代の仲間のために、作るしかないという感覚です。

ぼくの子供の校長先生たちは、新しい世代の夢を自分たちで勝手に決めていました。でも、自分の夢を次の世代にバトンタッチすることはできません。教育とは子供たちに、反逆し、自分たちの夢をみるための道具と武器を授けるべきものです。

でもぼくらはそうせず、その意味では若い世代の役に立てませんでした。「かつては偉大だった日本」という自分たちの古びた夢を押し売りしようとしただけなのだから。しかしぼくは、日本の若い人たちがぼくらの失敗に気づき、自分のなすべきことを自分なりに考え実行する日を、辛抱強く待っています。

ぼくにとっては、スプートニクがすべてのはじまりでした。ぼくは、自分の夢がこのような人生を送らせてくれたことを、ソビエトのロケット科学者たちに感謝しなければなりません。もしスプートニクがなかったら、ぼくはロシア語を勉強しなかったでしょう。もしソ連に行かなかったら、ポーランドというもう一つの共産主義国に行って、ソ連を隣人の視点から眺める経験もできなかったでしょう。もしぼくが国際的なスパイ事件にまきこまれて突然ポーランドをあとにすることがなければ、あれほど早くアメリカに帰国することもなく、そこで危うくベトナム戦争に徴兵されそうになることもなかったでしょう。もしぼくが国家の名の下に不当な戦闘に加わるよりも、自分の国を捨てることを選んでいなければ、日本に来ることもなかったでしょう。

小説家は登場人物の人生を、偶然の出来事の連続、あちこちを飛び回る草むらのバッタのような人生として描きますが、それはフィクションの世界だけにあることではありません。現実の世界でも、人生とはこのように展開するものなのです。

英語には「跳ぶまえによく見よ Look before you leap.」という古いことわざがあります。日本の「石橋を叩《たた》いて渡る」にあたるものです。どうやらぼくは「叩く」のは決して得意ではなかったようです。ぼくは橋があれば大きくジャンプして飛び越えてしまう。下を見るのが怖いからなのか、あるいは未知の世界に飛び込むときでも、上を見ていれば、少なくとも星だけは見えるとわかっているからなのか。

2 驚くべき創造力の国へ

ぼくの人生は、あらかじめ準備されていた

日本のものの考え方が世界を救う

二一世紀になって二〇年近くが経過したいま、もし「日本人とは、どういう人たちでしょう。日本人の国民性とは？」と問われれば、世界中のどの国にいる人でもたいていはこう答えるでしょう。

「とても勤勉で我慢強いのは良いけど、無愛想ですよね。ユーモアのセンスがないというのかな。すごく画一的な国民で、誰もが同じことを、同じようにするのが好きでしょう。へこたれない、だけどまじめで堅苦しい。日本の文化は素晴らしいけど、いつもワンパターンというか、多様性に欠けている。日本も昔は画期的なことをやるすごい国だったけど、いまの日本人にはオリジナリティもエネルギーも感じられないよ。日本とい

う国がなくなっても、この世界が受けるダメージはまったくないね」と。

まあ、ずいぶんとネガティヴで悲観的なことばかり言ってくれるものです。

しかし、いまの説にすべての日本人が同意するわけではないとしても、日本人のなかにも同じようにネガティヴで悲観的な見方をしている人が、実は多いのです。

ぼくが初めて日本に来てから今年で五二年になりますが、この一〇年近くというものこの国がいまほど精神的に深く落ち込んでいるのを見るのは初めてです。英語には、いまの日本という国、そして日本の人々の状態を表すのにピッタリの言葉があります。それは「the doldrums《ドールドラムズ》（無風地帯）」という言葉です。

「無風地帯」はもとは海洋用語で、北半球と南半球からの風が赤道付近でぶつかって、海上に生まれるよどんだ無風地帯のことを指していました。そう、それはいまの日本を表すのに「ピッタリ」の言葉なのです。よどんだ無風地帯。ただ、いまの日本を挟《はさ》み撃ちする強風は、南北ではなく東西から吹きつけているのですが。

その一方で、長年にわたって日本という国や日本人を見てきたぼくには、それとはまったく異なる日本も見えています。

ぼくに言わせれば、日本人は無愛想どころか、むしろとても愛想がいい。気難しくも暗くもなく、むしろ快活で明るいし、洗練されたユーモア・センスを持っています。

ぼくに言わせれば、日本人は堅苦しいどころか、むしろどんな状況にも柔軟に適応できる人たちです。この国の国民は画一的なのではなく、単に公の場ではしきたりを守って行動するだけなのです。私的な空間（つまり民族の真の姿が見える場）では奇抜なこともするし、ときには風変わりな行動もとります。日本文化は、現場を見ればわかるけれど、実はどの分野も多様性に富んでいます。

日本とはまちがいなく、驚くべきオリジナリティの国です。エネルギーに関していえば、たしかに、現在の日本人にはエネルギーが欠けているかもしれません。かつては日本をよく表していた三つの外来語も、残念ながらいまでは死語になってしまいました。それは「ファイト」「ハッスル」「ハングリー」です。しかし、そもそもエネルギーというものは、いっとき節約されることはあっても、完全になくなってしまうわけではありません。いつか、といっても案外早い時期になると思いますが、日本人がかつての「偉大な変革の時代」、つまり明治時代や第二次世界大戦後に見せたようなエネルギーを発揮する日がやってくるでしょう。

ぼくは日本の将来は明るいと楽観しています。もし日本がなくなれば、二一世紀の世界はいまとはまったく異なるものになってしまうでしょう。世界中で「すごい」国と言われていたときよりも、むしろいまのほうが、日本は世界から必要とされています。

ぼくは、日本の習慣やものの考え方は、二一世紀の世界にとって大いに役立つものだと、心の底から信じています。いやそれどころか、世界には自国の平和と幸福をおびやかす深刻な問題を抱えた国が多いけれど、日本の習慣やものの考え方によって、そのような国を救うことさえもできると思っています。

しかしそのためには、まず日本人のひとりひとりが、日本の生活様式や文化のどのような点に、二一世紀の世界に役立つ普遍的な価値があるのかを理解しなければいけません。また、どうすればそれを理解でき、また、わかったことを世界に伝えるにはどうすればよいのかも考える必要があります。今世紀のキーワードは「日本文化のガラパゴス化」ではなく「日本文化の普遍性」であるべきなのです。

ぼくは今世紀になって数年が経過したころに、もし日本がなかったら、世界はどうなってしまうのだろうと考えるようになりました。いや、若くて出世欲旺盛なシドニーのサラリーマンから、わさびがツーンときて鼻でハフハフ息を吸う楽しみを奪うとか、上海の新興富裕層が、みんなで外食に行ってもカラオケ・バーがないのでただ飯を食うしかなくなる、とかいうレベルの話ではありません。もちろん、世界を虜《とりこ》にしたスシやカラオケのような日本文化は、それを作った日本がなければ、この世に存在しなかったでしょう。

でもぼくが考えているのは、もっと奥深く、長い歴史があるもののことです。つまり、日本人と日本文化そのものの特質のことです。ぼくは今世紀のはじめごろに、ふと気づいたのです、日本は二一世紀の世界に対してきわめて大きな貢献ができると。それはぼくが頭文字をとって「MASK《マスク》現象」と名付けたマンガ、アニメ、スシ、カラオケだけの話ではありません。

ぼくは、最も広義の日本文化、つまり日本人の振る舞いかた、態度、人間関係、ものの考え方、独自の世界を創り出す手法などが、二一世紀の世界が抱える問題に対して、具体的な解決策を提供できると確信しています。

でも日本文化に関するぼくの見解をくわしく述べる前に、なぜそのように感じるようになったかという経緯を説明する必要があるでしょう。語り手の人物像がわからなければ、語り手の言葉や考え方は、たとえそれが魅力的なものだったとしても、説得力に欠けるものになってしまいます。日本や日本人の生き方に関するぼくの持論は、理屈っぽい「日本人論」のようなものではありません。それはむしろ、ぼくのきわめて個人的な体験から生まれたものです。

人の一生はふつう、時の流れにそって起こる出来事の連続として捉《とら》えられるものです。ほとんどの出来事は取るに足りないもので、起きたとたんに忘れられてしまうけれど。しかし人の一生を、あとからふりかえってまとめようとする場合、時の流れにそって話をしてもあまり意味がないことに気づきます。というのも、すでに結末がわかった時点からものごとを眺めることになるからです。だからその場合、人生の出来事は、年代順という時系列ではなくテーマ別に分け、各テーマの点や線、形や色合いを見ながら並べ替えられることになります。人の一生とはジグソーパズルのようなものです。色と形の合うピースを組み合わせてゆくと、やがて、いつのまにかそれが一枚の絵になっていたことに気づくのです。

人生とは、山あり谷ありの道をバッタか、あるいはカンガルーのようにジャンプしながら旅することであり、その道にはたいてい危険な落とし穴がいくつもあります。道の先に何があるのか、わかることはめったにないし、それまでの道のりでなにが一番大切だったのかも、わかりません。

ぼくの場合、道の先には日本がありました。ぼくはこの国について学び、日本での生活を築くことに生涯を捧げてきました。ぼくが日本に来る前の出来事はすべて、その視点から捉え直す必要があります。

留学生パルバース、スパイ容疑の記事が一面を飾る

ぼくがソ連に初めて足を踏み入れたのは一九六四年で、第二次世界大戦が終わったのはそのわずか一九年前のことでした。ソ連はその戦争で、諸外国の犠牲者の総計を上回る二五〇〇万人もの犠牲者を出し、戦争の記憶を生々しくとどめていました。ぼくはアメリカの学校で、ナチス・ドイツを破ってヨーロッパを解放したのはアメリカだと教えられていましたが、ソ連の赤軍が多大な功績をあげていたことは知りませんでした。しかし、第二次世界大戦で戦死したドイツ兵の約七〇パーセントは、いまも旧ソ連の領土内に埋葬されているのです。

アメリカの学校では、ロシア人像も教えこまれました。それは、ロシア人というのは好戦的な共産主義者で、アメリカを憎んでいるというものでした。ところがぼくが実際にソ連に行き、モスクワからスタートしてピャチゴルスク（北コーカサスの町。一八四

ハーバード大学院の寮にて（1964年）

一年に偉大なる詩人ミハイル・レールモントフが決闘で命を落とした場所でもある）、キエフ、ハリコフ、ヤルタ（一九四五年のヤルタ会談の舞台）、ソチ（二〇一四年冬季オリンピックの開催地）、リガ、ノブゴロド（ロシア最古の教会がある街）、レニングラードと旅してみると、そこで会ったのはとても人なつこい、オープンで、なにごとに対してもぼくと同じぐらい好奇心旺盛な人たちばかりだったのです。

一九六五年の夏に、再びソ連各地を旅しました。ぼくはソ連の人々から前と変わらぬ歓待をうけつつも、ソ連の国民のほとんどが、政府を強く恐れていることに気づくようになりました。ソ連政府は国民の暮らしを厳しく監視していたのです。ぼくは、ソ連でもなくアメリカでもない場所から、ソ連というものを眺めてみる必要があると思いました。

一九六六年にぼくは米国学生協会（ＮＳＡ）の大学院生むけ奨学金に応募しました。ＮＳＡは毎年、ポーランド版ＮＳＡにあたるポーランド学生連盟（ポーランド語の略称はＺＳＰ）と留学生を交換しており、ぼくは運良く一九六六年度の留学生に選ばれました。

出発まえに少しポーランド語を勉強してから、一九六六年九月にはワルシャワに到着し、ぼくはソ連以外の共産主義国の人々の暮らしぶりを早く知りたいと意気込んでいました。そして大学のゼミで勉強するよりも長い時間を、ワルシャワの素晴らしい、刺激的な劇場や映画館で過ごすようになり、たちまちポーランドが大好きになりました。ぼくはポーランドで演劇の面白さに目覚めたのです。ぼくが劇作家や演出家の仕事をすることになったのも、ポーランドで過ごした日々のおかげだと思います。

ところがそんな生活も一九六七年二月の一週目を境に、突然終わることになります。ぼくの人生の道筋を決定的に変える、大きな事件が起こったのです（それが結果的にはぼくを日本にたどり着かせるのですが）。

実はＮＳＡは、表向きはただの、反ベトナム戦争のリベラルなアメリカ人学生組織でも、その実態はＣＩＡの隠れ蓑《みの》でした。ＣＩＡが長年にわたってＮＳＡに違法な資金提供を続けていることも判明しました。その事実をアメリカのリベラルな雑誌「ランパーツ」が暴く直前に、ワシントンのＮＳＡ会長から、クラクフの小さなアパートにいるぼくに、電話がかかってきました（ぼくは勉強の都合で、一九六七年一月にクラクフに引っ越していた）。

「いますぐロンドンに行ってほしい。君の航空券はぼくがクレジットカードで買っておいたから」

「いいけど。でも、なぜ？」

「君に顔を出してもらいたい件があってね」

その電話で一番ショックだったのは、ロンドンに「召喚」されたことではありません。ぼくと同じ年頃の一介の学生にすぎない若者が、クレジットカードを持っていることに驚いたのです。当時はクレジットカードなど、ぼくの両親ですら一枚も持っていませんでした。そんなものを持てるのは大金持ちだけだったのです。

ロンドンに着くとぼくはアメリカ大使館に連れて行かれ、そこの大使館員から、というかいま思えばＣＩＡ職員だったに違いないけれど、「ランパーツ」誌に出る記事の内容を聞かされました。

「では、ぼくはポーランドに帰ります。そうすれば、スパイじゃない証明にもなるだろうし」と何も知らないぼくは言いました。

「だめだ。それは認められない。パリにいる君の彼女に会いに行ってはどうかね？」と大使館員が言いました。

「なぜ彼女のことを知ってるんです？」

「まあいいじゃないか。とにかくポーランドには近づくな」

「でも置いてきたぼくの服とか本とかは、どうなるんです?」

「忘れろ。とにかくポーランドには近づくな!」。男はあきれたように首をふり、声を荒らげて言いました。

問題の記事が発表されると、リンドン・ジョンソン大統領の政権をゆるがす一大スキャンダルとなりました。主要な新聞はすべてその話題をとりあげました。そしてメディアの関心はぼくに集中しました。ぼくに関する記事が「ロサンゼルス・タイムズ」紙の一面に写真つきで出たり、両親がテレビ各局のゴールデンタイムのニュース番組でインタビューを受けたりもしました。

「ロシア語とポーランド語をみごとに操るこのアメリカ人学生は、ポーランドで本当は何をしていたのでしょうか? なぜ突然にポーランドをあとにしたのでしょう? 彼はいまどこにいるのでしょうか?」

CIAはお抱えのジャーナリストを使ってぼくをスキャンダルの矢面《やおもて》に立たせ、本物の情報屋、つまりぼくが「友人」だと思っていたNSAの幹部たちが一切注目を浴びないようにしたのです。

ぼくは結局フランスにいる彼女のもとへ行き、パリのカフェで「ル・モンド」紙のこんな記事を目にすることになりました。「CIAスパイ容疑のロジャー・パルバース、ワシントンDCにて帰任報告」。

ちょっと待ってくれ。ぼくがいるのはワシントンDCではない。いまこのパリにいるぞ。ぼくはスパイなんかじゃない。いや、少なくとも自分ではスパイじゃないと思っている。だがもしかすると、知らないのは自分だけで、本当はスパイなのか。もしかすると、ぼくはロジャー・パルバースですらないのかもしれない。だって新聞によれば、ぼくはここにいないはずなんだから。

こんなふうに思ったのは、ぼくが精神的に不安定な状態にあったからです。ぼくの人生は再び、急角度のカーブにさしかかっていて、先になにがあるのか見当もつきませんでした。

ぼくの不安定な精神状態は、結婚したいとまで思っていた彼女を別の男に奪われたことで、さらに悪化しました。ぼくはたたきのめされ、子供のように泣きました。その男が哲学専攻の学生だったので、あれから哲学が大嫌いになりました。京都に住むようになってからもできるだけ「哲学の道」に足を運ばないようにしたほどです。

Parents Puzzled Over Son's Sudden Removal From Poland

Culver City Man, Studying on National Student Assn. Scholarship, Ordered to Return Home by U.S.

BY BURT WUTTKEN
Times Staff Writer

CULVER CITY—Parents of Roger Pulvers said they are bewildered by the sudden removal by the United States of their son from Poland where he was on a National Student Assn. scholarship.

Pulver's quick trip to London and then to Washington, D.C., came on the heels of a disclosure the NSA has been financed by the U. S. Central Intelligence Agency.

Removal Reason Unknown

Why Pulvers, 22, was taken out of the Iron Curtain country was not immediately learned.

Pulvers, whose parents, Mr. and Mrs. Louis Pulvers, live at 5215 S. Sepulveda Blvd., has been a student at the University of Warsaw since September. He had been studying economics and Polish, his mother said.

She avers that her son has "no connection with the NSA other than accepting its scholarship and was carrying out his function as a student. He has no connection with the CIA or any other government agency.

Denies He Is Spy

"I'm sure he is just a student on

ROGER PULVERS

1967年3月9日付「ロサンゼルス・タイムズ」一面より

失恋のおかげでそのままフランスにいることもできず、かといって、ポーランドに戻ればきっと逮捕、投獄されるだけだから、それもできませんでした。

そこで一九六七年五月、やむをえずアメリカに帰ることになりました。パリからロサンゼルスまで直行便で一二時間と五分、ぼくにとっては心理的にもまったく別世界へのジャンプでした。

しかし、いざ帰国してみると、自分はもうアメリカにはいられないと思いました。自分がアメリカ人だと、体の芯《しん》から感じることができなかったのです。しかし、だからといって他の何になればいいのかもわかりませんでした。ぼくはまだ二三歳でした。ただその先、これまで積み重ねてきたロシアとポーランドに関する研究業績が役に立たないことだけはわかっていました。ロシアにもポーランドにも戻れないのなら、その国々を研究しつづけて何になるというのだろう？

ほんの一瞬に現れるチャンスをつかめ

どうすればよいのかわからず、途方に暮れていました。そのままアメリカにいれば、自分がなによりも嫌っているベトナム戦争に徴兵されてしまう。

だからぼくは行くことに決めたのです……日本へ。べつに、昔の作家や旅行者のように「東洋の美に魅了された」わけでも「日本の魅力に取り憑《つ》かれた」わけでもありませんでした。ラフカディオ・ハーンと同様、ぼくは日本に来るまでこの国のことをほとんど何も知らなかったし、特に理由もないのに来てしまったのです。いや、少なくともハーンには来る理由がありました。彼はアメリカの雑誌から、日本についての記事を書くように依頼されたのです。しかしぼくは、どういうわけか未知のところへ行くのが好きで、日本ほど徹底的に未知といえる国は他になかったから、なんとなく来てしまったのです。

　でもぼくは、日本に来る前からずっと、一人で都市をさまよう感覚が好きでした。どこを歩いていても、自分がどこにいるのかわからない。まったくの匿名《とくめい》性。すれちがう人に知り合いは一人もいない。ぼくがその場で地球上から消えたとしても、誰も気づかない。おそらくこの、方向感覚を失った気分を楽しめる人間は珍しいのだろうけど、ぼくは好きなのです……というか、そういうのもたまにはいいと思うのです。

　そういうわけで、ぼくは自力で生き延びるしかない世界に放り込まれ、土地の言葉を学び、土地の人と巡り会い、自分の生活を築きあげることになりました。だが幸運なことに、ぼくは知人から事前に、ある日本人教授の名前と電話番号をもらっていました。その教授とは若泉敬《わかいずみけい》でした（なつかしい旧知の若泉敬については3章をご覧ください。名前をご存じのかたも多いでしょう）。

　会ってみると、若泉先生はとても親切な人で、彼の勤務先の京都産業大学（産大）に、ぼくが教えられるポストがあるかもしれないと言いました。産大は一九六五年創立の若い大学で、当時の日本としてはとても珍しいことに、ロシア語とポーランド語が両方とも教えられていました。

一九六七年九月末のこと、若泉先生はぼくを新幹線に乗せて京都まで連れて行ってくれました。昔の新幹線にはカウンター付きのバーがあって、国鉄の若い女子職員がドリンクを給仕していました。ぼくは二〇〇キロを超えるスピードで京都に移動中のカウンターで、ぼくは、高揚感を覚えていました。数ヵ月前までのぼくは、行き場所をなくした、世界の中の孤児のような気分でいたのに。そのときのぼくの一番の望みは、日本にずっといて、自分の新しい生活を築くことでした。

京都産業大学の荒木《あらき》俊馬《としま》学長は、ロシア語とポーランド語を教える専任講師のポストをぼくに提示してくれました。

あとで知って驚いたのですが、荒木学長はアインシュタインとも交際があった、日本の天文学の第一人者のひとりであり、日本で最も有名なふたりの物理学者、湯川《ゆかわ》秀樹《ひでき》と朝永《ともなが》振一郎《しんいちろう》の恩師でもありました。初めての対面が済んだときに、荒木学長はこう言いました。「さて、では君も、日本語を覚えなければね」。

ぼくは最高の気分で東京に戻りました。夜空の星もぼくに好意的な視線をそそいでいました。両親に手紙を書いて、定職を見つけたこと、そして日本に定住することを伝えました。両親はその知らせを、憤慨とあきらめとともに受け止めたようです。うちの放蕩息子《ほうとうむすこ》がまた放浪の旅に出てしまったが、それはいったい何を探す旅なのだ？　何か夢でもあるのか？　そんなことをして、結局どうなるというのだ？

もちろん、そんなことを聞かれても、ぼくは口を固く結んで首をかしげるしかありませんでした。ぼくにも、自分の夢がどこに続いているかなんてわかりませんでした。でもぼくはいま幸福を感じている。それだけで十分じゃないのか（ぼくにとっては十分でした。両親には、もちろん不十分でした）？

次に問題になったのは、ビザでした。大学が、正式な採用通知も含めて必要書類をすべてそろえてくれたのですが、政府はそれでも、日本にいるぼくの観光ビザを教員ビザに変更してはくれませんでした。ビザが下りるまでの間、どこか別の国で待っていろと言います。しかもビザが下りるまでには、通常でも四週間ほどかかるらしいのです。

「アメリカに帰って、そこで待っていればいいでしょう」と役人が言いました。

ぼくは苦境に立たされました。アメリカに帰ることはできない。帰れば、今度こそ本当に徴兵されてしまうかもしれない。そうでなくても両親に干渉され、日本に戻るのを阻止されてしまうかもしれない。しかも困ったことに、ぼくの全財産はたったの二〇〇ドルでした。

そこでぼくは、自分が行ける国で一番近いところ、すなわち韓国へ行くことにしました。航空券も安いし、韓国では一日数ドルあれば生活できることもわかっていました。

韓国を選んだのはいろんな意味で正解でした。ぼくはソウルの中心部にある民宿を居場所に定めました。一泊いくらか正確には覚えていないけれど、オンドルと二食つきの小さな部屋で、たしか一ドルか二ドルという格安料金でした。ぼくは一生のうちであのときほど、一度にあんなにたくさんの漬け物を食べたことはありません。

しかしその宿で一番よかったのは、細い白ひげをたくわえた八五歳の宿の主人でした。ぼくは韓国語をひとこともしゃべれなかったし、彼も英語を話せませんでした。初日に、ぼくはこう言いました。

「スミマセンガ、ニホンゴハナシテクダサイ」

韓国人である宿の老主人は、口をあんぐりとあけて、心底驚き戸惑《とまど》ったという表情でぼくを見つめました。ぼくは頭をさげて言いました。

「スミマセン。ボクハニホンゴハナシタイ！」

ぼくが顔をあげても、老人の表情から驚きと戸惑いは消えていませんでした。しかし彼はとても流暢《りゅうちょう》な日本語でこう言いました。日本語は、もう二度と使わないと一九四五年に誓って以来、ずっと使っていないが、あなたは日本人ではなくアメリカ人なのだから、いいでしょう、と。

それから毎日、ソウルの散策を終えて夕刻に宿にもどると、老主人と一時間ほど日本語で会話をするようになりました（後年、友人の井上ひさし氏がこう言いました。「ロジャー先生は運が良い。日本語を教えてもらうのに最高の先生は韓国人なんだからね」）。

一〇月の下旬にはビザが発行され、胸をなで下ろしました。金もほとんど使い果たしていたし、このまま一生ビザが下りるのを待って、アジア諸国を放浪するのかと心配になっていたのです。

ぼくは、産大の雇用契約書に署名するために、荒木学長と再会した日のことを決して忘れないでしょう。荒木学長が署名の場所に指定してきたのは、帝国ホテル内にあるカフェ兼レストランでした。帝国ホテルといっても、それは当然古いほうの建物、フランク・ロイド・ライトが設計し、一九二三年九月一日正午まえに東京を襲った関東大震災にも耐えた建物です。あの記念碑的建築物は、いま残っていればおそらく世界遺産に登録されていたことでしょうが、その翌年に取り壊されて、明治村に移設されたのも実は玄関部だけでした。

あの、晩秋のさわやかな日に、帝国ホテルの玄関をめざして歩きながら、ぼくは自分の幸せを、「自己破滅」に飲み込まれる寸前につかみとったような気がしていました。人生という道にぽっかりと開いた落とし穴を飛び越え、無事に着地したのです。いまでも目を閉じると、太古のマヤ文明風の外壁や、寺院のような立派な玄関が目に浮かびます。その玄関を入った先に、通過儀礼の場が待っていました。

「こんにちはアラキ大統領」とぼくは言いました。英語では学長も大統領も「president《プレジデント》」なので、間違えたのです。

「おお、あんたはニッポン語がうまくなったな。韓国人のなまりがあるけど」とプレジデント・アラキは言いました。

こうしてまた、自分ではほとんどコントロールできない人生の流れが、再び動き始めたのです。荷造りをして、新しい都市ゆきのチケットを買い、住む場所を見つけて新しい仕事をはじめる。すべてが自分以外の誰かによって決められているように感じられる。

ぼくの場合、そんなふうに物事が起きてゆくのは大歓迎です。何が起きても喜んでそれにつきあえる。日本に来る前の一年間も、東ヨーロッパから西ヨーロッパ、そしてアメリカへと、なにか目に見えない高波のようなものに乗せられている気分でした。そしていま、その波には放り出されたけれど、おかげで再びドンと陸にあがることができたのです。

ここで重要なのは、何かが起こるのを歓迎する姿勢です。ぼくが日本の若い人、当時のぼくのように落ち着かず「方向性を失って」いるであろう若い人たちに言いたいのは、それなのです。まず、チャンスが目の前を通るような場所に自分の身をおかねばならない。そして、これも肝心なのですが、チャンスが目の前に現れるのはほんの一瞬のことだから、現れたら、気づいてすぐにつかむこと。遠慮したり怖がったりして、チャンスをつかむリスクを避けてしまえば、チャンスは君のもとを去り、ほかの人の前に姿を現すでしょう。

ぼくの人生に起こった最高の出来事は、日本に来たこと、そしてそこで暮らし、働くこともできたことです。

それができたのは、ぼくが二つの外国語を話し、教えることができたから。つまり、ぼくのロシア語とポーランド語は、想像もしなかった形で役に立つことになったのです。なぜぼくがその二つの外国語を勉強したのか、わかった。それは結局日本に来るためだったのだ。

人生のジグソーパズルは、そんなふうに組み合わさってゆくものなのです。

3 世界には、誠実で正直な日本が必要だ

京都での生活と若泉敬との出会いから

京都へ——最初の結婚、そして自分の国探しの旅

なぜぼくはすぐに日本を自分の国だと思ったのか？　これは一種の「片思い」なのか？　どの日本人に聞いても異口同音にこう答えるでしょう。「ロジャーは日本人ではない」と。たとえ日本に帰化して名前を変えたとしても、日本人はぼくを「本当」の日本人ではないと言うでしょう。

もし名前を変えるとしたら、どんな名前にしようかと考えたこともありました。親友の名前にあやかって「井上ヒロシ」としようか。それとも「林マリオ」にしようか。それならマリオブラザーズの一員になれる。有栖川労蛇（ありすがわロージャ）にしたらどうなるか。貴族になれるのだろうか？

いや、名前を変えても意味はない。ぼくは、日本人の目から見れば、日本人にはなれないのだ。しかし、ぼくは体の芯《しん》から、ここが自分の国だと思ったのだ。でも、一体なぜ？

なぜ人は誰かと恋に落ちるのか。いろいろな理由をあげるけれど、それはたいていあとからこじつけたものです。頭ではなく五臓六腑《ごぞうろっぷ》からわきだした、生身の本能的な感情を、なんとか理屈で説明しようとしているだけなのだから。

日本に来たぼくは、最初から日本全土に恋をしたというわけではありませんでした。ぼくが惚《ほ》れ込んだのは、あるとても小さな、あえていうなら神秘的な場所でした。それは「深泥池《みどろがいけ》」という所です。

京都の北にあるこの古い池にはさまざまな呼び方があります。「みどろがいけ」「みどろいけ」のほかにも「みぞろがいけ」「みぞろいけ」などという言い方もあります。漢字を見てもわかる通り、泥の深い層のある池です。

ぼくがそこを神秘的と言うのは、本当に深い泥をたたえたこの池、正確に言えば沼には、未草《ひつじぐさ》や食虫植物、蓴菜《じゅんさい》などのめずらしい植物があったからです。「深泥池の蓴菜」は日本でも最高級のじゅんさいとして珍重されていました。とても惜しいことに、いまでは池の水質汚染のため、あのつるんとしたみずみずしいスイレン科の植物がとれることはありません。

夜になると池のあたりは真っ暗で、地元の人は池に「深泥池の幽霊」がいると信じていました。

ぼくは昔、何人ものタクシー運転手から、池のほとりまで若い美人のお客を乗せてきたのに、ふりかえってみると消えていて、後部座席に小さな水たまりが残っているだけだった、という話を聞かされました。池のあたりの住民には、じゅんさいにちなんだ表現もありました。それはじゅんさいな人、というものです。つかみどころのない人という意味で、おそらく「お箸《はし》でとりにくい」ことからそういう意味になったのでしょう。

ぼくは深泥池町《みどろいけちょう》の小さな家に住むようになりました。旧鞍馬《くらま》街道沿いの、池から石を投げれば当たりそうなくらい近い場所でした。その家から「街道」を三、四分北に歩くと、みごとな枯山水《かれさんすい》の庭で有名な円通寺《えんつうじ》がありました。比叡山《ひえいざん》を借景としていることで名高い庭です。ぼくは、庭の外のものを取り込めるという発想がすっかり気に入って、毎週のように円通寺をおとずれて、住職とも顔見知りになりました。気難しくて怒りっぽいことで有名でしたが、ぼくは彼が好きでした。

深泥池町に住み始めて三年後には、なんとぼくはこの住職に結婚式もとりおこなってもらうことになりました。「借景結婚」と名付けてもいいかもしれません。

ぼくの妻はノルウェー出身のスールン（Solrun）という女性でした。オスロ大学から京都大学に大学院生として留学に来ていたのです。スールンはのちに一流の映画製作者となり、主に沖縄を扱った民族誌学的な作品や、「ＡＹＡ アヤ」という劇場用長編映画などを撮りました。ぼくらは子供も持たないまま、一九八〇年には別居、一九八三年には離婚することになりました。二〇〇九年一二月にスールンがメルボルンで突然の心臓発作におそわれ命を落としたときには、悲しみにうちひしがれる思いでした。

スールンに出会うまで、ぼくは「自分の国」を見聞する旅を続けていました。黒と赤のヤマハの二〇〇CCバイクで、京都もすみずみまで見てまわりました。この旅での発見をもとに、はじめての短編集も書きました。朝日出版社から大学用教科書として出版された『On the Edge of Kyoto（京都のほとり）』です。

京都・円通寺にて（1968年）

そのバイクで敦賀《つるが》まで行ったこともあります。昔は敦賀港が、多くのロシア船が入港する重要な港であったことを知り、そこにロシアの影がいまでも残されていないかどうか、自分の目で確かめたくなったのです。思った通り、ロシア語の看板をかけた書店、洋品店、飲食店などがたくさん残っていました。旧ロシア領事館にも興味をひかれ、フェンスによじのぼってみました。建物のなかまでよく見えました。

ベロニカ夫人の朝食事件

師と仰ぐ若泉《わかいずみ》先生にも、深泥池のぼくの自宅からほど近い、京都産業大学の上賀茂《かみがも》キャンパスでよく会いました。その若泉先生があるとき、産大の講演に世界的に著名な歴史家アーノルド・トインビーを招きました。ぼくはトインビーとベロニカ夫人の案内役を命じられました。トインビーはアジア人の学者のあいだで特に人気がありましたが、それは彼の歴史観には西洋の没落という概念が織り込まれていたからです（ぼくはトインビーと若泉先生がオックスフォード大学出版局から一九七一年に共著『Surviving the Future』を出版したときにも若泉先生の発言を英語に直しました）。

トインビー夫妻と奈良へ行き、一九〇九年建造の美しい奈良ホテルに泊まりました。トインビー教授は八〇歳になろうという年齢の、もの静かで控えめな人物でした。しかしベロニカ夫人は、日本で見たものに少しも満足せず、日本人が「西洋風になりすぎている」と批判していました（ヨーロッパ人がよくおかす間違いです。彼らはラフカディオ・ハーンの時代から、日本人に「奇異なしきたりや慣習を守る」ことを求めてきました)。

夫人の我慢の限界は、朝食のときにやってきました。

ぼくらはホテルの優雅なダイニングルームで朝食をとることになっていました。ウェイターが大きな銀の盆に、西洋式の朝食をのせて運んできました。ベーコン、玉子、トースト、フルーツ、コーンフレーク。ベロニカ夫人が銀のふたをとりました。

「なんですか、これは？　私たちにアメリカ式朝食を出すとはどういうこと？　ロジャー、ウェイターに問いただしてちょうだい」

ぼくはこれが奈良ホテルの一般的な朝食なのかとウェイターにたずねました。もちろん彼らはそうでございますと答えました。

これを聞いたベロニカ夫人はますます腹を立てました。彼女はヴィクトリア朝時代に生まれたイギリス婦人で、どうやら「アメリカ人の猿真似をする東洋人」に好意的ではなかったようです。

「ロジャー。ぜんぶ下げさせてちょうだい、そのコーンフレークだとか、ほかにもある、わけのわからないものを。言ってやって。私がほしいのはスーシ、サシーミ、テンピュ一ラだとね。まったくもう！」

ガイド兼通訳として、ぼくはその言葉を訳さざるをえませんでした。すると、ウェイターたちは三人分の朝食をぜんぶ下げました（ぼくはあの素晴らしい「アメリカ式」朝食をありがたく頂戴したかったのですが)。驚いたことに、しばらくするとウェイターたちが寿司、刺身、天ぷらを運んできました。ぼくは寿司と刺身は食べませんでした。ちょっと「生臭い」ようだったので。それにしても、こんな朝早くからいわゆる「日本」料理を調理してくれるとは、一九六八年の奈良ホテルのシェフにシャッポを脱ぎます。

ストレンジラヴ博士、ハーマン・カーンのあやまち

若泉先生が産大に招いたもう一人の大物ゲストは、世界的に著名なアメリカの未来学者ハーマン・カーンでした。ぼくはまたカーン教授とジェーン夫人の通訳兼ガイドを申し付けられました。

カーンは軍事戦略家で、来日の目的は、日本が「新たな超大国になった」ことを賞賛するためでした。当時は偉大な戦略地政学者とされていましたが、極端な終末論的ゲーム理論をとなえる人物でもあり、ピーター・セラーズが演じた一九六四年公開の映画「博士の異常な愛情」(副題は「または私は如何にして心配するのを止めて水爆を愛するようになったか」)の主人公ストレンジラヴ博士のモデルの一人でした。作中の異常な博士のせりふには、カーンの文章をそのまま流用したものもありました。

カーンによれば、核戦争とは、現実に起こる可能性がきわめて高いものであり、また勝つ方法もあるのだといいます。彼は、数千万人の犠牲者が出るのは「許容範囲」であ

るなどと言ってはばかりませんでした。

いまではもうあまり知られていないかもしれませんが、ハーマン・カーンは自称日本通で、一九七九年には『The Japanese Challenge（日本の課題）』という共著書を出版しました。しかし彼が一九六九年に来日し、ぼくが通訳をしたときには、彼は日本のことをなにも知りませんでした。

カーンの来日は自由民主党の幹部に大歓迎されました。当時、佐藤栄作《さとうえいさく》首相は、一月に迫る選挙での苦戦が予想されており、カーンの描く新たな超大国日本というバラ色の未来図は、与党である自民党にはありがたいものでした。カーンは日本とその首脳陣をほめちぎりました。そして日本の世論は、海外からの影響を受けやすい。この国では、アメリカの著名人の発言のほうが、国内の政治家の言葉よりも影響力を持つのです（これはいまの日本にもある程度は当てはまる）。

しかし、カーンが「商人の町」大阪で起業家むけに講演をしたときには、日本は世界を二一世紀へと導くリーダーだという彼の説に、聴衆は懐疑的な視線を浴びせ、眉《まゆ》をひそめました。大阪商人の世界は本来、東京のビジネス界のように理念的ではなく、「アメリカ人専門家」の日本に関するご意見は、かなりあやしいものとして受け止められたのです。

ある晩、ハーマン・カーン夫妻と、京都の木屋町四条上ル《きやまちしじょうあがる》にあるぼくの好きな天ぷら屋で夕食をとりました。

カーンはぼくに言いました。「この国は一九八五年までには核装備するだろう。核抑止力なしに経済大国になることは不可能だからね。大阪の経営者たちはああ言っていたが、日本は今世紀末までに、アメリカを越える経済大国になるだろう」

ぼくは「そうですか、ずいぶん先の話ですね」と言いました。三〇年以上も先の日本を想像しようとしながら。

「でもこの国は、核に対するアレルギーはかなり強いですよ」

「そんなアレルギー、あと二〇年ももたないさ」

そう言うと、彼は店内を見回してから、視線をぼくに移しました。

「ところでロジャー、一つ質問してもいいかね。君はなぜこんなところで日本人に使われているんだ？」

「京都産業大学でロシア語とポーランド語を教えています。なぜそんなふうにおっしゃるんです？　ぼくはここの住人です。ここが気に入ってるんです。自分が『日本人に使われている』とは考えていませんよ。この料理を見てくださいよ、天ぷらを。これはたしかに日本料理ですけど、だからなにか特別ってことはない。食ってうまいと思えば、うまいんです」

ぼくが自分の日本での暮らしを弁護しようと、しどろもどろになっていると、彼が鋭く切り返してきました。

「そんな味覚は、無理に身につけたものだろう。君の日本に対する感情と同じさ。君はアメリカ人だ。ごく単純な話さ。君はここが気に入っているのかもしれないが、ここは君のいる場所ではないよ」

日本人のみならず、アメリカ人にまで、この国はぼくの国ではないと言われてしまった。しかもそのアメリカ人はとびきりの有名人だ。

ハーマン・カーンは、ぼくが案内役をつとめた一九六九年の旅のあいだ、アメリカについて大いに語っていました。彼は独善的なアメリカ的価値観を手放しで賞賛する、いまでいうネオコンの原型です。核戦争による人類滅亡に関する彼のゲーム理論は、大胆でグローバルなものだったのかもしれません。しかし子細に検討してみれば、彼が国際派をよそおった愛国主義的アメリカ人だったことがわかるはずです。ぼくは、発言力のあるアメリカ人で日本を賞賛している人は多いけれど、彼らの目的はただ一つなのだと気づきました。それは、日本に対米支援に一層力をいれてもらうことです。彼らの日本賞賛には下心があったのです。ぼくの頭には「敵は本能寺にあり」という言葉が浮かびました。

でも一番おそろしかったのは（それでいまカーンについて書いているわけですが）、彼がある国、この場合は日本の、文化も生活様式も精神も心もまったく知らずに、その国を理解できると考えていたという事実です。

ぼくは一国の文化に対する理解を「無理に身につけた」と言うような専門家たちを常に恐れてきました。未来学者ハーマン・カーンは一九八三年にこの世を去りました。その後二年以内に日本が核兵器を所有するという予言の当否を、彼が自分の目で確かめることはついにありませんでした。

良心の日本人、若泉先生の死

若泉敬《けい》にまつわる思い出は、それよりもずっと深く、はるかに複雑なものです。また一〇年近く前のことですが、それが強烈によみがえる出来事がありました。

二〇一〇年三月九日、岡田克也《おかだかつや》外務大臣（当時）に任命された諮問委員会が、一九六〇年の日米安保条約改正と一九七二年の沖縄の日本復帰とに関して交わされた日米の秘密合意について、調査報告書を公開しました。それによって、秘密合意には、日本の非核三原則と明らかに矛盾する内容が含まれていたことが明らかになりました。

非核三原則とは一九七一年の国会決議であって、法律化されることは一度もありませんでしたが、その内容は日本が核兵器を「持たない、作らない、持ち込ませない」というものでした。この原則と矛盾する秘密合意は主に二つあり、一つは核装備した米軍の軍用機と軍艦の日本への入港を許可した一九六〇年の合意、もう一つは沖縄の日本復帰にともなう同県への核兵器配備に関する一九六九年の合意でした。

このような、日本の非核原則に明らかに反する合意があったにもかかわらず、日本の指導者たちはその存在を否定し続け、国民の目を欺《あざむ》き続けてきました。ところが情報公開のあと、歴代の自民党出身の首相たちが、その件で曖昧《あいまい》な答弁をしていたのは「国のことを思って」のことだ、などと競って言い訳をはじめたので、疑惑の色はますます濃くなりました。

さて、若泉敬は、ぼくが日本に来た当初から、師と仰いできた人物です。京都産業大学の千駄ヶ谷にある東京事務所で初めて会ったとき、彼はまだ三〇代後半で、物腰の柔らかな人物でした。

一九三〇年福井県に生まれた若泉敬は、東京大学で政治学を修め、一九六〇年代になるとメリーランド州ボルチモアのジョンズ・ホプキンス大学に一年間留学しますが、その一年が彼に大きな影響を与えることになりました。

若泉先生が前述の秘密合意と関わることになったのは、彼がニクソン大統領の国家安全保障問題担当補佐官であったヘンリー・キッシンジャーに請《こ》われてのことでした。若泉先生は当時、佐藤首相の特使としてワシントン訪問時に同行し、一九六九年一一月二一日に両名でホワイトハウスを訪問、ニクソンの私室に招き入れられました。そこで首相と大統領は秘密文書に署名し、若泉先生はそれを目撃することになりました。それはアメリカ合衆国に対して、日本に復帰後の沖縄に核兵器を持ち込むことを認める文書でした（この世で、非核三原則を侵害するこの合意の存在を知っているのは四名のみでした。四人目はキッシンジャーです）。

一九七一年九月二一日、日本復帰後の沖縄における米軍の核兵器の状況をたずねられたホワイトハウス報道官ロナルド・ジーグラーは「政府の方針として、海外における核兵器の存在は明らかにしないことになっている」と答えました。

ぼくは、いつのころからか若泉先生の雰囲気が変わったことに気づいていました。なにか大きな悩みを抱えているように見えたのです。彼はふるさとの福井県に長期帰省するようになり、永平寺《えいへいじ》で座禅を組んでいると言うのでした。当時のぼくはもちろん、彼が秘密合意との関係で悩んでいることなどは知るよしもありませんでした。

ぼくはオーストラリアへ行くために一九七二年に京都を発《た》ち、若泉先生との連絡も途絶えてしまいました。彼が、強くなるばかりの罪悪感にさいなまれつつ、自民党からのプレッシャーにも耐えていたことを、ぼくが知ったのはずっとあとのことでした。

一九九四年に文藝春秋から、彼の生涯と思想を記した『他策《たさく》ナカリシヲ信《しん》ゼムト欲《ほっ》ス』という難しい題名の本が出版されました。題の意味は「あれしか仕方がなかった」「あれ以外は選択肢がなかった」ということです。その全一九章、六〇〇頁の本には、秘密合意に関する彼の本心だけでなく、日本の未来についての彼のビジョンも、心ゆくまで述べられています。

もちろん彼は、そんな告白に対して自民党政権がいい顔をするわけもないことは、わかりすぎるほどよくわかっていました。政府から見れば、守秘義務違反ともとれる行為です。ぼくが彼に最後に会ったのは一九八〇年代後半のことで、いま考えてみると、おそらくその回顧録の執筆を考えていたか、すでに執筆をはじめていたかのどちらかだったでしょう。彼はほぼ神経衰弱の様相を呈していました。そのときのぼくにはまだ、その原因はわかりませんでした。

ぼくは、あんな秘密合意が交わされたのは、歴代の自民党首脳がハーマン・カーンの暗い予言どおりに、国民の核アレルギーを打ち砕いて核装備したいと望んでいたからに違いないと思っています。

回顧録が出版されると、若泉先生は沖縄の人にあてて書いた手紙をポケットに入れて、沖縄にむかいました。その手紙には、彼が秘密合意について「重大な責任」を感じていると書かれていました。彼の持ち物のなかには、ナイフもありました。戦没者の墓地で自害するつもりだったのです。彼は自殺は思いとどまりましたが、そのかわりに深い鬱《うつ》状態に陥り、日本の首脳の二枚舌に手を貸してしまったことを深く悔いつつも、八重山《やえやま》諸島の石垣島《いしがきじま》に渡って、体を休め、心の平静をとりもどすことをめざしました。

しかしその二年後、罪悪感に押しつぶされた若泉敬は、福井の実家で自らの命を絶ちました。

若泉敬は政治的には保守派で、ぼくとは多くの論点で意見を異にしていました。特にベトナム戦争に関しては。それがわかっていたから、ぼくはそういう話題は出しませんでした。しかし彼は良心の人であり、だからこそ自分の行動の責任は自分でとらねばならぬという結論に至ってしまったのでしょう。

ぼくは彼を心から尊敬しています。彼の行動は、日本人の最大の長所をよく表しています。つまり、自分のおかしたあやまちと向き合い、それを自分のあやまちだと認め、友人を失いました。

罪を償《つぐな》うためなら、自己犠牲もいとわずに、どんなことでもする、ということです。悲しいことに、彼はあやまちを悔い改める手段として、命を絶つことを選んでしまいました。日本は、良心ある立派な人物を失いました。ぼくは大切な、親切で素晴らしい友人を失いました。

世界は、この日本を必要としています。誠実で、正直で、熱意にあふれる日本、自分たちの主義を保ちつつも、意見を変えたり、罪をつぐなったりすることに前向きな人々のいる日本を。

ぼくは日本人の心を持つようになったので、この国の現在だけでなく過去をも受け入れなければならないと思うようになりました。日本の若い人と同じように、この国で二〇世紀に起きたことに対しても、責任を感じざるをえませんでした。日本がアジア太平洋地域を侵略したときに、自分がまだこの国にいなかったからといって、責任を逃れられるわけではない。ぼくはこの問題についても、自分なりに向き合わなければなりませんでした。

責任があるというこの感覚を、体の芯で感じたときに、ぼくは日本人になったと思いました。仮にそう思っているのは自分だけであっても。

4 日本人も知らない本当の世界遺産とは

日本美の思想と、宮沢賢治の心

日本の美の本質は「完全有欠」にある

京都に住めば住むほど、ぼくはますます日本が好きになりました。しかし、ぼくにとって京都文化の中心は金閣寺や銀閣寺でも、御所《ごしょ》や平安神宮でもなく、「借景結婚」をした円通寺《えんつうじ》でもなく、「深泥池《みどろがいけ》」という名の野趣《やしゅ》あふれる謎めいた場所でした。

深泥池はいわば、ぼくの日本庭園で、週に二、三回はあたりを散歩していました。まだ六〇年代の終わりごろでしたが、池の底には小さな木の舟が一艘《いっそう》沈んでいました。これは「丸屋《まるや》」という店の人たちが、じゅんさいの収穫に使うもので、食通に言わせると、この池でとれるじゅんさいが日本一だという話でした。

この池のおかげでぼくは、日本の美とは何だろうと考えるようになりました。ここ上《かみ》賀茂《がも》には、まず深泥池というまったく手つかずの自然の風景があり、近くの大田《おおた》神社にも似たような沼があって、そちらは『新古今集《しんこきんしゅう》』にうたわれたころからの「かきつばた」の名所です。それから上賀茂にはもう一つ「蟻《あり》が池」というのがあって、いまではゴルフ場のなかに入ってしまいましたが、これも二つの沼と同じ部類にはいります。つまりこの三つの池は、ミステリアスな「上賀茂の三人泥《どろ》姉妹」というわけです。

野趣あふれる、自然のままの深泥池があるかと思えば……そこから歩いて数分のところには円通寺の、人間の手によって作り出された枯山水《かれさんすい》の庭があります。この二つが日本の美の両極をなしているのではないか。「そのまま」手つかずに残されたものがある一方で、自然の素材を用いつつも、人工的に作られた世界もあるのです。

しかし、その二つは、ある意味では同じことでもありました。

そのころのぼくは、日本に来てまだ日が浅かったのですが、「そのまま」というシンプルな言葉の意味を考えるようになりました。それは英語の「natural」に一番近い日本語でしょう。「自然の」という漢字を使った言葉よりも、「そのまま」という四文字ともひらがなで、まさにナチュラルな印象の言葉のほうが「nature」に近いのです。

深泥池の美はまさに、「そのまま」の美しさです。円通寺の美は「そのまま」の美ではありませんが、庭を作った人の意図は、自然に見えるものを作ることでした。ぼくの考えでは、日本の「美」の根底にある思想とは「自然なものなどない。自然に見えるものと、自然に見えないものがあるのみ」ということです。

一見すると、日本の芸術はものをねじったり、湾曲させたりして、自然なものを「いじる」傾向があるように見えます。でもその最終的な目標は、ねじったり、湾曲させたり、いじったりすることによって、ものを「そのまま」の姿からどんどん遠ざかったものにしたあげく、ついに一巡してまた「そのまま」に見えるようにすることなのです。つまり作為的に「新そのまま」風に作りこむ、ということです。

日本語には「完全無欠」というフレーズがあります。英語でいうなら「complete perfection」です。これが、西洋美術のゴールなのです。完全で無欠で永遠につづく美を創造すること。ジョン・キーツという詩人に「美しいものは永遠の喜び」ではじまる詩がありますが、まさにそういう意識なのです。

しかし日本美術のゴールは違います。それは、長持ちしないもの、時とともに色あせ、命のはかなさを表現できるものを創ることです。たとえ長持ちする美術品があっても、少なくともそのテーマは「諸行無常」なのです。美しいものは、いまの喜びなのです。日本美術は、鑑賞者に、真実と美をいまこの瞬間に見せることをめざしているのです。美の啓示は、次に再びおとずれるまで、当分のあいだ姿をかくしてしまうのだから。

日本美術は完璧《かんぺき》をめざさない。なぜなら、自然というもの、つまり「そのまま」のものが、そもそも完璧ではないからです。だから日本美術のエッセンスは完全無欠ではなく、「完全有欠（complete imperfection）」です。「完全有欠」などと言うと、定義矛盾のように思われるかもしれません。そう、たしかに定義矛盾です。しかし、最高の日本美術とは矛盾を内包したものなのです。それは明のうちに暗を、永遠のうちに一瞬を、生のうちに死を内包しているのです。

「完全有欠」を象徴するよい例として、いくつもの芸術作品や芸術的な行為を思い浮かべることができます。たとえば、いろんな意味で日本の美意識を実践にうつした究極の形といえる茶道では、茶碗《ちゃわん》の格は上から順番に「一楽《らく》二萩《はぎ》三唐津《からつ》」であるとされています。この楽茶碗《らくぢゃわん》ほど「完全有欠」の象徴にふさわしいものはないでしょう。生地の形を左右対称にしてしまうろくろは使わず、手とへらだけで作られる茶碗です。たいていの外国人は、その小さい「不完全」な茶碗にどれほど高値がつけられるかを知って、驚嘆してしまいます。

萩、唐津の茶碗もまた「素朴」なものです（「素朴」というのも、日本の美意識に深く関わる、まことに使い勝手のよい、微妙なニュアンスを伝えられる言葉です）。この種の日本の焼き物においては、陶工の手、ろくろ、あるいは窯《かま》によって生じる「偶然」はきわめて重要な役割を果たします。それらの偶然が、芸術性を生み出すからです。ですから「二等品には、最高級品よりも多くの芸術性がそなわっている」と考えられています。欧米の陶芸がめざすのは、完璧なものを作ることです。もしも窯から出てきた陶器が二等品だったら、それは安く売られるか、あるいは放り投げられ、失敗作の山の上で砕け散ることになるでしょう。

茶道そのものにも「素朴へのこだわり」がみられます。日本以外の国に、わざわざあのような狭い場所に脚を痛めて座り、天井や床柱《とこばしら》あるいは茶杓《ちゃしゃく》に使われている、さまざまな木の材質、などという素朴で不完全なものを鑑賞しようと思う人たちがいるでしょうか。欧米では、お茶の時間といえば優雅なもので、カップ・アンド・ソーサーも色鮮やかならば、テーブル・セッティングも豪華です。しかしその豪華さを否定するのが「完全有欠」というわけです。

何百年という歴史をもつ日本の書道も、不完全さを芸術の域にまで高めたものと言えます。漢字でもかなでも、字によっては、不完全すぎて読めないものもあるほどです。

それから、日本の伝統音楽で奏でられる音、特に尺八の音などは、まさに「完全有欠」の具現化と言えるでしょう。なぜそう言えるのか。それは、尺八では、音を次第に小さくして消えさせることを、音を出すことよりも重要とは言わないまでも、同じぐらい重視しているからです。人の心を動かすものは、音でも静寂でもない、その中間のなにかなのです。

いまあげた例はどれも、ぼくの考える「時間のデザイン」（15章、297ページをご覧ください）と結びついています。時間のデザインにおいて「完全有欠」は重要な役割を果たすことになります。というのも、それが目、耳、鼻、舌、肌に時の流れを感じさせ、人にそれを感覚的に理解させることを可能にしているからです。芸術は物のなかにあるのではなく、その余韻のなかにあるのです。

ぼくは自分にとっての日本の象徴である、深い泥の池のまわりを、ときには辺りが暗くなってから（美人の幽霊に出会うことを期待して？）散歩するうちにそのことに気づいたのです。

日本ほど豊かな祭と文化を誇れる国はない

ぼくは、自由な時間のほとんどを、地方をめぐる旅に費やすことにしました。それらの旅には、毎回かならずひとつの目的地がありました。大分県の臼杵《うすき》に行ったときには、鎌倉時代の素晴らしい石仏《せきぶつ》を見ることができましたが、目的地は臼杵湾の黒島《くろしま》でした。ぼくが泊まったその小島は、三浦按針《みうらあんじん》が初めて日本の土を踏んだ土地でした。小鹿田《おんた》と小石原《こいしわら》には、陶芸の窯元《かまもと》をたずねて二度足を運びました。ここの焼き物は、唐臼《からうす》で土を搗《つ》いて作られるもので、バーナード・リーチの創作意欲をかきたてたことでも知られています（村を歩いていると、唐臼を打つ音がキー、バタンと響き、まるで伝説上の「麒《き》麟《りん》」の鳴き声のようでした）。ぼくは小鹿田と小石原に行くたびに、あの素晴らしい皿、茶碗、徳利《とっくり》を買わずにはいられませんでした。初めて行ったのは一九六八年のことでしたが、そのときに買った焼き物はいまでも大切にしています。大分ではほかにも、福沢《ふくざわ》諭吉《ゆきち》の生家を見に中津《なかつ》まで行ったこともあります。でも、ぼくにとっての九州の魅力は、いまあげたような知的好奇心や芸術的な関心をそそるものだけではありません。ぼくは、北九州の小倉《こくら》にある老舗「天《てん》寿し」で食べた最高にうまい寿司の味を、決して忘れない

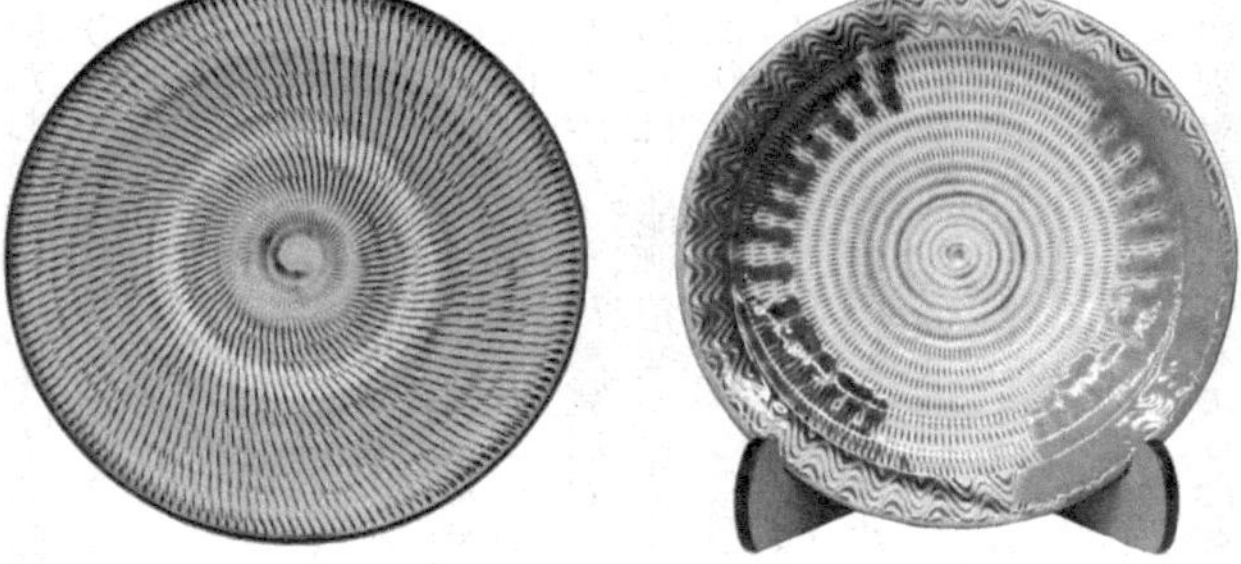

小鹿田焼〈左〉と小石原焼〈右〉（東峰村役場提供）

でしょう。この店では「寿司の純粋な風味が損《そこ》なわれる」という理由で、お客に酒を出していませんでした。

　ジョン万次郎への興味から、南四国へ行ったこともあります。そして、温泉好きになったぼくは、一九六八年の秋には、紀伊半島のほぼど真ん中にある龍神《りゅうじん》温泉までバスで行ったりもして、ついでに高野山《こうやさん》までヒッチハイクしたのですが、ぼくはそのときに見た、石楠花《しゃくなげ》の咲き乱れる和歌山の山々を、決して忘れないでしょう。

　それからぼくは、民俗芸能にことさらに関心を持つようになり、田舎の祭、特に、伝統芸能が披露されるような祭があれば、できる限り見に行くようにしました。なかでも、天竜川《てんりゅうがわ》と合流する遠《とお》山川《やまがわ》の谷間で冬に行われる「霜月まつり」は、そのドラマチックさと秘境ぶりとで、ぼくに鮮烈な印象を残しました。凍えるような寒さのなか、闇夜の一角《いっかく》がたいまつで明るく照らされ、面をつけた男たちが踊っているその様子を、宮沢賢治《みやざわけんじ》がこれに似た岩手の舞踊を描写した言葉を借りて、表現してみましょう。

四方《しほう》の夜《よる》の鬼神《きじん》をまねき
樹液もふるふこの夜《よ》さひとよ

ぼくは顔を上げ、山あいの澄み切った星夜を眺めました。そして再び、その素晴らしい仮面の踊りを見つめました。すると、しばらくの間、まるで時の流れが完全に止まってしまったような感覚におちいりました。

他には、能郷猿楽《のうごうさるがく》を見るために、岐阜の根尾《ねお》村（現・本巣《もとす》市根尾能郷）に行ったこともあります。それは能の原型のひとつで、古くは散楽《さんがく》と呼ばれ、もとは中国から渡来したものだといいます。ぼくは、能を理解するためには、まずその原型を知るべきだと思ったのです。根尾村の近くには、かの有名な淡墨桜《うすずみざくら》がありました。樹齢は一五〇〇年以上という話で、それは自然の摂理を超越しているばかりでなく、「日本では、美の命は永遠ではない」というぼくの説をくつがえすものでもあります。もちろん「淡墨」は「薄住み」にかけた地口《じぐち》（もとの言葉の発音に似せて語句を作りかえる言葉遊び）であり、その名前そのものが、この艶《つや》やかな古木は自然のいたずらで生き延びているだけだという事実を認めているようなものです。

少年によって演じられる「曳山狂言《ひきやまきょうげん》」を見に、滋賀県の長浜《ながはま》にも行きました。「狂言」といっても実際には歌舞伎です。そのとなりの愛知にも、「三河万歳《みかわまんざい》」を見に行きました。それは小さな民家の畳の上で演じられていました。このときの体験は、のちに小沢昭一《おざわしょういち》と語り合うことになります。彼は「日本の放浪芸」という素晴らしいレコードを出すほどのその道の通《つう》で、そのアルバムはぼくのLPコレクションの箱にも入っていました。

山形の黒川《くろかわ》にも二度通いました。一度目は、二月の徹夜能《てつやのう》を見るために。舞台となる民家は二つあり、「上座《かみざ》」と「下座《しもざ》」を両方見たいお客は、真夜中の道を徒歩で移動します。道の両脇には肩のあたりまで雪が積もっていました。もう五〇年ぐらい前のことになりますが、民家の「座」はどちらも満員でした。なんとか畳のすきまを見つけて座るのですが、一度座ったらもう動けません。トイレに行ったりすれば、もう席はありません。その年の夏には、「虫干し」とよばれる、能面や衣装を干す催事を見るために、二度目の訪問をしました（風をとおして乾かす行為を示す「虫干し」という言葉そのものが、語呂といい、意味といい、素晴らしいと思います）。

それから、二〇一一年三月の大地震と津波で被災することになる陸中海岸の宮古《みやこ》から久慈《くじ》まで、船で行ったこともありました（残念なことに、ただ一つ持っていた久慈焼の白くて美しい茶碗は、二〇〇六年にシドニーで床に落として割ってしまいました）。断崖に咲いた野生の花が、いまでも鮮やかに目に浮かびます。そして、岩手のワカメ、イカ、ホヤ貝は、最高にうまかった(ぼくはホヤ貝が大好きで、東京でこれを食べられない友人がいると、からかってやることにしています)。

そして、下北半島への旅もありました。ぼくは青森から小さな船に乗って、仏ヶ浦《ほとけがうら》にたどり着きました。あの、仏様のような形の奇岩が海にいくつも立っているところです。それから、舟に乗ったままウニを捕ると、その場で開け、スプーンですくって食べました。うまい! ぼくの戯曲「ヤマシタ」のオーストラリア版の裏表紙には、二六歳当時のぼくの写真が載《の》っていますが、それはこのときに仏ヶ浦で撮影したものです。

仏ヶ浦のあとは、バスで恐山《おそれざん》の山頂に行きました。そこでは巫女《みこ》たちがしわがれた声で、故人との対話をのぞむ人たちに、死者からの伝言をとりついでいました。恐山の浅い湖にたちこめる硫黄《いおう》の煙も、あの世からのメッセージを伝えているようでした。

世界広しといえども、日本ほど素晴らしい祭と豊かな文化を誇れる国はあまりない、いや、ほかには一つもないでしょう。日本人のなかに、それを理解できる人が決して多くないこと、また日本の至るところでその素晴らしい芸術や演劇の遺産が失われつつあることは、日本にとってだけでなく、世界にとって、とてつもなく大きな悲劇です。もし世界遺産にでもなれば、日本の人もこのような文化の存在に気がついて、守ろうという気になったり、自国の伝統を誇りに思ったりするようになるのかもしれません。しかし、海外の人に認められるまでそのことに気がつかないのは、なぜなのでしょう?

日本の人が、海外の人に認められるまで自信が持てない、という例をよく見かけます。

だがそんな馬鹿げたことはもうやめるべきです。日本の人もそろそろ、自国の伝統文化を学び、支援し、経験し、心から誇りに思うようにしてほしい。欧米や中国などの、よその国の人が日本をどう思おうと関係なく。

人生を変えた宮沢賢治との出会い

さて、ぼくの旅のなかでも最高の旅であり、そしてまた巡礼と呼べるものは、花巻《はなまき》への旅でしょう。それはこんなふうに始まりました。

日本に住み始めて数ヵ月がすぎたころ、ぼくは日本語の会話にかなり自信が持てるようになりました。大学で教壇に立っているほかは、すべての時間を日本語の学習に費やし、会話をするなら相手は「外人」は避けて、とにかく日本人と決めていました。日本人ならばとにかく誰でもいいという方針だから、ときにはすごく退屈な話し相手もいたものです。でも日本語を身につけるためには、どんな犠牲をも払う覚悟でした。

しかしやはり、文字を読めないうちは、まだ日本語（どの言語にも言えることだが）を理解したとは言えないということに気づきました。そこで京都工芸繊維大学でフランス語を教えている、親しい友人の阿部哲三《あべてつぞう》教授に「一番美しい日本語を書いている作家は誰ですか?」と聞いてみました。幸運なことに、阿部先生は「そりゃ宮沢賢治や」と教えてくれました。

ぼくはすぐに河原町《かわらまち》の丸善《まるぜん》書店に行って（残念ながらこの店はもうない）宮沢賢治の

童話集を買いました。だが一頁目をひらいて「うあ～！」。ちんぷんかんぷんだったのです！　わかったのはほんの数語だけ。いちばん短そうな「ざしき童子《ぼっこ》のはなし」という童話を選び、辞書が必要になるところまで、読んでみようと決めました。結局すぐに辞書をひいてしまったのですが、それでも最初の一頁を読むのに二時間もかかりました。なんとか最後まで読み終えると、大きな達成感を覚えました。ただ最後まで読み通せたというだけで満足でした。そのときは、内容がきちんとわからなくてもよかったのです。ずっとあとのことになりますが、ぼくはこの、岩手県の座敷童子《ざしきわらし》の伝説をもとに書かれた、誰にも見えない少年の不思議な話を翻訳することになりました。ぼくは賢治の擬《ぎ》声《せい》語に魅了され、一九六八年ごろから、彼を「宮ざわざわ賢治」と呼ぶようになりました。

日本語の読解力を伸ばしつつ、「宮ざわざわ賢治」の作品をどんどん読んでいきました。読めばよむほど、賢治の日本語に惚《ほ》れ込み、彼の散文にも韻文にも深く共鳴するようになりました。ぼくの五〇年以上におよぶ賢治研究の旅は、こうして始まったのです。ぼくはいまでも、この二〇世紀文学の世界的な巨匠の、奥深い世界を探索しつづけています。

しかし当時は、いや一九九〇年代になるまでは、賢治は日本文学の「代表的な作家」とはみなされていませんでした。日本文学の講座を持つアメリカの主要な大学でも、賢治は研究されていないことのほうが多かったのです。そういった大学の有名教授たちは

(日本の知識人ならば、その具体的な名前も思い浮かべられるでしょう)、賢治を子供向け「幻想文学」の作家とみなし、夏目漱石《なつめそうせき》や森鷗外《もりおうがい》のような近代日本文学の文豪に比べて、「偉大」とはいえないと考えていました。

当時とはつまり、一九六〇年代後半のことですが、それはまだ三島由紀夫《みしまゆきお》が存命で執筆活動をしていたころのことでした。彼の『豊饒《ほうじょう》の海』四部作の完結編である『天人五《てんにんご》衰《すい》』が一九七一年に出版され、その数カ月前に、彼が市ヶ谷《いちがや》のバルコニーで演説する姿をテレビの生中継で見たことも鮮明に覚えています。ぼくは産大の教職員食堂で昼食をとっている最中でした。彼はやがて建物のなかへ入り、自決しました。

川端康成《かわばたやすなり》は一九六八年にノーベル文学賞を受賞しました。もし「日本で最も偉大な作家を三名あげよ、ただし存命か、あるいは没後間もないことを条件とする」と言われれば、アメリカの有名教授でも、日本の文学関係者でも、みな一様に谷崎潤一郎《たにざきじゅんいちろう》(一九六五年没)、川端康成、三島由紀夫の名をあげたはずです。ところが残念なことに、ぼくが一九七二年八月にオーストラリアにむけて日本を発《た》つころまでには、川端も三島とおなじく自ら命を絶ち、三名がみな鬼籍《きせき》に入っていました。

「日本で最も偉大な作家は誰か」と聞かれると、ぼくはいつも「宮沢賢治」と答えてきました。すると質問した人は、ぼくが好きな日本語の表現を借りるなら「とんびに油揚げをさらわれたような顔」をするのが常でした。なかには「溝口健二《みぞぐちけんじ》じゃないですか?」と聞き返してくる人もいました。

ぼくは例によって、こう思いました。宮沢賢治を本当に理解するためには、彼の生まれた場所を自分の目で見ておかなければならない、と。そこで京都から新幹線で東京へ、そしてさらに電車を乗り換えて花巻まで行ったのです。当時は東京から花巻までは六時間もかかりました。一九六九年の夏のことでした。

生きていた宮沢賢治――宮澤清六さんの思い出

花巻駅に降り立つと、改札の外に小さな案内所がありました。係の若い女性に宮沢賢治の生家はどこかとたずねると、ありがたいことに地図を描いてくれました。その家まで歩いて行ってみて、驚きました。門柱に「宮澤」と書かれていたのです。なんということだ、宮沢賢治はまだ生きていたのか？　間違いなく一九三三年に亡くなっているはずだが、しかし……。

門扉《もんぴ》をくぐり、軒先に立って玄関の引き戸を数センチほど開け、「ごめんください！」と言ってみました。

すぐに、六〇がらみの男性が現れました。

「すみません。ぼくはアメリカから来ました。ぼくは宮沢賢治が大好き！」

なんと、その男性は賢治の実の弟、宮澤清六《みやざわせいろく》さんだったのです。いつのまにか、当時の清六さんの年齢を一五年ほども超えてしまいました。よく知られているように、彼は兄と仲が良かった。清六さんはぼくにとても親切にしてくれて、お兄さんである賢治についていろいろと話してくれたり、ぼくを車に乗せて花巻周辺のさまざまな場所を案内してくれたりしました。清六さんとイギリス海岸に立って北上川《きたかみがわ》の輝く水面《みなも》を眺めたとき、ぼくは宮沢賢治本人と一緒にいるような気がしていました。

その後、清六さんには何度も会うことになります。彼は九七歳で亡くなるのですが、つまり兄よりも六〇年長生きしたことになります。最後に会ったのは二〇〇〇年、亡くなる前年のことでした。そのときぼくは、長男のジェレミーとの東北旅行の途上で、花巻に立ち寄ったのです。清六さんはすでに寝たきりになっており、かなり衰弱していましたが、ぼくらを寝室に招き入れてくれました。ぼくらが部屋に入ると、大変な苦労をして上体を起こし、賢治にそっくりだと言われている声で言いました。「パルバースさん、北上川は熒《けい》気をながしィ」それを受けてぼくは「山はまひるの思睡《しすい》を翳《かざ》す」と続けました。ぼくらはいつも、賢治の最高に美しい詩の一つの、最初の二行を暗唱し合っていたのです。ジェレミーを紹介すると、清六さんは弱った手をさしのべてジェレミーと握手してくれました。あとでジェレミーに、これから何十年か先に「ぼくは宮沢賢治の弟と握手したことがあるんだ」と言える日がくるよ、と言いました。

さて、旅のことばかり書きましたが、ぼくはただウニを食べたり辺鄙《へんぴ》な村の古い儀式を見物したりと、ずっと旅行ばかりしていたわけでもありません。日本の近代文学の作品をできるだけたくさん読もうと決意し、日本語の読解力を伸ばしつつ、漱石、鷗外、鏡花《きょうか》、芥川《あくたがわ》、太宰《だざい》、作之助《さくのすけ》、安吾《あんご》、大岡昇平《おおおかしょうへい》、武田泰淳《たけだたいじゅん》……などなど、多くの作家の作品をむさぼるように読みました。まさかその二、三年後に、それまでの人生における最大の、南半球への大ジャンプをするとは、自分が日本文学を、しかもオーストラリアで教えることになるとは、想像もしていませんでした。

だがぼくは、疲れるといつでも、一番好きな宮沢賢治に戻っていきました。盛岡に生まれ育ち一〇二歳の長寿をまっとうした長岡輝子《ながおかてるこ》さんが、NHKラジオで『銀河鉄道の夜』を朗読していたことがあります。この名作に対するぼくの理解は、彼女の朗読によって大いに助けられました（二〇〇六年に本人に会う機会があり、いかに彼女の朗読に助けられたかを直接伝えることができた）。

ぼくはこの作品を翻訳しはじめ、というのも、小説のストーリーを理解したいなら、それを翻訳するのが一番だからですが、一九七一年に初回の翻訳を完成させました。いま思えば、まったくひどい、間違いだらけの訳でした。一九八二年に訳しなおした新訳のほうは、一九八三年から一九八四年にかけて、勤務先の「毎日デイリーニューズ」で週一回の連載として発表されました。それは日本の英字新聞に連載された日本の小説としては、二番目のものでした。第一号は、ぼくが「毎日デイリーニューズ」で一九七六年に翻訳した井上ひさしの『モッキンポット師の後始末《あとしまつ》』でした。

セントロジャー、日本で演劇に開眼す

ぼくは、学生のころからずっとそうしてきたように、あいかわらず少なくとも一週間

に一度は映画館に行き、日本映画をかたっぱしからすべて見ていましたが、特に印象に残っているのは一九六九年に見た「薔薇《ばら》の葬列《そうれつ》」です。監督は松本俊夫《まつもととしお》で、それを見た映画館は四条《しじょう》河原町の交差点の北西にあった美松《みまつ》劇場でした。ピーターのデビュー作で、ゲイ・シネマ史に残る金字塔をうち立てた作品です（一九九〇年代なかごろに京都造形芸術大学で松本俊夫の同僚となり、その人となりを知ることとなった）。

美松劇場が好きだった理由の一つは、銭湯が併設されていて、映画を見たあとに一風《ふ》呂《ろ》浴びることができたからです。なんという贅沢《ぜいたく》！　ぼくは昔から日本の銭湯の大ファンで、二〇一二年にシドニーへ引っ越すまで、一週間に一回は必ず行っていました。銭湯で特に好きなのは、壁によく描かれている、富士山や瀬戸内海の絵です。いつか『ニッポンの忘れられた美～銭湯の壁画』と題した本を書きたいと思っています。あまりにも銭湯が好きなぼくを「セントロジャー」と呼ぶ友人もいるほどです。

ぼくはいつのまにか、日本の演劇というものにも魅入られてしまっていました。ポーランドで演劇の面白さに目覚めるまでは、演劇というものはあまり見たことがなかったのですが、それでも素晴らしいと思った舞台は一九六四年にブロードウェイで見たジョン・ギールグッド演出の「ハムレット」です。ニューヨークにいる叔父《おじ》が、最前列のチケットを買っておいてくれたのです。まだ若かったころの名優リチャード・バートンがハムレットを演じる姿は、いまでも忘れられません。一九六四年は彼がエリザベス・テイラーと結婚した年でした（そのあともバートンは彼女と再婚しているが、これが一回目)。

しかし、当時は日本の演劇は最高でした。いわゆる「アングラ」(アンダーグラウンドの略語)演劇の運動が起こり、多くの若者に支持されていました。ほとんどの芝居が小さな劇場で上演されていたので「小劇場運動」とも呼ばれていました。優れた作品の多くは京都でも上演されたので、ぼくはそれをほとんど京都で見ていました。たとえば別役実《べつやくみのる》の芝居。なかでも「象《ぞう》」は後日ぼくが英語に翻訳することになったものです(その翻訳版は、一九七四年にオークランドにあるニュージーランド最大の劇場、マーキュリー・シアターで上演された)。唐十郎《からじゅうろう》の「状況劇場」の芝居も、彼らが下鴨《しもがも》に建てた「紅《あか》テント」に見に行ったし、通称、「黒色テント」と呼ばれていた斎藤憐《さいとうれん》や佐藤信《さとうまこと》などの劇団の芝居も見ました。井上ひさしの芝居もいくつか京都で見て、「道元《どうげん》の冒険」には仰天したのを覚えています。鈴木忠志《ただし》の「劇的なるものをめぐって」では、白石加代子《しらいしかよこ》の演技が素晴らしかった。

その演劇界でも、時代の寵児《ちょうじ》は、ヨーロッパでも名声を得つつある寺山修司《てらやましゅうじ》でした。一九七〇年のはじめごろ、ぼくも東京まで行って彼の劇団「天井桟敷《てんじょうさじき》」の公演を渋谷で見ました。その劇場は奇妙なモダニズム風建築でした(ファサードのデザインは芸術家の四谷《よつや》シモンの手によるものでした。ぼくは一九八五年に出版した『ロジャー・パルバースの昭和・ドラマチック!!』の表紙に、その四谷シモンが創った大きな人形の写真を使っています)。

そこで見た芝居は、ぼくの人生を変えたと言ってもいいでしょう（そのとき、寺山修司と悪名高いその母に、もう少しで会えるところだった。のちに寺山には二回会ったが、残念ながらぼくらは友人にはなれなかった）。ぼくが見た芝居は「ガリガリ博士の犯罪」でした。題名はもちろんサイレント映画で表現主義の名作「カリガリ博士」をもじったものです。それは素晴らしい芝居で、ぼくはそれを見るまで戯曲を書くことなど考えてもみなかったのですが、この渋谷での経験をきっかけに書くようになりました。ぼくのデビュー作は、一九七〇年八月に雑誌「新劇」に掲載された「がりがり夫人の完全犯罪」でした。

浪曲師「ロジャー武蔵」の誕生

しかし前衛演劇でさえも、ぼくの日本に対する飽くなき好奇心を満たすには不十分でした。ぼくはラジオで浪花節《なにわぶし》を耳にしたことがありました。そこで、予備知識もあまりないまま、浪花節の「唸《うな》り方」を教えてくれる先生の居場所をつきとめました。行ってみるとそこは、大阪の中心街にある、浪花節を普及する会で、朝日芸能社という小さなボロい事務所でした。ぼくは知らなかったのです、浪花節あるいは浪曲と呼ばれる芸能が、日本ではすっかり斜陽の産業になっていることを。

事務所の人たちは大歓迎してくれました。そして、そこにいた男性こそが関西浪曲の大名人、筑波《つくば》武蔵《むさし》ご本人でした。夫人の「チクバムサシ」もいて、「女武蔵」と呼ぶように言われました。夫妻はとても親切でした。どうやら浪花節をやりたいと言ってきた「外人」はぼくが初めてだったらしい。数カ月後には、ぼくは「ロジャー武蔵」になっていました。

そのようなわけで、ぼくは週にいちど京都の深泥池町からはるばる、武蔵夫妻の住む河内天美《かわちあまみ》まで通って、浪曲「野狐三次《のぎつねさんじ》」の一席を習うことになりました。武蔵夫妻とともに、関西の老人ホームを浪曲で慰問してまわるようになります。ほどなくして、一九七二年三月二八日には、「野狐三次」を阿倍野《あべの》区役所二階ホールの「福祉口演」で一席唸ることになりました。浪花節の公演は「口演」と書き、「くえん」と発音します。たぶん、浪曲師はほとんどが貧乏で「食えん」からではないでしょうか。

産大の学生に口演の話をすると、聞きに行きますと約束したのに、結局すがたを現しませんでした。

「どうしたんだい？」

「あのう、先生、阿倍野までは行ったんですけど、浪花節だとわかって、帰って来ちゃったんです。てっきり先生は落語をするものとばかり思っていたのに」

ぼくは幸運にも、浪花節関係者のコネで、梅中軒鶯童《ばいちゅうけんおうどう》や二葉百合子《ふたばゆりこ》のようなすごい浪曲師だけでなく、当時まだ日本の各地にいた旅芸人たちにも会うことができました。小沢昭一とテレビ番組に出演して、一緒に浪花節を唸ったこともあります（彼とはその後、ぼくが市川にある井上ひさし邸に半年居候《いそうろう》をしているときにも、よく顔を合わせること

浪曲を唸る、ロジャー武蔵（1972年2月）

になった）。しかし最近では浪花節を唸ることもなくなりました。銭湯でもやっていません。

オーストラリアからの予期せぬ誘い

一九七二年のはじめごろ、幸運なことに、ぼくの宮沢賢治に関するエッセイが「毎日新聞エッセイコンテスト」で優勝しました（審査員の一人は、著名な評論家の桑原武夫《くわばらたけお》さんだった。彼はぼくに「マイファーザーはね、彼は浪曲が大好きだった」と言った）。この毎日新聞との縁が、後日、重要な役割を果たすことになります。というのも、ぼくはその一〇年後に「毎日デイリーニューズ」で嘱《しょく》託《たく》社員として働くことになるからです。

また、このときシンポジウムが開催されたおかげで、そこで好きな作家の一人である野坂昭如《のさかあきゆき》さんと同席することができました（パネリストには歴史家の色川大吉《いろかわだいきち》氏や作家の金達寿《キムタルス》氏もいた）。まったくの偶然ですが、野坂昭如さんの短編『アメリカひじき』がラジオ劇として放送されることになったときには、NHKがぼくにミスター・ヒギンズ役を演じてほしいと依頼してきました。『アメリカひじき』とは、俊夫《としお》という日本人の男が、進駐軍のおかげでアメリカ人に対するコンプレックスを抱えるようになり、自分は完全な日本人ではなく、なかにアメリカ人がいるのだと思いこんでしまうという話です。ぼくは、いわば自分のなかに日本人が住み着いたアメリカ人なので、俊夫をいじめる「いやらしい」アメリカ人のヒギンズ役を演じられるのは光栄の至りでした。

しかし、そんなときに突然、まったく予期せぬことが起きました。ぼくのもとに、オーストラリアのキャンベラにあるオーストラリア国立大学（ANU）の教授から手紙が届いたのです。彼は京都に来る予定らしく、「会っていただけませんか」というのです。それで会ってみると、ぼくに、キャンベラで日本語と日本文学を教える仕事をしませんか、と言うではありませんか。日本語とも日本文学とも、五年前までは、まったく無縁だったぼくなのに。

だがぼくはその仕事を引き受けました。なぜそんなことをしたのか？　あれほど愛していた日本を出てゆくようなことを、なぜしたのか？

ぼくは戯曲を書き始めていましたが、それを舞台にかけるチャンスをつかめずにいました。もしオーストラリアに行けば、一人前の劇作家になれるかもしれない……それに行ってみて嫌だったら、いつでも日本に戻ってくればいいじゃないか。ぼくは日本のことを何も知らなかったのと同じように、オーストラリアについても何も知りませんでした。ぼくにしてみれば、自分が行くことなど想像もしていなかった国だし、それにどうか思い出してください、これはまだオーストラリアが白豪主義だったころの話なのです。オーストラリア映画も「ルネッサンス」を迎えていなかったし、オーストラリア・ワインもまだ知られていませんでした。オーストラリアは、当時の日本人にとって人気のある行き先では決してなかったのです。

それにぼくにはいつも「なぜやるのか」ではなく「なぜやらない」と考える癖《くせ》がありました。なぜ挑戦してみないのか。ぼくはまだ二八歳でした。ノルウェー人の妻はオーストラリア行きに関心を持っている。ぼくらには子供もいない。また未知の世界がぼくを呼んでいるらしい。ぼくの人生の道は再び、先が見えない曲がり角にやって来たのです。ぼくには、その先の道がどうなっているかわからず、方向感覚もなく、知り合いも一人もいない。しかし若いころのぼくは、そういうところに行くのがどうも好きだったのです。

だから一九七二年八月に、京都産業大学をやめ、未知なる南半球をめざして飛び立ったのです。その結果、新しい職業、新しい国籍、新しい妻を得ることになるのですが。だがその三つのうちの一つでさえも、予測することなどできませんでした。また、だからこそぼくは未知の世界に行くのが好きなのです。ちょうど夢を見ているときのように、予測もつかないことばかりが起こるのだから。

しかしオーストラリアでの人生がどのようなものになろうと、ぼくはいつも日本が自分の本当の故郷であり、日本美術がすべての美術の頂点であると思っていました。何があっても、その思いが変わることはなかったし、もちろんパスポートが変わったからなどというつまらない理由で、変わることもありませんでした。

5「五つの日本」

小さな国に満ちあふれた多様性

「日本は単一である」という薄っぺらい日本論

こうしてぼくは一九七二年八月一三日に、愛しい深泥池《みどろがいけ》の京都をあとにしました。次にぼくが夜空を見上げたとき、それはキャンベラの晴れた美しい夜空で、さかさまになったオリオン座や、マゼラン星雲や南十字星など、初めて目にする星がたくさん見えました。ぼくは、天の川を南下したジョバンニとカムパネルラと同じ道をたどってここにやって来たような気がしました。

その半年ほど前のこと、正確にいえば二月二日に、横井庄一《よこいしょういち》という元陸軍伍長が、終戦以来はじめて日本に帰還するという出来事がありました。飛行機のタラップを降り、車いすに座らされた彼の手には、ある物が渡されました。彼は、それを振って笑顔を見せました。読者のなかに、それが何だったか覚えているかたはいるでしょうか？　それは新しい日本のシンボルでした。一九七二年の日本を象徴する、その小さな薄い物体とは？

それは、一万円札です。戦前の日本では一万円は大金でした。そして、横井庄一氏の祖国が、戦後に達成したことすべてのシンボルとなっていたのです。ぼくはこの様子をテレビで見ていましたが、とにかく残念でたまりませんでした。ちょうどそのころはアメリカ人が日本を「エコノミック・アニマル」とみなしはじめていたからです。ぼく自身はこの言葉が正しいと思ったことは一度もありません。本当にエコノミック・アニマルなのは、物質的な豊かさばかりを追求するアメリカ人のほうではないか。いや、それとも、日本人がエコノミック・アニマルだという説はある程度真実だったのだろうか？

当時は日本人論が流行《はや》っていました。なかでも知名度が高かった三冊は、中根千枝《なかねちえ》『タテ社会の人間関係　単一社会の理論』、土居健郎《どいたけお》『「甘え」の構造』、そして、架空の作家「イザヤ・ベンダサン」（作者が日本人であることは、ぼくにはすぐにわかったが）による、怪しげな薄っぺらい内容の本『日本人とユダヤ人』でした。日本人は自己分析に夢中になっており、海外からどう見られているかということに、かつてない強い関心を持つようになっていました。ぼくも日本や日本人についてインタビューを受けましたが、それが活字になると「青い目」の視点によれば……というフレーズがつきものでした。ぼくの瞳《ひとみ》の色はもっと濃い色だし、自分としては「黒い瞳の若者」のつもりだったのですが。

　中根千枝のベストセラーの題名をもう一度よく見てください。いや、見てほしいのはメインタイトルではなく、副題にある、「単一」という言葉です。この言葉は、特に「単一民族」という表現でよく使われるようになりました。英訳では「racially《レーシャリィ》 homogeneous《ホモジーニアス》（人種的に単一である）」とされることが多い。後半の「homogeneous」のほうは、ギリシャ語で「同じ」を意味する語に由来する「homo」を接頭辞とする、正しい訳語ではあります。しかしぼくならば「ethnically《エスニカリィ》 homogeneous（民族的に単一である）」と訳すでしょう。なぜなら、ぼくは「race《レース》（人種）」という言葉に対応する実体はこの世に存在せず、科学的には「human race（人類、人間という種）」が存在するだけだと思っているからです。日本人という民族はあるが、日本人という人種はない。現在では生物学上の意味をもたなくなった「人種」という言葉が、早く「死語」として葬《ほうむ》り去られることを望みます。

　もちろん、国民が民族的に単一であるという思想は、ある国家が急激な発展をとげている時期においては、役に立つ面があるのかもしれません。「みんなは一人のために、一人はみんなのために」、「出る杭《くい》は打たれる」。これは、国民が屈辱的な敗北を経験し、国土が壊滅的な打撃をうけ、国としての誇りを取り戻そうとしている時期にはうってつけの考え方でしょう。

　でも、ちょっと待った。ぼくが五年間住んでみたこの国には、あらゆる分野の、驚くほど多様な文化があるではないか。ものの考え方、行動のしかた、話し方、ユーモアのセンス、食、美術、音楽、舞踊、民族などなど。それをなぜ、日本人も外国人も、揃いもそろって、日本の国民は「単一的」だなどという考え方を受け入れてしまったのだろう？

日本は「五つ」の独自な文化で成り立っている

ぼくが編み出した説は、日本は「五つの日本」にわかれているというものです（その五つ目にあたる沖縄との出会いは、七〇年代後半になるまで待たねばなりませんでしたが）。五つの「日本」はおたがいに多くの点で異なっていますが、しかしそのどれ一つをとっても、日本という「国」や日本人という「国民」の姿を表してもいるのです。

では、日本文学はどうか？　宮沢賢治《みやざわけんじ》と川端康成《かわばたやすなり》に共通点などあっただろうか？　坂《さか》口安吾《ぐちあんご》と三島由紀夫《みしまゆきお》は？　彼らに共通点があるとすれば、それは、全員が文章を日本語で書いたこと……だけではないか。だが各人の文体をくらべれば似ているところなど一つもない。そうなのです、当時もいまでも、ぼくは単一的な日本という「神話」を信じたことは一度もありません。ぼくにとって日本は世界のなかでも最も多様性に富み、多彩性にあふれる文化の一つなのです。

「五つの日本」とは、具体的にはどこを指すのか？　もちろん日本には、独自の文化を持った地域がその五つのほかにもたくさんあるし、また五つの地域のどれをとっても、その内部には驚くほど多彩なバリエーションがあります。つまり「五つの日本」とは、日本文化をざっくりと大分類したものなのです。本来ならば「五〇」と言うべきかもしれませんが。

「五つの日本」とは、

東北

東京（江戸）

京都・奈良（大和《やまと》）

北九州

沖縄

です。

このことが、現実感を帯びたものとして頭にひらめいたのは、一九七七年、三三歳の夏から秋にかけて、井上ひさし氏の市川にある自宅に逗留《とうりゅう》していたときのことです。ある朝、目覚めると、ぼくはそれまでにやったことのないことをしました。突如荷物をまとめると、そのまま東京駅に直行して、秋田行きの切符を買ったのです。東北地方でまだ行っていない唯一の県でした。

なぜそんなことをしたのか？　あとで振り返ってみてわかったのですが、ぼくは生涯に一度きりの、軽いノイローゼにかかっていたのです。その年の五月でしたが、ぼくはオーストラリアを離れることになり、キャンベラからスウェーデンのストックホルムに行きました。合計三三時間、空の上と空港のなかです。ストックホルムではオーストラリア代表二名の一人として国際演劇協会（ＩＴＩ）の国際大会に出席しました。ストックホルムのあとはオスロに立ち寄って妻の顔を見てから、その次はポーランドの作家組合の招聘《しょうへい》を受けて、一人でワルシャワへ行きました。ワルシャワにひと月滞在しているあいだに、作家組合の依頼で新しい戯曲を翻訳したり、旧友に会ったり、芝居を見たりしていました。その友人のなかには映画監督のアンジェイ・ワイダもいました。一九七〇年に大阪万博で知り合うと、その年つまり一九七〇年の夏にはワルシャワから一時間ほどかかる彼の別荘に逗留して、ぼくの愛する国ポーランドでの、最高に楽しい時間を過ごさせてもらいました。

妻はワルシャワでぼくに合流し、二人で一緒に東京へ行きました。空港では井上好子《よしこ》さんが出迎えてくれ、成田から市川の井上邸まで車で送ってくれました。そのときのぼくはまだ、自分の結婚が決して理想的なものではないことに気づいていませんでした。まだ両者のあいだに、いくぶんかの愛情と、かなり多くの敬意が残っていたからです。しかし無意識のレベルでは、本当は幸せではないとわかり始めていたのです。結論から言えば、ぼくは妻とは別れてほかの女性と暮らすようになりました。その女性はスーザンという、現在のぼくの妻です。スーザンとは一緒に暮らしてそろそろ四〇年、四人の子供にも恵まれました。

東京での生活はすごく忙しいものでした。初めての長編小説『ウラシマ・タロウの死』（新潮社刊）を書きながら、「毎日デイリーニューズ」をはじめとする新聞、雑誌に、日本語と英語の記事を毎週数本書いていました。このような忙しさと、結婚生活からくる内面的な疲れが、自分でもわからないうちに、ぼくの神経にダメージを与えていました。

東北――類を見ない神秘性

衝動的に秋田へ旅立ち、現地に到着すると、とある小さな旅館に入りました。出迎えてくれた若い仲居《なかい》さんはきっと、この日本語を話せるヒゲもじゃの「外人」はいったい何者か？　と思ったことでしょう。しかし、風呂《ふろ》から出てきたぼくが、ヒゲのない顔であいさつをしたときにはもっと驚いたに違いありません。ヒゲは風呂で剃《そ》り落としてしまったのです。クスクス笑う仲居さんに、ぼくは無邪気にほほえみながら言いました。
「あれっ、何かおかしいですか？」

翌朝ヒッチハイクをはじめると、男鹿《おが》半島を車で移動中の漁師の二人組が拾ってくれました。正直に言いますが、彼らの言葉は、ぼくには一言もわかりませんでした。一瞬、彼らは韓国語を話しているに違いないと思ったほどです。車が戸賀《とが》湾の海岸線の途中で止まると、男たちは車の後ろからイクラの入った大きなビニールバケツと、酒の銘柄は覚えていないけれど一升瓶を取り出しました。三人で、でかいスプーンでイクラをすくって食べ、プラスチックのコップで何杯も酒を飲みながら、小一時間ほど会話をしました。「会話」といっても、ぼくが言えたのは「はい」「あの……」「いえ」「なるほど」だけでした。「なるほど」と言っても、二人が何を言っているのか皆目見当《かいもく》がつきませんでした。しかし彼らのほうは、「外人」に日本語を理解させようなどとは、はなから思っていなかったのかもしれません。

ぼくは秋田でヒゲもなくし、日本語に対する自信も完全に打ち砕かれて、東京に帰っていきました。秋田の方言を習得せずに秋田の文化を理解することは決してできないでしょう。もちろん青森、岩手などの、ほかの東北の県についても同じことが言えます。

東北地方で、ぼくが一番よく知るようになったのは、言うまでもなく、岩手県です。岩手県は石川啄木《いしかわたくぼく》と宮沢賢治を同時期に生み出しています。啄木に関して言えば、その短歌を二〇〇ほど訳して、本を出版しています。彼の生涯は、短いながらもロマンス、旅、ジャーナリズムと、洞察に満ちた数々の発言に彩られた、魅力的なものであったと思います。

ぼくは、八年間も「ジャパンタイムズ」に毎週連載していたコラム「Counterpoint（べつの視点から）」に、現代の日本の若い人は日本文化に刺激を受けるべきだ、とよく書いていました。啄木こそまさに、いまの若い人に必要なものです。日本の最も素晴らしい、最も革新的な詩人の一人である啄木が、嘆きのロマン主義者から辛辣《しんらつ》な急進派に目覚めてゆく変身の様子は、内向的ないまの若い人の刺激となり、社会の一員であるという意識を持てず孤独感と疎外感に悩む彼らを、精神的に解放するための助けとなるでしょう。

啄木は、どこにでもいる普通の日本人が、目の前で起きている不正行為にまったく無関心であること、自らの自由が奪われてゆくのを抵抗もなく受け入れていることに、強い不快感を覚えていました。ひときわ啄木の嫌悪をかきたてたのは、いまから一〇八年前の一九一一年一月二四日に、日本の偉大な知識人であり社会主義者でもあった幸徳秋水《こうとくしゅうすい》が、「反逆罪」をでっち上げられ処刑された事件に対する、人々の無関心ぶりでした。啄木は、落ち着かず、内省的で、社会の倦怠《けんたい》感に傷ついた青年のまま、一九一二年四月一三日に没しますが、一〇〇年以上たったいまでも、世界中の若者の代弁者であり続けます。

いっぽう宮沢賢治に関していえば、日本のほかに、あれほどの文学と科学と宗教の天才を生み出した国はありません。賢治の、人は被創造物のほんの一部にすぎないが、肉体が滅びたあとも輝き続ける一つの光であり、ほかの人間や、動物や、自然に対して幸福をもたらすことができる、という人間観は、いまの世界に必要なものです。しかし、ぼくは賢治の哲学は日本が生み出したものというよりも、岩手が生み出したものであると考えています。野趣《やしゅ》あふれ、人の心を完全に奪ってしまうような岩手の自然は、宮沢賢治という、世界的にみても類のない言葉の職人のための、舞台であり、照明であり、音響再生装置なのです。

そして東北には、津軽《つがる》出身の太宰治《だざいおさむ》もいます。彼の国内での人気は相変わらず高い。

東北にはさらに、柳田國男《やなぎたくにお》によって見事にまとめられた、遠野《とおの》の民話もあります（ぼくは彼の息子さんが住んでいた成城の自宅から遠からぬ場所に住んでいたことがあり、柳田國男自身が庭に植えたという、オーストラリアの国木でもあるユーカリの木を見るために、成城学園前駅へ行くとたまに、わざわざ遠回りしてその家と庭の前を通ったりしていた）。

東北は日本のなかで、他に類を見ない神秘的な存在感をもっていて、それはちょうどぼくが最初に読んだ賢治の作品「ざしき童子《ぼっこ》のはなし」に出てくる（といってもその姿は決して現さないのですが）座敷童子《ざしきわらし》のようです。日本の美は「風景」や「情景」を抜きに語ることは決してできませんが、東北の山、森、滝、海岸線、気候などが織りなす「風景」は、多様性に富んだ実に見事なものです。ぼくが昔その川沿いを歩いた、奥入《おいら》瀬川《せがわ》のような穏やかな表情もふくめて。

東北はやはり、それだけで独立した、他の地域とは違う一つの日本なのです。

東京――親子どんぶりのような「拝借文化」

さて、二つ目の日本は江戸です。粋《いき》で、気の利いた、威勢のいい、クールな文化。

東京文化はいわば「拝借《はいしゃく》文化」と言えるでしょう。日本の各地から、ちょっと拝借してきたものを、混ぜ合わせた文化です。また、東京文化が現代の日本文化の中核となっていることは間違いありません。出版社、劇場などをはじめとして、文化的な組織や機関のほぼすべてがこの首都圏に集中しています。それ以外の地域はすべて「地方」と呼ばれ、その言葉には、ごくわずかではあるけれど、東京のほうが上だという感覚がないとは言い切れません。もしニューヨークでシカゴやサンフランシスコを「地方」と呼んだら、それらの都市の住民がニューヨークに戦争をしかけることでしょう。日本以外に、一国の首都にこれほど文化が一極集中している国はないのではないでしょうか。

東京文化は「親子どんぶり」にも似ています。器に盛ったご飯（あらゆる日本文化の基となるもの）の上に、鶏肉と玉ねぎと半熟たまごの混ざった具をポンと乗せる。親子どんぶりの具と飯とが、完全に一体化した姿で客に出されることはありません。つまり東京文化は「永遠に未完」の文化なのです。しかし半熟たまごはやがて崩れて、米つぶのすきまにずるずる滑り込み、味が全体にゆきわたるようになります。そう、東京文化はやはり親子どんぶりに似ています。

東京では何でもありです。東京には、東京帝国大学が近くにある本郷で生まれ、大学生の父に「堀口大学《ほりぐちだいがく》」と名前をつけられた詩人兼フランス文学翻訳者がいたかと思うと、ホリエモンこと堀江《ほりえ》貴文《たかふみ》のように、東京大学に入学するために福岡から上京してきた（そして中退した）人もいます。かつては世界から、京都の繊細で上品な文化が日本を代表するものと見られていた時期もありました。しかしいまは東京が、良い意味でも悪い意味でも、日本を代表するものと考えられています。MASK《マスク》現象の四分野やファッションを含め、日本の日常文化のあらゆる側面において、東京文化は「国際都市」的な文化であり、仙台、盛岡、青森といった都市の文化よりもむしろニューヨークやパリ、モスクワやシドニーの文化に近い。

たしかに東京文化は、現代日本の代表なのかもしれません。でも、それは日本にある多くの文化の一つにすぎないと思います。

京都・奈良――やわらかく感性的な、女性の文化

三つ目の日本は京都・奈良です。東から京都を見下ろす比叡山《ひえいざん》もあれば、険しい北山《きたやま》の山々もあります。しかし京都の市街地そのものは盆地のなかにあり、街から見れば北山もなだらかな稜線《りょうせん》をえがく丘にしか見えません。もちろん気候は、盆地であるがゆえに、冬はとても寒く夏はとても蒸し暑い。京都に住めれば、日本のどこにでも住めると言われるほどです。

平安文化は、京都の雅《みやび》な美の世界の基礎があってこそ花開いたものです。紫式部《むらさきしきぶ》の『源氏物語《げんじものがたり》』や、ぼくがそれよりもっと好きな清少納言《せいしょうなごん》の『枕草子《まくらのそうし》』なども、もちろんそのなかに含まれます。独自の建築様式で建てられ個性的な仏像や庭園を有する数々の社寺仏閣、能、狂言、歌舞伎、茶道……そのすべてが京都で誕生したものか、あるいは京都で花開いたものです。もちろん、能との関連ですでに書きましたが、それは日本各地の、そして海外の文化をも取り入れつつ成立したものなのです。能の面のなかには、海外からそのデザインをもらってきたもののもあります。「翁《おきな》」の面は、いろんな意味で、

韓国の面と言えます。実物を見れば誰でもすぐにわかるでしょう。それから恐ろしげな「癋見《べしみ》」はどう見てもインド風の面相です。つまり能のように、おそらく最も純粋に日本的なものと考えられている芸能でさえも、「単一的な日本」のものではないのです。

ぼくは京都の能楽堂にもよく通ったし、舞楽《ぶがく》や雅楽《ががく》も機会があれば見るようにしていました。京都に住んでいるころは毎年「壬生《みぶ》狂言」や、奈良の「お水取り」に行くのを楽しみにしていました。京都・奈良では、いたるところにアジア文化の一部であった昔の日本の名残《なごり》を見つけることができました。

大和文化とは、仏教思想の文化です。さらに言えば、瞑想《めいそう》の、深い審美性をともなう、宗教性と美的エロチシズムの文化でしょう。能には、知性と美貌《びぼう》で名高い「小野小町《おののこまち》」に材をとった作品が五番もあります。東京文化は威勢のいい男性の文化です。京都文化は、やわらかく、感性的で、刺激的な、女性の文化なのです。

思ひつつぬればや人の見えつらむ夢と知りせば覚《さ》めざらましを

小野小町のこの歌の感性は、ぼくには、とても女性的で京都的なものと感じられます。『古今集《こきんしゅう》』におさめられたこの美しい歌には、いかにも日本人女性らしい、官能性と悔しさが率直に表現されています。小町は眠りから覚めると、恋人に会っていたのは夢のなかだったとわかり、目が覚めてしまったのを悔しがっているのです。音と静寂との中間にあるものが人の心を動かすということはすでに述べましたが、人間の感情の美しさ、そしてその崇高な哀しさもまた、眠りと覚醒の中間にある、曖昧《あいまい》で不完全な素晴らしい領域に存在しているのです。

新京極《しんきょうごく》の京都花月《かげつ》劇場にも足繁く通いました。長いこと閉鎖されていましたが、二〇一一年になって違う場所に再オープンしたといいます。そこでは漫才、浪曲、講談、芝居、手品などのほかに、日本の旅芸人による素晴らしい芸を見ることができました。

しかし、祇園《ぎおん》の文化にひかれたことだけは一度もありませんでした。多くの西洋人が、女性も含めて、「芸者」に関する肯定的な、興味深い文章を書いてきました。しかしぼくは、こういった男性向けのお座敷芸は、結局のところ女性を搾取する行為にしかならないと思います。多くの日本人が、ぼくは芸者の文化を誤解していると言います。そうなのかもしれない。しかし、本質的に、女性にお金を払って食事中に芸を見せてもらったりチヤホヤしてもらったりするという行為に抵抗があるのです。人は誰でも偏見をいくつか持っているものですが、ぼくの場合はその一つがこれというわけです。

北九州――韓国文化の美しい影響

四つ目の日本は北九州です。

芸術的な側面で、韓国文化が大和文化に多大な影響を与えたことは、想像に難くありません。それはわかっていましたが、実際に北九州を旅してみると、ぼくはまた韓国に戻ってきてしまったのかと思ったほどでした。だから、韓国文化が日本人の美に与えた影響を過小評価してはいけないと思います。

前にも述べたように、北九州には小鹿田《おんた》と小石原《こいしわら》の陶芸があります（4章、73ページの写真参照）。しかし九州の陶芸には、北は大分から、唐津《からつ》、有田《ありた》を通って南は鹿児島まで、韓国文化の影響が見られます。国東《くにさき》半島の道ばたにある小さな石仏や、宇佐《うさ》付近にある東光寺《とうこうじ》の五〇〇体（本当は五二一体）のそれぞれが違う表情になっている五百羅《ら》漢《かん》像は、ぼくの目には「日本的」というよりもむしろ大陸的なものとして映ります。しかしそれもまた日本なのであり、海峡の向こう岸に住む隣人たちに刺激を受けた、日本の文化なのです。

福岡が日本と韓国の文化の架け橋を自任し、「アジアフォーカス・福岡国際映画祭」という大規模なアジア映画祭を主催しているのも当然のなりゆきと言えるでしょう。もしも九州の子供たち、なかでも北九州の子供たちの全員が、学校で韓国語を学び、自国の文化のルーツの理解を深めるようになったら、隣人の国韓国と仲が断然よくなり、どんなに素晴らしいことでしょう。

沖縄——中国、ポリネシア、東南アジアの文化の名残

五つ目の日本との出会いは遅く、それはぼくが市川を離れた後の一九七七年末に、現

地を訪れたときのことでした。最初の妻のスールンとぼくは那覇《なは》から飛行機で石垣島《いしがきじま》まで行き（石垣島の寿司屋で出された「西表《いりおもて》マングローブ蟹《がに》」ほどうまいカニは食べたことがない）、さらに船で西表島へ渡ると、こんどは小さな舟を出してもらい、荒い波をのりこえ、三〇分かけてたどり着いたのが鳩間島《はとまじま》でした。そして、そこに四週間滞在しました。

当時の鳩間島には水がなかったので、西表島から海底パイプを通じて水をくみ上げなければなりませんでした。ぼくらは毎日島の美しい海で泳ぎました。一二月末から一月のはじめにかけてという時期でしたが、鳩間島の天候は温暖なのです。ぼくらは近場でとれた鰹《かつお》を食べたり（島には閉鎖された鰹節工場が一つあった）、スープにエイひれを入れて食べたりしました。鳩間島の住民は当時はわずか五〇名ほどで、ぼくらはその全員と顔を合わせたのでした。

スールンは記録映画を撮るし、ぼくは小説『ウラシマ・タロウの死』をタイプで打っていました。彼女の撮影をときどき手伝うこともありました。二人のあいだに喧嘩《けんか》はなかったけれど、ぼくらの結婚は幸せなものとは言えませんでした。その年つまり一九七八年に、ぼくらは那覇からマニラ経由で再びオーストラリアに行きました（そのころはまだノースウエスト航空にそんな航路があったのです。占領期の名残だったのでしょう）。それはスーザンに出会うことになる年で、ぼくはたちまち彼女に夢中になってしまうのですが……。

話を少し戻しましょう。まだ那覇に滞在中だったある日、そこに、現地の人が「内地」とか「大和」とか呼んでいる地域の人々とは明らかに異なるものがあることに気づきました。ぼくらは那覇で、ある人の家に招待されました。奥さんが食べ物を運んできてくれました。

息をスウッと吸い、お辞儀をして「いえ、結構です。どうぞおかまいなく」と言いました。それはとても日本人的な行動といえるでしょうが、ぼくはいつも通りにしただけのつもりでした。

ところが奥さんは驚いて、こう言いました。「どうぞどうぞ。上等ですよ。わたしが作ったんだから」。

ほかにも日本の家庭に何べんも招かれたことはあるけれど、そこで主人や夫人がいまのような言葉を口にするのを聞いたことは一度もありませんでした。料理が出されるときには、作り手を卑下《ひげ》する言葉が発せられるのが常で、「よかったらどうぞ。口に合うかどうかわかりませんが」と言ってくれればまだ良いほうなのです。

それは何気ない一瞬の会話でしたが、ぼくにとっては、自分が見てきたいつもの日本とは、違う日本がここにあると思えるものでした。京都に至っては、自分のすすめた和菓子を本当に食べられると、気を悪くする人もいます。京都の一部の社会では、そのような場合は「断る」のが礼儀というものなのです。

沖縄本島や八重山《やえやま》諸島の人たちは、開放的で、すぐにうちとけてくれます。多くの日本人のように控えめでよそよそしくはないのです。そして彼らの音楽文化は、ぼくが知る限りの、ほかの日本の音楽文化よりも、はるかに喜びにあふれているように思われました（その精神は、津軽三味線《つがるじゃみせん》に通じるものがあるかもしれないが）。彼らの色彩感覚も、また独特のものでした。ぼくは八重山上布《じょうふ》と宮古《みやこ》上布の大ファンになりました。その染色と織布《しょくふ》の技術は実に見事なものです。また、八重山上布には五×四の紋様《もんよう》があるのが特徴です。実はそこには、あなたと「いつのよ」までも、という願いがこめられているのです。やっぱり八重山には素晴らしいロマンスがあるんだ！　八重山の島では、中国、ポリネシア、東南アジアの文化の名残を見たように思います。

この国には、なんと豊かな多様性があるのでしょう！　数十年前に流行った、視野の狭い「日本人論」が、いかにその事実を無視していたことか。彼らの説では、日本人は全員が似たような行動をとり、似たような習慣を持ち、周囲に合わせる国民ということになっていたのですから。「日本人は」で始まる文章が、この国について正しいことを語れるはずがないのです。もしその文章のなかに、この、世界的にみても一流で、国際的な、日本という国の文化の基盤をなす、高度に発達した（複数の）文化についての記述が盛り込まれていない限りは。

6 一九六〇～七〇年代に現れた革命児たち

日本独自の大衆文化を創った、天才たちの功績

奇跡の積み重ねがぼくらの人生をつくる

どういうわけでぼくはオーストラリアに流れ着くことになったのか？　それは第二次世界大戦のしわざでした。

戦争というものは、その最中に何億もの人間の人生が影響を受けるのはもちろんのこと、終わったずっとあとになってからも、それ以上に多くの人生を左右するものなのです。戦争はまるで醜く歪《ゆが》んだ大型船のようなものです。航路のまわりに山のような高波を引き起こし、あたりの村、町、都市を飲み込み、人々の生命と財産に大規模な破壊をもたらします。また戦争は、水平線のかなたに姿を消したあとも航跡を残し、人々の人生をずっと大きくゆさぶり続けるのです。

第二次世界大戦という船の航跡はぼくの人生も揺らしました。それで、ある日気づくとオーストラリアの岸辺に流れ着いていたのです。それまでのいきさつを話しましょう。一九七一年も終わろうとしていたある日、キャンベラにあるオーストラリア国立大学（以下、ANU）のシドニー・クローカという教授から手紙が舞い込んで来ました（4章、88ページ）。手紙には、ぼくの噂はかねがね聞いており、京都に行くので会ってほしいと書いてあります。四条河原町《しじょうかわらまち》にある髙島屋の案内所を待ち合わせ場所に指定し、対面して握手を交わすと、彼を祇園《ぎおん》の花見小路《はなみこうじ》にあるうなぎ屋に連れて行きました（ぼくは京都で食事を奢《おご》るなら、うなぎと鱧《はも》が特にうまいと思っていた）。

うなぎを食べ終わるころに、クローカ教授がぼくにANUでの職を提示してきました。ぼくは彼の手紙をもらうまでANUの名前すら知らなかったし、キャンベラがどこにあるかはもちろんのこと、オーストラリアにはどんな文化があるのか、どんな景色があるのかなど、ちょうど日本を何も知らなかったころのように、その国のことを何一つ知りませんでした。

クローカ教授がどのような経緯でぼくのことを知ったのかは、キャンベラに着いたあと、それも教壇に立って数カ月が過ぎたころにやっとわかりました。

戦時中、シドニー・クローカ氏はオーストラリア軍の若い将校でした。彼は、帰国の機会を待つ日本人捕虜の世話係という任務を与えられたのです。捕虜は全員が元軍人であり、日本軍の上官によく訓練されていました。したがって当然のことながら、いったん降伏すれば、日本兵はきわめて協力的で行儀の良い捕虜となりました。

クローカ氏は、捕虜側で収容所の統制を任された日本人将校Aと友達になりました。数カ月後、すべての兵隊と将校が日本に帰還を果たしました。クローカ氏は戦後、日本語と日本の経済を学ぶことを決意し、やがてオーストラリアの日本研究の第一人者となりました。その一方で、彼が交流を続けていたA氏は、帰国後に大阪で経営者として成功を収めるようになっていたのです。

そしてクローカ教授は一九七一年に、この大阪の旧友（かつては敵でもあった）のもとを訪れ、そのときに、ANUで新しい教員を探している、日本語が上手で日本の現代文学も教えられる人がいいのだが、と言ったのです。なんとA氏の子息は、ぼくの京都産業大学での教え子でした。Aくんはお父さんにこう言いました。

「産大にいるぼくの先生なら、日本語がすごく上手だよ。それに日本文学も大好きなんだ」

Aくんという教え子のおかげで、そして彼の父君が捕虜になっていたおかげで、ぼくはオーストラリアへ行くことになり、そこでスーザンに出会って、四人の子供に恵まれることになったのです。そう、戦争の航跡がたてる波は、長い時を経て穏やかなさざ波になっても、さまざまな出来事を引き起こすのです。

ぼくは自分の意志でオーストラリアに行くことを決めたのか。いや、そうではありません。ぼくの境遇が、そうなるように定められていたのです。ぼくは、チーズが二種類あるときに一方を選んだ理由なら説明できるし、なぜ昨日は映画館ではなく美術館に行ったのかの理由も説明できます。なぜならぼくには、出されたチーズにしろ、展示中の美術品、上映中の映画にしろ、それぞれの選択肢についての知識があったからです。しかし、人生における重大な決断をするとき、つまり住む場所、仕事、結婚相手などを決めるときには、ぼくら人間には選択の余地などないのではないか。そう、選択の余地はないのです。人はただある状況に直面し、それを運命として受け入れるだけなのです。だからぼくはオーストラリアに流れ着く「ことになった」という表現を使ったのです。流れ着く「ことになった」には受け身の響きがあります。いつのまにかここにいるようになっていた、とでもいうような。

そしてぼくはスーザンところりと恋に落ち、彼女のおかげで四人の、いまでは大人になった子供たちに恵まれました。でも、彼女と恋することをぼくが選べたか？　そんなわけがない。プーシキンの有名な詩が、そのことを二行で言い表しています。

目の前に君が現れたときのことを
俺は思い出す　あの奇跡の瞬間

まさにその通り。奇跡の瞬間です。ぼくら人間の人生の大きな出来事は、まさにそのような奇跡の瞬間の導きによって、起きるようになっているのです。ひとりのオーストラリア人将校が、一九四五年に捕虜収容所の鉄格子ごしに、ひとりの日本人に話しかける。一九六〇年にリバプールの生物学者（スーザンの父）がオーストラリア国立大学で教鞭をとるためにキャンベラへの移住を「決める」。そして四人の子供が一九八三年、一九八四年、一九八六年、一九八九年に生まれますが、その両親は、このようないくつもの、なかには遠い過去のものもある奇跡の瞬間が、もし起きていなかったら、出会ってすらいなかったのです。

「赤とんぼ」の歌詞にこそ、最も日本的な感触がある

オーストラリアでぼくはまた方向感覚を失いました。夜空には名前も知らない星々が輝く、この乾燥した（日本は湿気が多い）、どこもほぼ平坦で（日本は山がち）、明るく鋭い陽光が降り注ぐ国で（日本は靄《もや》と霞《かすみ》と霧《きり》の国だ）。

ぼくはたしかに、オーストラリアの文化に、小説家、劇作家、演出家、翻訳家、ジャーナリストとして深く関わり、ラジオ番組などにも出演しました。また、一九七六年七月六日にはアメリカ市民権を放棄してオーストラリア人になりました。でも、それでも日本を「故郷」と考えていました（あと二日早くオーストラリア国籍が取得できればよかったのにと思う。そうすれば、アメリカ独立二〇〇周年の日が、ぼくの独立記念日にもなったからだ）。

キャンベラの明るい街を歩きながら、日本人に最も愛されている歌を口ずさんでいま

した。今でもぼくはその歌詞には涙ぐんでしまいます。

桑の実を　小籠《こかご》に摘《つ》んだは　まぼろしか

この、一九八九年にNHKの「日本のうた　ふるさとのうた」という番組が行った全国調査で日本人の好きな歌の一位になった歌が何か、日本人ならば誰でもすぐにわかるでしょう。「赤とんぼ」です。

ぼくはこの歌を聴くといつも、涙で声がつまってしまうけれど、それは赤とんぼが象徴するもののせいだけではありません。山田耕筰《やまだこうさく》の曲ももちろん素晴らしいが、作詞家の三木露風《みきろふう》の人生を知ってからというもの、この歌のせつなさをますます強く感じるようになったからです。

露風にとって、桑の実摘みは母の思い出と結びついていました。摘んできた桑の実を数えながら、辛抱強く待っていたのに、母は家に帰ってこなかった。露風の母は彼が六つのときに家を出たきり、二度と戻っては来なかったのです。彼は生涯、母に焦がれることになりますが、「赤とんぼ」にもそれがそっと表現されています（ぼくは、海外の人にもこの歌を歌ってほしい。そして露風の生涯について知ってほしい。そうすれば、日本人がいかにセンチメンタルで感情豊かであるか、わかってもらえることだろう）。

露風の父は、瀬戸内海の「小京都」と呼ばれる美しい小都市、兵庫県龍野《たつの》市（現・たつの市）の素封家《そほうか》の家に生まれた、いわゆる放蕩息子《ほうとうむすこ》でした。露風の母、かたは、一五歳で嫁に出され、操《みさお》（露風）と努《つとむ》という二人の息子を産みますが、やがて酒びたりで留守がちな夫に愛想を尽かすようになります。

一八九五年、露風が六歳のときに両親は離婚しました。かたは、二歳の努だけを背負って、鳥取の実家に帰ってしまいます。ある日露風が幼稚園から帰ってくると、母は忽然《こつぜん》と消えていたのです（彼女が「碧川《みどりかわ》かた」になってからの、北海道での雑誌編集者、初期の女権拡張運動家としての人生はそれだけで一冊の本になるだろう）。小樽《おたる》に住む母から、やっと一通の手紙が届くころには、三木露風はもう一八歳になっていました。彼はその手紙を抱きしめ、赤ん坊のように泣きじゃくったといいます。

その母は一九六二年に九二歳で亡くなりました。彼女の墓石には「赤とんぼの母　此処《こ》に眠る」と刻まれています。

露風自身もそのわずか二年後に七五歳で没しました。東京の三鷹《みたか》市にある郵便局から出てきたところをタクシーにはねられ、運び込まれた病院で息を引き取ったのです。赤とんぼの歌詞で最も心にしみるのは、歌の終わりの部分でしょう。さみしさの漂う美しい景色が思い浮かびます。

夕焼小焼の　赤とんぼ　とまっているよ　竿《さお》の先

この美しい日本語の文章は、三木露風が一二歳のときに書いたものです。

感傷的な古い歌に、これほど多くの時間とスペースを割《さ》いて申し訳ありません。でもぼくは、日本の文化は頭だけでは理解できないと思っています。その音、色、感触を肌の毛穴からしみこませなければわからない。「赤とんぼ」の歌詞が呼び起こす映像の感触、特に歌をしめくくる「竿の先」のイメージは、このうえなく日本的です。それは、『源氏物語』や茶道、竿の先の赤とんぼならぬ、池に飛び込む蛙《かわず》を歌った芭蕉《ばしょう》の俳句や、川端康成《かわばたやすなり》の『山の音《おと》』に匹敵する、日本的なものなのです。ぼくはオーストラリアに住み、オーストラリア国籍も取得していましたが、ぼくのなかに日本人がいるおかげで、三木露風の小さな赤とんぼの美しさと悲しみには、なぜかいつもひかれてしまうのでした。ぼくは昔もいまも、どんなパスポートよりも、そういうことを大切にしています。

暑く乾燥した一二月に、オーストラリアの街を歩きながら、頭のなかで「赤とんぼ」を繰り返しているなんて、おかしいでしょうか。いや、そんなことはない。ぼくらはいつも、ポケットにたまったチケットの切れ端のように、過去の経験をぜんぶ持ち歩いているのです。だから、いまの自分はこれまでに行ってきた場所の寄せ集めなのだということを、片時も忘れることができません。

陰影礼賛の国と赤褐色の国のあいだで

というわけで、一人のアメリカ人が、日本の赤い昆虫を思って目を泣きはらしながら、オーストラリアという、一通の手紙をもらうまでは行こうと考えたこともなかった国の国民になろうとしていました。ぼくは、日本人になろうと決意したときと同じように、オーストラリア人になった暁には、この新しい祖国の過去を、悪い面も含めすべて引き受けようと思っていました。オーストラリアは、ぼくが到着した一九七二年には、文化的途上国でした。また、非白人差別の長い歴史も持っていました。ベトナム戦争にも積極的に参戦しており、そもそもその戦争を拡大した「ジョンソン大統領とどこまでも！」というスローガンを作ったのもオーストラリアの首相ハロルド・ホルトという人物でした。でも、その国の人間になるには、良い所だけをもらうわけにはいかない。その国の過去を、良いも悪いも全部ひっくるめて自分のものにするしかない。

ぼくは、日本に足を踏み入れた日の晩に幻灯機をのぞき込んで、その世界を自分のものにしたいと思ったときのように、オーストラリアも自分のものにしたいと思いました。そしてある色が、自分はオーストラリア人になるのだと確信させました。それは「赤」でした。口紅のような鮮やかな紅《あか》でも、日本の鳥居のような赤でも、日本の朱肉のような朱色でもありません。それは赤褐色、オーストラリアの内陸部にある、赤みがかったあざやかな小豆《あずき》色で、ぼくのオーストラリアのパスポートの色となりました。

そしてポーランドが再び、ぼくを以前と異なるものに変身させるのに、重要な役割を果たしました。また奇跡の瞬間の連続が、ぼくの運命を決めたのです。

ポーランドに住んでいるころ、ぼくはスタニスワフ・ヴィトキエヴィチの芝居に魅了されました。一九三九年に亡くなりましたが、ヴィトキエヴィチはいまでもポーランドで最も偉大な劇作家とみなされています。実は彼が、一九一四年にオーストラリアを訪れ、この国を舞台にした芝居を書いていました。ぼくの知る限り、それはヨーロッパを代表する劇作家がオーストラリアを舞台に書いた、唯一の作品です。

ぼくがその芝居を一九七二年に英訳し、ある劇団が上演許可を求めてきました。でもそれは、シドニーやメルボルンのような都会によくある劇団ではありませんでした。アリス・スプリングス・シアター・カンパニーという、名前からもわかる通り、オーストラリアのど真ん中の、オージーが「レッド・センター（赤い中心）」と呼ぶアリス・スプリングスを本拠地とする劇団だったのです。

この芝居の英語版が、世界で初めて上演される日に、ぼくはどうしてもその舞台を見たかった。幸運なことに、オーストラリア審議会芸術基金からレッド・センターへの飛行機代を補助され、初演を見ることができました。果たしてその舞台は、実に見事なものでした。ヴィトキエヴィチの亡霊も（彼の作品にはよく亡霊が出てくる）喜んでくれたと思います。一九七三年のアリス・スプリングスは、一九一四年に彼が見たオーストラリアとほとんど変わっていなかったに違いありません。

レッド・センターに滞在中、小旅行でエアーズ・ロックにも行きました（現在では先住民のアボリジニが管理を任され、地名も「ウルル」と呼ばれるようになったようだが、そうなって良かったと思う)。そしてキャンベラの家に帰ると、白かったスニーカーが(オーストラリアの内陸部を意味する)アウトバック特有の、赤茶けた土の色に染まっていることに気づきました。スニーカーについたその色は、洗濯機で洗っても落ちませんでした。ぼくは思いました。「これはぼくからぬぐい去ることのできない色なのだ。一生この色とともに生きて行こう」と。

　つまり、ぼくをオーストラリアのレッド・センターに導いたヴィトキエヴィチの亡霊と、何万年も前にオーストラリアに人類が初めてたどり着いたときにあった土の色と同じ「赤」とが、ぼくを新しい国での暮らしに根を下ろさせたのです。

　それにしてもオーストラリアは、なんと日本と違う国だったことか！　これ以上違うことはできないと言えるほどでした。オーストラリアには、人があまりいない。日本はどこへ行っても人がいる。オーストラリアはあくまでも強烈な光と明るさの国ですが、日本は「陰影礼賛《いんえいらいさん》の国」です。オーストラリアは、支配者層であるヨーロッパ文化圏の人々が入植してから、二〇〇年ほどしかたっていません。日本文化は、何千年にもおよぶ古い歴史を持ち、多くの逸話や伝説に満ちています。

　ぼくの芝居は、メルボルンを皮切りに、キャンベラ、アデレードなどの都市で上演されました。オーストラリアの新聞と雑誌にもいくつかの定期連載を持つようになりました。ほかにも、ラジオの仕事もするようになりました、日本やヨーロッパの文化についてレポートしたり、ＡＢＣラジオでは一時間番組を持ち、台本もナレーションも自分でこなしました。番組にはマッカーサー元帥を取り上げた回や、三島由紀夫《みしまゆきお》を扱った回もありました。そのうえぼくは浪曲「野狐三次《のぎつねさんじ》」の英訳までしていました。いなせな江戸っ子の主人公をカウボーイの「ビリー・ザ・キッド」に書き換え、当時シドニーで最も人気のあったニムロッド劇場に自ら出演し、カウボーイの扮装《ふんそう》で一席唸《うな》ったこともありました。それはオーストラリアで上演された初めての、そして間違いなく最後の、浪花《なにわ》節《ぶし》の一席でした。

もしかすると、ぼくの役割は、自分が愛するようになった二つの国の、どちらも自分の生まれた国ではないけれど、架け橋になることだったのだろうか？　二つの国のあいだを飛び回り、自分ではどちらも故郷と思いながら、どちらの国の人からも自国民とは認めてもらえない、「極楽《ごくらく》赤とんぼ」になる運命だったのか？　自分の将来がどうなるのか、まったく見当もつきませんでした。でも、まったく予想不能であるという感覚こそが、まさにぼくの熱望しているものでした。また大海に投げ出されたのです。過去の出来事の航跡に翻弄《ほんろう》され、一体この潮流に、次はどこへ連れて行かれてしまうのやら……。

一九七〇年代にはオーストラリア各地を、ずいぶんとよく旅しました。また、よき友人で映画監督のアンジェイ・ワイダに会いにポーランドを再訪したりもしました。彼の生き方と作品は、常に刺激を与えてくれます。パリも再訪したし、イギリス、ドイツ、オランダ、スカンジナビアなどにも行きました。でも、ぼくに毎年足を運ばせたのは日本でした。そして一九七〇年代のあいだずっと訪問者という立場をとりながら「いつかぼくはここに戻ってくる。再びあの魔法の幻灯機のなかに入るために、生まれもパスポートも関係なく、あの一番『故郷』と感じられる場所に」と思っていました。

大島渚が象徴した、驚くべき一九六〇年代文化

一九六〇年代は日本文化にとって驚くべき一〇年間となりました。そして、その始まりは、ぼくの見るところ一九六〇年六月一五日、東京大学の学生、樺美智子《かんばみちこ》さんが、安保条約に反対するデモで、機動隊と衝突し押しつぶされて命を落とした日に始まりました。いまの日本の若い人は、一九六〇年代にはあのような、学生に加えてあらゆる年齢層の一般市民も参加した大衆デモが、絶えず起こっていたという事実を知るべきです。思えば当時の人々の、上から押しつけられた政治に対する反逆は、本当に活気に満ちたものでした。

言うまでもありませんが、坂口安吾《さかぐちあんご》や織田作之助《おださくのすけ》といった素晴らしい戦後の作家たちが、フィクション、ノン・フィクションの双方の分野で、正統派の文化や権威的な思想を批判して反逆の気風を醸《かも》し、一九五〇年代、六〇年代に思春期を過ごした日本の若者に刺激を与えていたのです。さらに、大岡昇平《おおおかしょうへい》や武田泰淳《たけだたいじゅん》、竹山道雄《たけやまみちお》などの反戦文学のおかげもあって、日本には、反動的な政府が命令のように発表する方針を容易に受け入れることはできないと考える、若い世代が誕生していたのです（首相の岸信介《きしのぶすけ》は、アメ

リカ政府がその「手腕」を必要としているという理由で戦犯になるのを免《まぬが》れていたが）。

ぼくが一九六七年に日本に来たとき、演劇、映画、美術のアングラ文化は最盛期を迎えていました。その二年後、大島渚《おおしまなぎさ》が時代を象徴する映画「新宿泥棒日記」を制作しました。画家の横尾忠則《よこおただのり》の演じる若者が、新宿文化の中心地にある紀伊國屋《きのくにや》書店で一冊の本を万引きする場面から、飽くなき反逆の物語が始まります。美術を担当したのは、日本映画界の天才の一人、戸田重昌《とだじゅうしょう》でした（戸田重昌と大島渚については8章で詳述します）。「新宿泥棒日記」には唐十郎《からじゅうろう》がギターを弾きながら歌う場面もあり、ぼくが一九八〇年代に渋谷のパルコ・パート3劇場で演出した芝居にも出演してくれた不破万作《ふわまんさく》も、李麗仙《りれいせん》（当時は李礼仙。のちに改名）をはじめとする状況劇場の仲間とともに出演しています。大島渚監督の一九六〇年代の作品を見れば、驚くべき六〇年代文化というものを感じ取ることができるでしょう。

天才つかこうへいが作った、一九七〇年代の日本大衆文化

その一九六〇年代の日本の文化も、一九七二年二月に軽井沢の「あさま山荘」を機動隊が包囲したときに、いったんその歩みを止めました。急進的な学生運動はこれを機に終わりましたが、そうでなくても「内ゲバ」と呼ばれる内紛によって終焉《しゅうえん》を迎えていたでしょう。この事件に続いてオイル・ショックが起こりましたが、日本はそのおかげで目を覚まし、世界における自らの位置を再認識することとなりました。またもや日本人

は、国が成長と繁栄を続けるために、あくせく働くことを求められるようになりました。もう反逆している暇も、反逆を支えた文化にかかずらっている暇もありません。

もちろん、ある時代の文化というものが、ある日突然に終わるわけではありません。安い錠前《じょうまえ》のように、カチリとロックされたらもうおしまい、というわけではないのです。唐十郎は戯曲を書き続け、紅《あか》テントで全国をまわって新作の上演を続けました。大島渚は、戦争が国民の精神にもたらす荒廃をテーマにした、彼の最高傑作に数えられる二作品を撮りました。一九七一年の「儀式」、一九七六年の「愛のコリーダ」です。「愛のコリーダ」の現像はフランスで行われました。当時の日本映画が受けざるを得なかった検閲を避けるためです。

一九七〇年代に「つかこうへい」という、演劇界を代表する表現者がまた現れたことは、ある国の文化というものが、一〇年を一区切りとするような、手軽なわかりやすい単位で盛衰するわけではないことの証明にもなっていましょう。文化の時代には、人間の世代と同じように、重複もあれば、矛盾もあるのです。

ぼくがつかこうへいさんに会ったのは七〇年代の前半で、そのころ彼の劇団には、のちに個人で活躍するようになる加藤健一《かとうけんいち》と三浦洋一《みうらよういち》がいました（つかこうへいと仕事をした俳優の名前をあげれば、そのリストは長くてきらびやかなものとなる）。彼らはいつも池袋小劇場のような、小さな小屋で芝居をしていました。しかし、つかこうへいが劇作家としてすごい才能の持ち主であることがすぐにわかりました。

当時のつかさんは、ちょうど一九五〇年代、六〇年代のイギリスの劇作家たちと同じ「怒れる若者」でした。一九五六年にジョン・オズボーンが書いた芝居の題名「怒りをこめてふりかえれ」がすべてを物語っています。つかさんはまさに、大きな怒りをこめて、日本の歴史と社会とを振り返っている人物でした。

そのころはまだ、つかさんが韓国籍であることはあまり知られていませんでした。彼は在日韓国人二世で、本名は金峰雄《キムボンウン》と言いました。「熱海《あたみ》殺人事件」「郵便屋さんちょっと」「戦争で死ねなかったお父さんのために」などの作品に見られる彼の怒りや、日本社会に対する皮肉たっぷりの視線は、彼の出自《しゅつじ》と深い関係があったのです。しかし、まだあのころは、自分が在日韓国人であることをカミングアウトする人はあまりいませんでした。つかさんの芝居は日本で大ブームを巻き起こし、一九七〇年代後半にはつかさん自身も有名になり、VAN99ホールのような大劇場での公演が可能になり、そこで上演された「ストリッパー物語」は大ヒットとなりました。

しかし残念ながら、つかさんは、日本で最初の「異民族劇作家」になりませんでした。彼なら、日本人の韓国人に対する根深い差別意識を暴くこともできたのに。なぜそうしなかったのか。理由の一つは、彼が日本人劇作家として認められたかったということでしょう。ぼくにはその気持ちはとてもよくわかります。もう一つの理由は、日本社会ではまだ、民族の問題をあげつらう人間を歓迎しない雰囲気が濃厚だったことです。こんなとき、「物議《ぶつぎ》をかもす」というフレーズが思い浮かびます。もし自分は韓国籍だと宣言したり、その事実を誇るような発言をしたりすれば、それだけでも「物議をかもす」ことに当たったのです。

この問題について日本は、めざましい変化を遂げました。いまでは在日韓国人の多くが本名を名乗るようになりましたし、また日本に住む少数民族全般に関するオープンな議論の機会も、以前に比べればはるかに増えました。日本の駅構内の表示も、英語だけでなく韓国語や中国語を併記するようになっています。

一九八〇年代、九〇年代に世の中がオープンになったおかげでしょう。一九八〇年代にテレビ界で「外人ブーム」が起きたおかげもあって、日本人は以前よりも気軽に、外国人と話せるようになったのです。それ以前は「あまりに異なる」人物が、その差異について語るのは容易なことではありませんでした。自分の「問題」を自分の心のなかだけにおさめておけば、周囲も尊重し、干渉もしなかったのです。

慶應義塾大学を中退し、自分の演出スタイルを確立したつかこうへいならば、そんな暗黙のルールを破ってもよかったのではないか。そうすれば、あるいは状況を変えられたのかもしれません。つまり彼ならば、日本人と在日韓国人との関係の問題を、公《おおやけ》の場に持ち出すこともできたでしょう。あるいは、在日韓国人が日本人のおかげで公私ともに経験させられてきた苦難について、日本人に教えることもできたかもしれません。

さて、一九七〇年代は将来への希望に満ちて始まった時代でした。七〇年には大阪では万博が開催されました。ぼくも、行くのはいつも夜でしたが、五回も通いました（五時以降に入ると入場料が半額になった）。会場には岡本太郎《おかもとたろう》の「太陽の塔」がそびえ立っていました。それはまさに将来の希望と約束（本当にそんなものがあるとすれば）の象徴でした（ぼくがアンジェイ・ワイダに初めて会ったのも、この万博だった。彼はポーランド映画代表団の団長として来日していた。ぼくらの友情は以来四〇年以上も続くことになる。ぼくは二〇〇六年三月六日にワルシャワで、彼の八〇歳の誕生日を祝う会に出席できてとてもうれしかった）。

しかし一九七〇年代は、大阪の重要性が、経済、政治、文化などあらゆる面で下がった時代でもありました。日本の第二の都市としての地位も、横浜に奪われつつありました。岡本太郎の太陽の光も、発光源は大阪でありながら、照らしているのはよその場所だったのです。

一九七〇年代の日本文化は、全般的に「妥協」ムードでした。いまから四〇年ほど前に、演出家の蜷川幸雄《にながわゆきお》さんがぼくにこう言っていました。「新宿では当分芝居はやめたっていうふうに舞台の上から宣言したんです。七三年のことです。この街で芝居ができなくなった」。蜷川さんは東宝のプロデューサー中根公夫《なかねただお》から電話をもらい、日生《にっせい》劇場で「ロミオとジュリエット」を演出しないかと打診されたといいます。蜷川さんはその仕事を受け、アングラから商業演劇の世界に移って行きました。ぼくは、それが良いとか悪いとか言いたいわけではありません。ただそれが、いわゆる小劇場運動と新宿文化

アンジェイ・ワイダ監督と（2006年）

の終わりを象徴していたと言いたいのです。

世界的な表現者、井上ひさしとの出会い

ぼくは友人の日本人作家たちを何人かオーストラリアに招くことに、とても熱心になっていました。というのも、彼らにとってはそれが、オーストラリアの独特の風景を見るだけでなく、その演劇や映画を見る良い機会になると思ったからです。一九七〇年代のオーストラリアは、大正時代の日本のようなものでした。つまり、国が外部の世界に対して開かれ、国内の芸術が国際的なスケールで花開いた時代だったのです。

ぼくは豪日交流基金の助成金を利用して、詩人の白石かずこさんを招聘《しょうへい》しました。彼女はぼくのよき友であり、また彼

女の作品を心から尊敬していました。他には、朝日新聞で演劇評論を担当していた扇田《せんだ》昭彦《あきひこ》氏も招きました。彼はオーストラリアの演劇に関する素晴らしい記事を書いていました。オーストラリアの若者たちも、日本の文化を吸収しようと、日本に大勢行くようになっていました。いまでこそ日本の陶芸、舞踊、ファッション、美術がオーストラリアの文化に及ぼす影響は大きくなっていますが、そもそもの端緒はこのころにあったのです。日本の人々もオーストラリアを知り始めるようになっていました。といっても、日本人が特に関心を持ったのはオーストラリアの自然、なかでもコアラとかカンガルーなどでした（一九八〇年代のエリマキトカゲ人気はこの関心の延長にあったといえる）。

しかし、ぼくが何よりも望んでいたのは、親友の井上ひさしとその家族をオーストラリアに招くことでした。

ぼくがひさし先生に初めて連絡をとったのは一九七四年一二月のことでした（友人になると、ぼくは彼をひさし先生と呼び、彼はぼくをロジャー先生と呼ぶようになった）。ぼくが「毎日デイリーニューズ」のインタビューに応じてほしいと彼に電話をかけ、彼が快諾《かいだく》してくれたのです。そして一二月のある暖かい晴れた日の昼に、ぼくらは紀尾井《きおい》町《ちょう》にある文藝春秋の一室で会うことになりました。

そのころ彼の作品は、日本国内では人気がますます高まるばかりでしたが、海外ではまるで知られていませんでした。そもそも、日本の現代演劇に関心を持っている外国の研究者や翻訳家はほとんどいなかったのです。しかも、彼の小説は、大衆文学のカテゴリーに入る軽い作品だと考えられていました。つまり外国の研究者や翻訳家が正式な日本代表と認める「本格的」な純文学ではない、というのです（この馬鹿げた文学のカテゴリーの壁が崩壊して、本当によかった。ぼくは最初からそんなものは認めていなかった……が、まあそれは、ぼくがアメリカの大学で日本語を学ぶ栄誉に浴さなかったからなのかもしれない）。

ひさし先生とぼくはたちまち意気投合しました。一〇分も話さないうちに、ぼくが宮沢賢治《みやざわけんじ》は二〇世紀の日本で最も素晴らしい作家だと言えば、ひさし先生も賛同して「二〇世紀から名が残るのは宮沢賢治だけだ」と言うのでした。ぼくらは笑顔で握手を交わし、その握手によって、その後何年にもわたって育《はぐく》まれることになる友情が結ばれたのでした。

「いや、もう一人いるよ」とぼくは言いました。「それは、井上ひさしだ」。

お世辞を言ったのではありません。ぼくはその時点までに発表されていた彼の芝居と小説のほとんどすべてを見るか読むかしていました。彼のユーモアセンスは、偽善や無分別な暴力と戦える武器であると思いました。ぼくは体の芯《しん》で、彼がいずれ世界を舞台に活躍できる強力な表現者になることを察知したのです。

それ以降、一九七〇年代にオーストラリアから日本に帰るたびに、彼の市川にある自宅に泊めてもらうようになり、そこで多くの素晴らしい人々と出会いました。たとえば谷啓《たにけい》さんは、ニューヨークに行ったときに、強盗にあわないよう空手の達人のふりをしたという話でぼくらを笑わせてくれました。優秀なジャーナリストでフェミニズム運動家でもある松井やよりさんも、ひときわ鮮やかな印象の残る人です。彼女が朝日新聞で女性の問題を、アジアの文脈で取り上げているのが素晴らしいと思いました。

「でも、パルバースさん、朝日はひどいよ。女性に対する差別は一般の社会よりひどいです」と彼女は言いました。

たしかに、どこの国でも新聞の世界とはそんなものでした。報道の世界は、情け容赦ないタフな男の世界だと考えられていたのです。現在は日本でもベテランの女性ジャーナリストを多く見かけるようになりましたが、それは日本が大きく進歩した徴《しるし》かもしれません。つまり松井やよりさんは、その進歩のパイオニアだったのです。

作家と演出家に人生をかける

井上邸に長期滞在したあと、八重山《やえやま》諸島への旅も終え、一九七八年一月にオーストラリアに戻ってみると、ぼくの人生は、自分が想像もしていなかったような変化を起こすことになりました。スーザンと出会い、恋に落ちたのです。しかし当時の妻、スールンとの結婚を解消したわけではなく、自分の身勝手な行動に良心の呵責《かしやく》を感じました。その状況のせいで、三人の人間が辛《つら》い思いをしていました。ぼくは、自分が愛情を感じる二人の女性に残酷な仕打ちをしているのでした。このような事態に陥った者が（それが男でも女でも）唯一できることは、辛くても、早くなんらかの選択をすることでしょう。

私生活の面ではこのような問題を抱えていましたが、その一方でぼくの仕事は、初めて成功を収めつつありました。ぼくの芝居はオーストラリアの劇場でも、ますます大きな会場で上演されるようになり、驚くことに評論家からも高い評価を受けるようになっていました。ラジオ番組にもほぼ毎週出演していましたし、多くの雑誌や新聞にも記事を書いていました。「新劇」はぼくの戯曲をさらに二作、「ヤマシタ」と「マッカーサー」を掲載してくれました。そして、オーストラリア国立大学（ANU）で教鞭をとることは楽しかったけれど、そろそろ、日本でいう「一人前の作家」というやつになれるかどうか、作家と演出家の仕事だけで生活してみる時期が来たような気がしていました。

ちょうど一九七〇年代が終わろうとしているころ、ANUを辞職し、メルボルンのプレイボックス劇場の座付き作者になりました。そこで自作も他作も含め、多くの芝居を演出することになったのです。メルボルンの有力紙「ザ・エイジ」にも頻繁に原稿を書くようになり、またABCラジオの番組の製作にもたずさわり続けました。

ANUをやめたことで収入は三分の一に減ってしまいましたが、生まれて初めて自分の才能で生計を立てているという感覚を味わうことができました。ぼくは豊《リッチ》かな気分でした。自分のやりたいことができているのだから。

メルボルンに到着した日、コーヒーショップに入り、エスプレッソを注文して代金六〇セントをカウンターに置き、エスプレッソを飲み干すと「ぼくは自由だ！」と叫びました。隣にいた、ビーズのネックレスをかけたひげ面《づら》の男が微笑んで言いました。「そりゃよかったな、ニイちゃん！」。

この、キャンベラからメルボルンへの移動、つまり安定した実入りの良い大学教員の職から、予想のつかない、おまけに収入も少ない演劇の仕事に移ることだけは、ぼく自身の意志で決めたことと言えるでしょう。いや、違うのだろうか？　もしかすると、新しいもの、未知なるものを求めるぼくの気質が（変化とは不安定な状況から生まれるものだから）、またぼくに奇跡的な瞬間をもたらしたのかもしれない。ぼくは、自分では想像もしていなかった場所に連れて行かれるような道を、選ぶ運命にあるようです。ぼくにできるのは、自分が、竿の先にとまった赤とんぼになった姿を想像することだけでした。

7 世界にも希有な表現者

親友、井上ひさし先生の思い出

偉大なる詩は、奴隷を喜ばし、暴君を脅かす　ウォルト・ホイットマン

井上ひさし一家のオーストラリア大冒険

ぼくが当時住んでいた池上の自宅からほど近い銭湯「桜館」のわきに美しい桜の木がある。その桜の枝が一本、屋根の上にさしかかっており、その真下に屋根の開口部があるので、桜の枝から花びらが、露天風呂にひらひらと舞い降りる。

井上ひさしが亡くなった二〇一〇年四月九日金曜日の翌日、ぼくはいつものように、週末になると行く桜館に行きました。ちなみにここは「純養褐層泉《じゅんようかっそうせん》」です。湯けむりの

たちのぼる黒湯に花びらが数枚浮かんでいました。目には涙がわきあがってきました……それ以来というもの、桜の花が散るのを見ると、素晴らしき親友、井上ひさしの死を連想するようになってしまいました。

ぼくらは何百時間もの時を共有し、とにかく何から何まで話しました。宮沢賢治《みやざわけんじ》の擬音語から、日本国憲法第九条まで。彼のお姑《しゅうとめ》さんが作ってくれるおいしいきんぴらごぼうの味から、マルクス兄弟の映画まで。ぼくはこの素晴らしい作家の、ものの考え方と才能を海外の人にもぜひとも知ってほしいと思い、本人の許可を得て、まずは『モッキンポット師の後始末』から英訳を始めました。

すると、あるアイデアがひらめきました。ひさし先生と好子《よしこ》夫人、三人の娘さん（都《みやこ》、綾《あや》、麻矢《まや》）をキャンベラに一年間招待してはどうだろう。海外に住んだことは一度もないひさし先生だったけれど、日本をしばらく離れることを喜ぶだろう、とぼくには思えたのです。彼は作家としても、時事評論家としてもすっかり人気者になっており、月に原稿を二千枚も、しかも当時のことだから手書きで、執筆していたのです（『ブンとフン』は三日で書いたと言っていた。ぼくがそれを英訳するのはひと月以上かかったのに）。日本を離れればきっと、少しはリラックスできるだろうし……それに、ものを考える時間もできるだろう。

一九七五年の大晦日《おおみそか》に、ぼくは市川の井上邸にお邪魔していました。もう一人の客人は小沢昭一《おざわしょういち》さんです（彼は日本で最も素晴らしい俳優の一人だと思う。今村昌平《いまむらしょうへい》の「果

井上ひさし氏と。同氏の市川の自宅にて（1975年12月）

しなき欲望」での見事な演技は忘れられない）。その晩、NHKのロケ隊も「ゆく年くる年」の新年のメッセージを撮影するために市川の家に来ていました。生放送が始まると、小沢昭一さんが「井上さんは、来年オーストリアへ行くんだ……いや、オーストラリアなんだ」と言いました。もちろんそれは使い古されたジョークだったけれど、当時はそれでもみんなが笑いました。

　井上家がキャンベラに到着した夏の日でした。まだ暑く乾燥した、三月初頭。現在のキャンベラの人口は約四〇万人あるけれど、当時はそのわずか半数でした。空港も、いまではちゃんとした空港らしい現代建築になりましたが、そのころはちょっと大きな一軒家という程度の規模でした。その空港で井上家の五人が、預けた荷物が出てくるのを待っている姿が、いまでも目に浮かぶようです。この先彼らにどんな冒険が待っているのだろう、とぼくは思いました。

実は彼らを迎える準備の段階で、ぼくは重大なミスを犯していました。それは、自分のマンションの真向かいにあるマンションを借りてしまったことです。これだけ近ければ、何か困ったことがあってもすぐに駆けつけられるからよいと思ったのです。しかしそこは寝室が二部屋しかないマンションで、彼らにはあまりにも狭すぎました。ひさし先生は徹夜で執筆することが多かったので、一室は仕事部屋にしなければならなかったのに。そのうえ、郵便受けも小さすぎました。ひさし先生は日本から大量の郵便物を受け取ります。そのほとんどが速達で、なかには書留もありました。マンションの小さな郵便受けには、その一部でさえも収まりきらなかったのです。しかし、彼らは日本人だし、客人として来ていたこともあって、ひとことも文句を言いませんでした。

キャンベラでは、ひさし先生のもとを訪れる人も多かった。たとえば司馬遼太郎《しばりょうたろう》さんは、これから書く本の資料探しに木曜島《もくようとう》（オーストラリア北東部にある、真珠の養殖で有名な小島）へ行く途中で立ち寄っていました。

井上家の三姉妹は、近所のターナー小学校に通っていました。言葉の壁はあったかもしれないけれど、楽しんでくれたと思います。「一番驚いたのは学校の売店でアイスクリームが買えることです」と言っていました。好子さんも、慣れ親しんだ東京を離れて心細かったでしょうに、暮らしの大きな変化に対応しようとがんばっていました。彼女は市川ではひさし先生のマネージャー役をつとめていました。必ずしも締め切りを守るタイプではないひさし先生が、小さな勉強部屋でゆっくり丁寧に執筆している間じゅう、待っている編集者や記者をもてなすのも彼女でした。

ここでぼくから、ひさし先生の筆跡と締め切り観についてひとこと。

彼の原稿を目にする機会のある読者は、すべての文字が、漢字もひらがなもカタカナも、とても読みやすい字で、原稿用紙のますにきれいに収まっていることに気づくでしょう。文字を植えるように書いていた（文学的田植えとでもいうか）というわけでもないのでしょうが。締め切りに関しては、彼はよく原稿を締め切りの直前ぎりぎりに仕上げていました。新聞社のなかには、井上邸の外に運転手を、車のエンジンをかけたまま何時間も待たせているところもありました（いまのような「アイドリング・ストップ」の時代から考えると、なんというエネルギーのムダ遣い）。

「最後の締め切りはいつですか」とぼくが聞きました。

「サイゴのシメキリ？」

「ええ、締め切りが守れなかったら、もう一つの締め切りがあるんじゃないですか？」

「やー、日本では締め切りは締め切りなんです。一つしかないです」

ぼくはつい、英語の発想で言ってしまったのです。締め切りは英語では「deadline《デッドライン》」です。たしかに「deadline」の「dead」には「最終的な」という意味があるけれど、実は「deadline」には曖昧《あいまい》さがあります。「deadline は来週の水曜日ですが、最終的な

deadline」は金曜か、月曜です」といった具合に。

「遅《ち》筆堂《ひつどう》文庫」を設立するぐらいのひさし先生が、「移動式締め切り」のある国に生まれていたら、もっと幸せだったのではないかと思います。

一つの大きな後悔

ひさし先生がキャンベラに到着した日に、ぼくらは彼のマンションから街まで一五分ほどの散歩をしました。ぼくはそのとき、とても言いにくいことを口に出しました（いままたそれを書こうとしているが、やはり切り出しにくい）。この話をすべきではないのかもしれません。だがぼくは、そのときの会話を、そして二〇一〇年にそれを思い出すことになった出来事を、忘れられないのです。

「なぜぼくがひさし先生に、キャンベラに来てほしいとお願いをしたか、言うまでもないけれど、それはうちの大学の学生たちに日本語の指導をしてもらいたいからです。でも実は、もう一つの理由がありました」とぼくは言った。

彼は、はてな、という顔で首を振りました。

「たばこをやめてほしいからですよ」

「ああ」と彼は言いました。

ひさし先生は、当時の作家のご多分にもれず、ヘビースモーカーでした。一日に平均六〇本は吸っていたでしょう。閉め切った狭い仕事部屋で吸っているから、自分の吹き出した煙までも肺に入れてしまう。だがなんと彼は、キャンベラで禁煙に成功しました。といっても、たったの一〇日間だけ。だから二〇〇九年秋に、彼が肺がんと診断されたと聞くと、ぼくは、あのキャンベラの明るく晴れた空のもとで、街まで散歩したときのことを繰り返し思い出すことになったのです。実は、ぼくのもう一人の劇作家の友人、つかこうへいも肺がんで亡くなりました。ひさし先生が亡くなった約三ヵ月後のことでした。もしもぼくに、あの一九七六年の時点でひさし先生にたばこをやめさせる力があったら、どんなによかっただろう……。

キャンベラに到着した数日後、井上一家とアデレードに飛びました。ひさし先生がアデレード芸術祭の作家週間で、日本のユーモアセンスについて、講演をすることになっていたのです。

実は、ひさし先生と好子さんは飛行機に乗るのが大嫌いでした。あるとき、二人がぼくを成田空港まで車で送ってくれたことがあります。ぼくのフライトの時刻までレストランで時間をつぶすことになりました。飛行機が飛び立つたびに、ひさし先生は大きな窓のむこうの滑走路に目をやり、首をかしげて「へ～」と言いました。井上一家のキャンベラからアデレードまでのフライトはかなりスムーズでしたが、一瞬だけ機体が突然ガクンと下がりました。好子さんは悲鳴をあげて、娘さんと遊んでいたトランプを宙に放り投げました。

好子さんは結局キャンベラには三ヵ月しかいませんでした。残されたひさし先生と長女の都ちゃんも、そのあともう二ヵ月だけキャンベラにいて帰ってしまいました。ぼくは、一家が全員、予定していた一年に満たないうちに帰ってしまったことが悲しかった。しかしある意味で、その計画がそもそも非現実的だったのかもしれません。ひさし先生の作家としてのキャリアは最盛期にさしかかっていました。そんなときに日本を長期間留守にして、キャンベラのような僻地《へきち》に滞在するなんて、本来ならばちょっと考えられないことでした。

しかしキャンベラにいるあいだに、ひさし先生は彼の最高傑作の一つである戯曲『雨』を書きました。また、日本人捕虜についての小説『黄色い鼠《ねずみ》』の下調べもできました。またなんといっても、約半年日本を離れ、キャンベラのような東京とまったく違う場所に住んでみたことで、なにかとても重要なものを得たのだと思います。一九八〇年代の初頭に、彼はぼくにこんなことを言いました。

「ぼくがオーストラリアに行って一番大きな経験は、ああ、自分は外国人なんだなっていうことなんです。だから、日本から見た外国人ていうものに対して、恐怖とか珍しさとかは持たないようになった。それに、オーストラリアに住んだおかげで、やっぱりみんな人間だ、たまたまこの小さな星の上に生まれて、同じ時代を一所懸命生きている人間同士だっていうことがよくわかったっていうのが最大の収穫です。やっぱりね、オーストラリアへ行ってよかったですね」

すべての作品に貫かれた弱者への思いやり

ひさし先生は、なによりも、ヒューマニストだった。彼の創作の発想はどこからわいてくるのか？

彼は一九七〇年代のなかごろにぼくに言いました。「ぼくの頭から離れないのは、東北の人たちの苦しみです。戦前だって戦後だって、何十年もの間、たえず仕事をもとめて上京する人の流れがあって、みんな根無し草になって、食うためにはどんな仕事だって我慢してやらなくちゃいけなかったんです」。

彼が一貫して描きつづけた最大のテーマは、弱者の苦しみと、非情な社会で生きてゆくための苦闘です。彼が社会の持たざる者から視線をそらすことは決してありませんでした。彼は弱者に、やりなおすチャンスと、八方ふさがりの状況を打破する手段を与えようと奮闘しました。

ぼくはこの本を書くことで、日本の人に、自分たちの思いやりとぬくもりのありかたを再認識してほしいと思っています。日々の暮らしに追われていると、世の中にはぼくらよりもはるかに幸せでない人がたくさんいる、ということを忘れがちです。だから宮沢賢治や井上ひさしのような作家に、思い出させてもらう必要があるのです。ぼくら個人の幸せが、ぼくらの知らない、今後も知り合うことのない多くの人々、国内のよその地域だけでなく、世界中の国々にいる人々によって、支えられているということを。もしも、そういう人々に手を差し伸べる方法を知りたいならば、まず、自国の文化にヒントを探らねばならない。

「ぼくは権力を持っていない人たちに、世の中で存在感を示すには、彼らの知恵をどう生かせばよいか、その例を見せたいんです。それができれば、逆境をむしろ武器にできるかもしれないから」とひさし先生はぼくに言いました。

まさにこのようなヒューマニズムの意識が、彼の六〇作以上ある戯曲と、四〇作以上ある小説を貫いています。また、他にも五〇冊を超えるエッセイや雑録の著書がありますが、そのほとんどにおいて、各テーマに対する学究的なアプローチがとられています。

一九八〇年代の初めごろ、ぼくは「毎日デイリーニューズ」の文芸記者として、彼が一六世紀のポルトガル人宣教師ルイス・フロイスの生涯を綴った歴史小説「わが友フロイス」を、英訳し連載することを決めました。この小説には、言うまでもありませんが、昔の船などの名前がたくさん出てきました。しかもカタカナで書いてあります。まだインターネットが登場するはるか前のことで、それぞれの原語での綴りを簡単に調べられるような時代ではありませんでした。

「古い固有名詞に手を焼いているんですが」とぼくはひさし先生に電話で告げました。「ご参照になった本とか資料を、少し送ってくれませんか」。

「いいよ。宅配便で送ります」と彼は答えました。

数日後ぼくの自宅には、本のつまった巨大な箱が届きました。どの本にも、何十カ所も黄色い蛍光ペンで重ね塗りされた行がありました。ぼくはまた電話をかけました。

「本を受け取りました、ありがとうございます。でも、信じられない。フロイスの小説のために、本当に、こんなにすごい調査をしたんですか？」

「ええと」と彼は言いました。「送ったのは、ぼくが使ったものの三分の一ぐらいだけなんだけど。残りも欲しい？」。

「いえ、いえ。これで十分ですよ。ありがとう！」

ひさし先生は、読書家で、故郷の山形に「遅筆堂」という図書館を設立するために、二〇万冊ある蔵書の中から、一〇万冊という途方もない数の本を寄贈しました。彼は戯曲や原稿が仕上がるまで、演出家、俳優、編集者を待たせることで悪名高かったのですが、その原因のひとつには、彼がどの作品でも細かい歴史上の事実にこだわるあまり、たいてい締め切りに間に合わなくなってしまうことがありました。彼はほとんどの時間を自宅の仕事部屋で書物を熟読することに費やし、何週間も家からほとんど出てこないこともありました。彼は基本的に、内気でとても控えめな人でした。酒を飲んで騒ぐことも好まなかったし、酔っぱらって自制心を失う日本の男たちを軽蔑《けいべつ》していました（この軽蔑心は、義父への嫌悪に負う部分があった。ひさし先生の話によれば、酒を飲むと粗野で乱暴になる人だったという）。

偉人も悪者も、凡人と同じ生身の人間として

細部に徹底的にこだわる一方で（ことに、時代と設定を決められた登場人物が使う言葉にはこだわりがあった）、ひさし先生は常に大きな課題も見据えていました。彼にとって大きな課題とは、作品を通じて、日本の歴史、文化、未来について日本人と対話することでした。

彼の戯曲のなかには、著名な日本人の人生を描いたものもあります。松尾芭蕉《まつおばしょう》、樋口一葉《ひぐちいちよう》、夏目漱石《なつめそうせき》、宮沢賢治、太宰治《だざいおさむ》といった、気質もスタイルもまったく異なる作家、そして軍人（乃木希典《のぎまれすけ》）、僧侶（道元《どうげん》）など。彼らは、欠点もある人物として描かれていました。ひさし先生は彼らの人格や個性の、一般人とはかけ離れている部分ではなく、むしろ凡人と同じだと思わせる部分にひかれていたのです。おかしな癖や欠点もある人物として描かれているからこそ、彼らは観客に共感を与え、いまこの時代に日本人であることの意味を、概念論や、社会学的あるいは観念的な問題ではなく、生身の人間の問題として、問いかけることができたのです。

人物像を中心にしたヒューマニスト的なアプローチが、ひさし先生を、寺山修司《てらやましゅうじ》や唐十郎《からじゅうろう》のような同時代のほかの多くの作家とは異なる存在にしていました。一九七一年に「道元の冒険」を見たときには、彼の独創的な言葉遣いと辛辣《しんらつ》なユーモア、そして日本文化にみられる狭隘《きょうあい》な正統主義を徹底的に批判する姿勢に魅力を感じました。でもひさし先生の作品が、評論家の、一九六〇年代の日本演劇界の革命についての議論であまり取り上げられることはありませんでした。なぜなら、彼の作劇法は明らかに、前述の劇作家たちほど急進的ではなかったからです。また彼の作品が、ソフトなユーモアのおかげで幅広い客層に受けたため、「アングラ」劇のカテゴリーに入れにくかったということもあります。

一九七四年一二月に初めて会ったときに、ぼくは彼に言いました。

「あなたは素晴らしいユーモリストですね」

「ありがとう。でもそれは日本ではあまり良いことじゃないんですよ。日本の評論家たちは、すごくシリアスな作家のほうが好きなんです。彼らはユーモアを馬鹿にしているんですよ」

評論家や研究者は長いこと、ひさし先生の素晴らしい言葉遊びや、彼の戯曲や小説に登場するシチュエーション・コメディー風のスキットや会話の裏で、巧妙に隠されてはいるけれど、権威者の心臓につきつけられた、鋭く研ぎ澄まされた刃《やいば》が光っている、という事実に気づきませんでした。皮肉なことに、彼が亡くなったあとのいまごろになってやっと、多くの人が彼の全作品を読み直し、彼がきわめて巧みに風刺の鞭《むち》を振るっていたことに気づき始めています。彼にとってユーモアは風刺の手段でした。風刺とは、弱者が手にすれば素晴らしい武器になるものなのです。

彼の芝居では、悪役でさえも、内面を持った多面的な人物として描かれ、一人の人間として尊重されています。ひさし先生の好きな小説の一つに、ディケンズの『デイヴィッド・コパフィールド』がありましたが、ひさし先生が悪者の内面を（悪行の結末のみならず原因もあわせて）鋭く描くさまは、まさにディケンズのようでした。

余人をもって代えがたき人物

いま彼の膨大な作品のすべてを見渡してみると、そこには一つの変化の道筋が見えてきます。それは彼の作品が、日本が一九九〇年代以降に、社会問題に真正面から取り組む国になった、という変化を捉《とら》えていただけでなく、その変化を予兆の段階から記していた結果だと言えます。

ひさし先生は、エンターテイナーとして作家人生を歩み始めました。というのも、昔生まれ故郷の山形県小松町《こまつちょう》（現・川西町）には、毎晩「美空いばり」や「丘晴夫」のような「有名」歌手がやって来ました。彼らはもちろん「そっくりさん」ですが、本物が歌っているのとおなじ歌を歌ってくれたし、だいたい芸名だって本物とさほど変わりませんでした。そんな芸人たちを見た経験や、その後浅草のフランス座で働いた経験が、子供時代そして青年期のひさし先生の、作家になりたいという意欲をかき立てたのでした（彼は、一九八三年に自分の劇団に「こまつ座」という名前をつけることにもなった）。

彼が、もう一人の放送作家と共作したテレビ番組「ひょっこりひょうたん島」は、一九六四年から一九六九年までＮＨＫで放送され、子供から大人まで大人気を博しました。その成功をうけて、彼は劇作家としてのデビュー作「日本人のへそ」を書きました。彼の目的は、人々を楽しませることでした。だが、ぼくが思うに、ひさし先生は一九七三年に傑作「藪原検校《やぶはらけんぎょう》」を上演してからというもの、自分自身を社会問題に取り組む劇作家とみなすようになったのだと思います。そして、二つの要素、つまり、音楽や言葉遊びやユーモアのある軽いエンターテインメントと、ごくシリアスな社会的メッセージとが、それ以降の戯曲や小説では、いつも融合されるようになりました。

このスタイルには、日本ならではの素晴らしい特徴がよく表れていると思います。もちろん、日本だけのお家芸というわけではありません。しかし日本ならば、そのスタイルは大昔から続く狂言の文化にも、数多くの文楽《ぶんらく》の作品にも、また小沢昭一氏が高く評価していた放浪芸にも見られます。さらに、漱石の小説（特に『坊っちゃん』と『吾輩は猫である』）や芥川龍之介《あくたがわりゅうのすけ》の書いた物語、坂口安吾《さかぐちあんご》の『桜の森の満開の下』、筒井康隆《つついやすたか》の文学、別役実《べつやくみのる》の芝居などの現代の文化にも見られます。しかもいまあげた例は、この類《たぐい》の素晴らしい日本の伝統の、ごく一部にしかすぎないのです。これは日本の人々が誇りに思い、世界に教えるべきものです。

言うまでもありませんが、作家は何の理由もなく突然に変身するわけではありません。一九六四年にひさし先生は、ＮＨＫのラジオドラマ「吉里吉里《きりきり》独立す」を書きました。それは、東北の小さな「吉里吉里」という地域が日本からの独立を宣言するという作品でした。のちに本人の手で小説化され、放送から一七年後の一九八一年に『吉里吉里人』のタイトルで単行本が出版されると、たちまちベストセラーになりました。彼は長年この、日本の一部（もちろん東北地方のどこか）が、国から独立するという革命的なアイデアを温め続けていたのです。この小説は、東京の中央集権的な文化が、日本中の人々に押しつけられてきたことへの批判でした。これはひさし先生が、貧しさにあえぐ人々、まともな暮らしを求めて東北の家を離れ、国の首都まで行かねばならなかったすべての人に代わって果たした、ほろ苦い復讐《ふくしゅう》でした。

井上ひさしの仕事についてずいぶん書いてしまいましたが、それには理由があります。ぼくは彼が「反逆の精神」を持っていたことを、みなさんに知ってもらいたいのです。彼は読者と観客を何よりも愛し、彼らを笑わせ、泣かせ、学んでもらうことを自分の役割だと考えていました。これぞまさに、世界に通用する日本の文化です。

ぼくは一九九二年八月にひさし先生がNHKラジオで受けた一時間のインタビューのテープを持っています。そのインタビューで彼は、戦争と、彼の一番好きな話題の一つである、稲作と日本文化におけるその役割について語っています。しかし、彼は広島と長崎のことは口にしていません。実は、ひさし先生は、長年、西日本やそれ以南の地域の歴史や文化にはさほど関心を示してこなかったのです。

ところが、彼のなかで何かが変わったのでしょう。あるいは、バブルが崩壊したことで彼が、世界における日本の役割を見つめ直すようになったのかもしれません。本当のところは、ぼくにもわかりません。しかし、一九九〇年代の初めごろになると、彼は広島と長崎に視線を向け、二つの都市の悲劇を、普遍的なものにする必要性、つまり日本人だけでなく世界中の人に理解され、感じてもらう必要性を、感じるようになったのでます。

彼の『父と暮せば』はぼくが『The Face of Jizo』という題で英訳したものですが、この作品からはひさし先生の、原爆の被害者は実は全人類なのだという思いが読み取れます。

二〇〇三年に彼は「水の手紙」という群読劇を書きました（この芝居は二〇一〇年の「国際ペン東京大会」で日本語のまま上演されたが、ぼくが用意した英訳も、冊子の形で観客に提供された）。それは、全人類が水でつながっていることを示した力強い戯曲です。ぼくは二〇一一年三月一一日の東日本大震災以降、このテーマの持つ意味を、ますます痛切に感じ、重く受け止めるようになりました。壊滅的な被害をもたらしたあの惨事は、東北だけの問題にとどまるものではなく、世界中のあらゆる国に影響を与えたのです。

亡くなる前年、ひさし先生は沖縄を舞台にした作品に取り組んでいました。彼はぼくに言いました。「ぼくら日本人は、戦時中に沖縄で起きていたことに向き合わなくちゃいけないんです。そしてぼくらにとって沖縄がいま、何を象徴しているのかという問題にも」。

ぼくが彼に最後に会ったのは二〇〇九年一〇月三日でした。小林多喜二《こばやしたきじ》の生と死に関する彼の芝居「組曲虐殺」の初日でした。

「いや、お元気そうじゃない」とぼくは言いました。

「ホント？　いえ、がたがたですよ、ロジャー先生。まあ、あとは、一〇年あるかないか……」

その二週間ほどあとに、彼は肺がんと診断され、半年後に息をひきとることになります。

日本語には、このような人を表すのにぴったりの言葉があります。「余人をもって代えがたい」。英語ならば「There will never be another one like him.（彼のような人は二度と現れないだろう）」となるだろうか。

彼が象徴するようになっていた、道理と平和と希望をもとめる彼の声は、日本中に周《あまね》く、舞台の用語を使ってよければ、通《とお》っています。もしその声が海を越えて海外の人の耳にも届いたなら、ぼくの大切な優しき友、井上ひさしは、この国の、寛大で心の広い、親切で平和な人々を代表する顔になることでしょう。

それが実現すれば、どんな作家でも、本望《ほんもう》だと言うはずです。しかしぼくが望むのは、これからは作家ばかりでなく、あらゆる日本人が、その寛大で心の広い、親切で平和な姿を世界に見せてくれることなのです。そうすれば世界の人も、「日本人」と聞けばすぐに、そのような人物像を思い浮かべるようになるに違いありません。

8 「戦メリ」の助監督をしてわかったこと

「戦後」は転換期を迎えた

世界的巨匠からの一枚の手紙

一九八二年六月に、スーザンと、三八歳になったぼくは、とてもステキな旅に出発しました。

メルボルンから東京に飛び、成田空港に着くとそのまま市川の井上邸に直行しました。ひさし先生にスーザンを会わせたことはまだなかったので、早く紹介したかったのです(その数年後、彼も好子《よしこ》さんと離婚して米原《よねはら》ユリさんと再婚することになる)。その数週間後には「戦場のメリークリスマス」(以下「戦メリ」)の衣装合わせが予定されていました。ぼくはそれまでの間にぜひ、スーザンをぼくの大好きな東北地方に連れて行こうと思いました。

東北新幹線がちょうどその年の六月二三日に、大宮、盛岡間で開業しました。ぼくらはその数日後にさっそく乗車し、旅の最初の目的地、花巻《はなまき》に立ち寄りました。スーザンは宮沢賢治《みやざわけんじ》の小説や詩を愛するようになっていました。というか、そうしてもらうしかなかった。ぼくを愛しているなら、賢治も愛してもらわないと。ぼくらはまだ正式には結婚していなかったけれど（ぼくの離婚手続きが終わるのを待っていた）、これは新婚旅行のようなものでした。

花巻では、イギリス海岸、羅須地人《らすちじん》協会、花巻温泉など賢治にゆかりの場所のすべてにスーザンを連れて行きました。そして賢治も訪れたという、山あいの台《だい》温泉にも宿泊しました。それから、小岩井《こいわい》農場のなかも歩きまわりました。小岩井農場の牛に囲まれた新婚旅行の思い出を持つ外国人は、おそらくぼくらぐらいのものでしょう。

ぼくは、美しい岩手の山を背景に小岩井農場の柵に腰掛けているスーザンの写真を、いまでも大切にしています。

小岩井農場の次は、電車で宮古《みやこ》まで行き（あの美しい港も、二〇一一年三月一一日の津波でひどい被害を受けてしまった）、そこから船で陸中《りくちゅう》海岸に沿って北へ行きました。それは暖かい日で、顔にすずしい海風を受けながら、三八歳のぼくには洋々たる前途が開けていると思いました（スーザンは、一回り下の同じ申《さる》年で、二六歳だった）。ぼくは生まれて初めて、本物の、深い、情熱的な恋に落ち、子供も欲しいと思うようになっていました。そのときすでにスーザンが一人目の子を身ごもっているとは、思いもより

映画「戦メリ」のロケ地にて。左から、デビッド・ボウイ、著者、監督の大島渚、製作者のジェレミー・トーマス

ませんでした。

そしてぼくらは「戦メリ」のスタッフや俳優たちと合流すべく、東京に帰りました。日本でいう「クランクイン」（往年のハリウッドで、カメラが文字通りクランクで回されていたころの用語に由来する）が数週間後に迫っていました。大《おお》島《しま》渚《なぎさ》氏とぼくは、その時点ですでにかなり親しい友人になっていたけれど、まだ彼もスーザンには会っていませんでした。しかし、彼女とぼくが一緒にいられるようにとの彼の配慮で、スーザンにも撮影現場での仕事が与えられました。メルボルンで看護師として働いた経験を買われ、「戦メリ」のスタッフの看護係になったのです。映画の最後のスタッフ・ロールにも、その肩書きと旧姓のスーザン・「ニコラス」でクレジットされてい

ます。作中の戦争俘虜《ふりょ》の包帯はすべてスーザンが巻いたから、彼女は芸術面でもあの映画に貢献したと言えます。

ぼくは映画監督としての大島渚に深い尊敬の念を抱いていました。いまでも彼は小津《おづ》安二郎《やすじろう》や黒澤明《くろさわあきら》と肩を並べる監督だと思っています。ぼくはその後、山田洋次《やまだようじ》氏や篠田《しのだ》正浩《まさひろ》氏とも友人になり、篠田監督の作品(「スパイ・ゾルゲ」)には出演もしました。しかし、ぼくが特に共感を覚えるのは、一時代の若者の声を代弁した大島渚なのです。

大島さんは一九八一年八月にオーストラリアに来たことがありました。彼の作品の回顧展と講演会ツアーを主催したいというオーストラリア国立映画協会の招きに応じて、やって来たのです。そのガイド兼通訳がぼくでした。メルボルン、シドニー、キャンベラ、と一緒に移動するうちに、ぼくらは映画の真髄とは何かについて意見が一致していることがわかりました。その数年後に彼はぼくにこんなことを言いました。

「ぼくは根本的に、一つの極限状況みたいなところに人間を追い込んで、そういうところで人間の反応を見るのが好きです」

ぼくは彼の「極限状況」という言葉の使い方が好きです。一九六〇年に製作された「太陽の墓場」で、彼は大阪のドヤ街の暮らしと、一〇代の若者がそこで生き延びるための掟《おきて》を描きました。輝かしい経済成長期の真っただなかにある日本人の目を、一人の映画監督が、荒涼たる暮らしぶりの日本の労働者と、そのなかでも疎外感の強い若者に向けさせたのです。なんと予言的な作品だったのでしょう(後年、村上春樹《むらかみはるき》が扱ったテ

妻のスーザンと、岩手の小岩井農場で（1982年）

ーマの中には、一九六〇年代の大島の映画によく似たものがある）。

ちょうどメルボルンにいるときに、ぼくの芝居が二つ上演されていたので、彼に二つとも見てもらいました。後でわかったことですが、それが、ぼくを「戦メリ」の助監督にするという決断に大きな影響を与えたようです。その仕事にふさわしい日本語力のある外国人は、ほかにもいました。しかし大島さんは、俳優とうまく話せる人、つまり、外交的に優しく話せる人間を求めていたのです。通訳が誤った口調で話せば、俳優は腹を立てて、よい演技の機会を失ってしまいます。

メルボルンからシドニーにむかう飛行機のなかで、大島さんから、英語で書かれた一冊の台本を手渡されました。それは「戦メリ」の脚本でした。ぼくはすぐに読み始め、着陸の寸前に読み終えました。

「どう思う、ロジャー？」と聞かれました。

「いや、傑作ですね。お作りになるんですか、これ？」

「まあ、たぶんね」

彼が日本に帰国したあと、七ヵ月以上も音沙汰《おとさた》がなかったけれど、四月のある日、一通の手紙が届きました。それは一枚だけの、もちろん日本語で書かれた手紙でした。そこには、「戦メリ」を作る費用のめどが立ったので、夏から撮影を開始するが、ついてはぼくに助監督をやってもらいたい、と書いてあったのです。

人は、すごく良い知らせか、あるいはすごく悪い知らせの手紙を目にしたときは、すぐにはその内容を飲み込めないものです。ぼくは数分のあいだその手紙の字面を眺めながら、こう考えていました。「彼は本当に、ぼくにそんなことを依頼しているのだろうか？　ひょっとしてぼくの日本語の解釈が間違っていて、実は助監督の適任者を推薦してほしいと言っているだけかも」。しかし手紙を見つめて五分もすると、自分が助監督に指名されたことが、やっとわかりました。看護師として勤めている病院から帰ってきたスーザンに、そのことを伝えました。

「スーザン、大島さんがぼくに助監督になってほしいって。ぼくはね、その撮影が終わったら、ぜひとも日本に帰って住みたいと思うんだ。ぼくはここにいるより、あそこにいるほうが、ずっと幸せなんだよ」

「私もよ。そうしましょう」と彼女は言いました。

ぼくは目に涙を浮かべて、彼女をぎゅっと抱きしめました。こうしてぼくらはまた、素晴らしい冒険に乗りだそうとしていました。その結果、日本で生まれ日本で育ち、日本の教育を受ける四人の子供に恵まれることになるのでした。

ラロトンガ島にたなびいた旭日旗

そういうわけで、一九八二年の夏に、主演のデビッド・ボウイ、ビートたけし、トム・コンティ、坂本龍一《さかもとりゅういち》をはじめとする日本、英国、オーストラリア、ニュージーランドから集められた大人数の出演者が、手つかずの自然が残る、ある意味で牧歌的な、クック諸島のラロトンガ島に集結し、俘虜収容所の、恣《し》意的な残虐行為と、予期せずして生まれた親密な人間関係を再現することになりました。ラロトンガ島は、ニュージーランドのオークランドから飛行機で三時間ほど東にある島で、実際の戦禍は免れていました。島に住む老人の話では、戦時中にたった一度、水平線のむこうに軍艦が一隻見えただけだといいます。

ぼくの一日は、朝の四時四五分に、背の高いやし林のなかを全力疾走し、監督の車にたどり着くことから始まりました。なぜそんなことをする必要があったかというと、錆《さ》びついたトヨタ車の運転手であるぼくとしては、監督の大島渚と撮影監督の成島東一郎《なるしまとういちろう》を後部座席に乗せたあとで、エンジンがかかりませんでした、というわけにはいかなかなかったからです。また、なぜ全力疾走かというと、島に吹く突風のような風が次々に落とす、やしの実の爆撃を避けるためでした。

撮影は六週間ほど続きましたが、現場で最も心あたたまる光景は、毎日の朝食の様子でした。島の主なホテルの客室はほとんどすべて映画関係者で埋め尽くされ、ホテルの食堂は毎朝、それぞれの役の衣装を身につけた役者の軍団に「侵攻」されました。日本兵役は、後ろにひさしがついた野戦帽をかぶり、小銃をテーブルにたてかけています。西洋人俘虜役は、ぼろ布のような衣装です。オークランドの街から、なるべく痩《や》せてやつれた若者を、という基準をパスして連れて来られた若者たちでした。

どのテーブルでも、非情な兵士と哀れな俘虜が相席で座り、みんなで脂《あぶら》たっぷりのベーコンを山盛りにした半熟スクランブルエッグの皿をつつき、山と積まれたイングリッシュ・マフィンを分け合い、熟したパパイヤの山をともに平らげ、コーヒーカップにおかわりを注ぎ合い、英語と日本語を混ぜたおかしな言葉で大いに歓談し、ときには大笑いしていたかと思うと、時間が来てセットに集合するやいなや、サディスティックな拷問者と、残忍な行為の犠牲者の役柄に、難なくなりきっているのでした。

ある朝、日本人とニュージーランド人のエキストラ数名が、気分が高揚していたのか、ちょっとしたいたずら心を起こし、友情のしるしとして、ホテルの屋上の旗竿《はたざお》に旭日旗《きょくじつき》(大日本帝国陸軍の軍旗)を掲揚《けいよう》しました。空港からミニバンでホテルに到着したニュージーランドの老観光客グループは、これを見てびっくり仰天したに違いありません。翌朝彼らが、島で初めての朝食をとりに、食堂に入ってきたときの様子をぼくは見ていました。武器を持った日本兵と、ぼろを着た西洋人俘虜とが同席している光景を見て、フリーズしていました。

一九七二年に横井庄一《よこいしょういち》が、一九七四年に小野田寛郎《おのだひろお》が、潜伏中のジャングルから出てきたことは、まだ人々の記憶に新しかった。もしかすると、南太平洋のまんなかにあるこの小さな離れ小島でも、戦闘はつづいていたのだろうか……。

「戦メリ」の製作現場でぼくは、「戦後」が大きな転換期を迎えたことを感じました。セットの外で日本人と外国人の俳優が見せた仲の良さは、両陣営の和解の象徴、つまり太平洋で起きたあの戦争は三七年前に終わっており、それは自分たちの戦争ではなかったし、また今後もそんなものに自分たちの人間関係を左右させはしない、という暗黙の了解の表れだと思いました。

どの国の若者も、両親や祖父母や、それより前の祖先たちの犯した罪の責任をとる必要はありません。むしろ彼らが責任を果たすべき唯一のことは、そのような犯罪を二度と起こさないようにすることです。それを確実に果たすための最も良い方法は、自国の過去を知り、まじりけのない善意と隠しだてのない友情で（植民地主義や貧困などに苦しめられてきた国の人々には、必要とあらば手厚い支援もして）、過去の悪行を償《つぐな》うことです。「戦メリ」という、戦争における和解をテーマにした映画で熱心に共同作業をした日本と外国の若者たちは、まさにその善意を体現していました。

ぼくにとって、あのラロトンガという美しい南半球の島で、大島渚の映画の制作過程を間近で見ながら仕事ができたことは、生涯の宝となりました。小林正樹《こばやしまさき》の「怪談」や「切腹《せっぷく》」の世界でも一級品といえる見事な美術を担当した戸田重昌《とだじゅうしょう》さんが、島の限られた資材で、というか、ふんだんにあるのは木とやしの葉だけという島で、セットを創り出すさまを見られたことも、とても刺激になりました。

大島渚は、人間としても、芸術家としても、ぼくが深く尊敬する日本人の特質を備えていました。つまりそれは、反逆の精神が、日本文化に対する深い愛情と同居し、また極限状況の芸術を創造することに伴う因習の打破と、楽観的でまじりけのない礼儀正しさとが同居しているのです。世界は、芸術の創造のために、このような同居を必要としています。日本の若い人は、自国の過去にどんな対立と和解の歴史があったのかを知るために、繰り返し大島渚の作品を見るべきです。

日本一九八〇年代の「天国」と「地獄」

「クランクアップ」（撮影完了）のあと、スーザンとぼくはラロトンガからオークランド経由で（その二つが「戦メリ」のロケ地だった）メルボルンに戻り、身の回りの荷物をまとめると、キャンベラにいるスーザンの両親のもとに立ち寄り、初孫が翌年つまり一九八三年の三月に生まれることを知らせて喜ばれ、飛行機に乗って、成田空港に到着しました。そこで、井上好子さんの親切な出迎えを受け、市川のお宅に連れて行かれました。井上家のやさしさと寛大さがなければ、ぼくらは東京での生活になじめたかどうか怪しいと思います。考えてみれば、ぼくは東京には、数ヵ月間滞在したことは何度かあっても、本格的に住んだことはなかったのです。ぼくの日本での故郷は京都……の深《みど》泥池《ろがいけ》でした。

ぼくは「毎日デイリーニューズ」の記者となり、月曜日の「Monday Arts（月曜芸術）」という、記事と特集からなるページを始める一方で、スーザンと二人で、住む場所も探し始めました。そして祖師谷《そしがや》五丁目にある、祖師谷つりがね池に近い小さなアパートを見つけました。小田急線の祖師ヶ谷《そしがや》大蔵《おおくら》駅から、商店街をぬけて徒歩約一〇分でした。あとでわかったのですが、「戦メリ」で一緒に仕事をして親しい友人になった坂本龍一さんは、昔その小さなアパートの近くの世田谷区給田《きゅうでん》に住んでいたといいます。龍一さんは、祖師谷小学校に通っていたのです。それからもう一人、ぼくがかねてより「劇団第七病棟」の素晴らしい舞台を見て知っており、のちに良き友となった緑魔子《みどりまこ》さんも、近くの祖師谷三丁目に住んでいることがわかりました（魔子ちゃんは石橋蓮司《いしばしれんじ》さんと何回か一緒に我が家に遊びに来た。うちの子供を抱きかかえている二人の写真を、ぼくはとても大事にしている）。

ぼくは日本の英字新聞に登場したことのない日本の作家、詩人、劇作家、芸術家、俳優、翻訳家を紙面で紹介しました。そのなかには村上春樹（まだいまのような世界的な有名作家ではなかった）、井上ひさし、村松友視《むらまつともみ》、富岡多恵子《とみおかたえこ》、椎名誠《しいなまこと》、白石《しらいし》かずこ、唐十郎《からじゅうろう》、翻訳家で学者の高橋康也《たかはしやすなり》、山本寛斎《やまもとかんさい》、建築家の磯崎新《いそざきあらた》、翻訳家の小田島雄志《おだしまゆうし》、野田秀樹《のだひでき》、別役実《べつやくみのる》、筒井康隆《つついやすたか》、谷川俊太郎《たにかわしゅんたろう》、田村隆一《たむらりゅういち》などがいました。彼らにはすべて日本語で記事を書いてもらい、それをぼくが「Monday Arts」用に英訳しました。それ以前の日本の英字新聞は、現代の日本文化を紹介するのは決して得意ではありませんでした。ぼくはそれを変えたかったのです。ぼくは、この人ほどノーベル文学賞にふさわしい人はいないと思っていた作家の井伏鱒二《いぶせますじ》さんに、自分の担当ページに登場してもらえたことも、すごく光栄でした。とぼけたユーモアと、登場人物に対する（なかでもぼくが世界文学の傑作とみなす『黒い雨』の）ヒューマニズム的なアプローチを特徴とする井伏氏は、世界の人にぜひとも読んでもらいたい日本の作家です。大島渚も、「Monday Arts」の映画評コラムを担当してくれました。

一九八三年二月二八日に、長男のジェレミーが国立大蔵《おおくら》病院（現・国立成育医療研究センター）で生まれました。それはのちに長女のアリスと、二女のソフィーが生まれた病院でもあります。末っ子のルーシーは京都府立医科大学附属病院で生まれ、我が家で唯一の関西っ子となりました。ぼくは一日も欠かさずスーザンの面会に行きましたが、ありがたいことに、病院の向かいには寿司屋と銭湯がありました。あわれなスーザンが産前産後を病院で過ごしているあいだ、ぼくは銭湯と寿司の贅沢《ぜいたく》を楽しんでいたのです。

出産とはとても不公平なものです。男性の仕事は三〇秒で終わります、いや、もう少し長いかもしれないけれど、そのあとの苦痛のすべては女性がひきうけるのです。ただし、母としての喜びもすべて女性が独り占めするのだけれど。この世では、女性のほうが幸運な性別であることは間違いないとぼくは思います。

さて、一九八〇年代の日本について一つ言えることは、それが非常に面白かったということです。「ルンルン時代」、「フィーリングの時代」でした。アメリカが経済の伸び悩みと、貯蓄貸付組合のスキャンダルに苦しんでいる一方で、日本は繁栄のときを迎えていました。日本がナンバーワンになるというハーマン・カーンの予言は正しかったのかもしれません。東京をはじめとする大都市の地価はうなぎ登りに上昇していました。当時はほとんど誰も、巨大なバブルのなかにいることに気づきませんでした。

ぼくのキャリアも軌道に乗りはじめていました。勤め先の新聞「毎日デイリーニューズ」に記事を書くだけでなく、日本語の新聞や雑誌にも執筆していました。また、テレビにも出演するようになっていました。きっかけは、TBSの番組「すばらしき仲間」の成功でした。テレビ界に「外人ブーム」が起ころうとしていました。ぼくが司会を務めた回の「すばらしき仲間」には、アグネス・チャン、チャック・ウィルソン、歌手のロザンナが登場し、出演者をすべて外人でそろえた初めての回となりました。この番組のあとも、数年間にわたってさまざまなトークショーに出演しました。真面目な番組もあれば、あまり真面目でない番組もありました。たとえば山田邦子《やまだくにこ》と島田紳助《しまだしんすけ》がメインの番組がある一方で、「サンデープロジェクト」や「朝まで生テレビ！」もありました。「朝まで生テレビ！」は、夜中の一二時から朝まで収録があり、日本のメディアではタブー視されていたことが自由に議論されました。その他にもＮＨＫの「スタジオＬ」に林真理子《はやしまりこ》さんとレギュラー出演していました。

それは、浮かれ気分の時代でした。一九八〇年代の文化は若者文化でした。日本の若者は初めてポケット・マネーを持つようになり、それも、掃いて捨てるほどとは言わないまでも、かなり多額だったことは間違いありません。そして、それをみんな自分の欲しがるものに使ったのです。食べ物、ファッション、娯楽、車、旅行、新しいテクノロジー（コンピュータやテレビゲームがちょうど日本で、そして世界でも流行しはじめていた）など。そういうものを手に入れたのは、もちろん若者だけではありませんでした。日本にはグルメブームも起きていました。日本中に新しいレストランが開店し、特に東京はすごかった。あの一〇年間を代表する三つの流行語は「国際化」、「トレンディ」、「ナウい」でした。それは平常心を失った楽観主義の時代であり、トークショーでは「専門家」が日本は世界で一番住みやすい国だと豪語していました。曰《いわ》く、犯罪もドラッグも幼児虐待もセクハラ（この表現は、八〇年代後半まで一般的には使われておらず、それ以前は「性的いやがらせ」と呼ばれていた）も、それ以外のどんな社会悪もない国だというのです。

ぼくは心配になりはじめました。祖師谷商店街の魚屋さんが、ルイ・ヴィトンのエプロンをつけているではありませんか。ぼくは日本にも、よその国と同じように、ひどい社会問題があることを知っていました。もちろん、日本で暮らし、子供を育てられてよかった、といつも思っていました。なぜなら日本がとても治安のいい国だったから。世界の大都市でほかに、幼い子供を夜に一人でバスや電車に乗せられるところがあるだろうか？　これは間違いなく、日本にいるおかげで手に入る自由の、一番ありがたいことの一つであり、世界の人々もこの点について、日本をうらやむべきです。

若者について心配になったのは、彼らのお遊び感覚や、古い世代の日本人がくそ真面目だったことの弊害を暴いたことではありません。このような反逆は良いことです。それに、若手の劇作家で演出家の野田秀樹を見て、ここに時代を読む、貴重な才能が到来したと思いました。ぼくは夢の遊眠《ゆうみん》社の「P・S・Dマガジン」にもよく寄稿していたし、英語の活字メディア（有力誌「Far Eastern Economic Review」など）にも、彼を、日本の演劇界を新たに代表する人物と讃《たた》える記事を書きました。井上ひさしと同じように、野田氏の一見ナンセンスな言葉遊びには、シリアスで議論に値するメッセージが隠されていると思いました。ぼくが心配になったのは、決して演劇の笑いではなく、目まいのするような時代の繁栄と、いわゆる新人類とその両親たちの無制限な消費行動のほうでした。

新人類は、日本で初めての、悲惨な戦後の記憶をはじめから持たない世代です。十分な小遣いを持ち、ファッションや音楽や彼らの大好きな新しい電化製品に散財できる、初めての世代でもありました。彼らの態度は「根《ね》アカ」で、彼らの行動は、深い熟慮の末にとられたものではなく、その場の感情に従った自然なものでした。製造業は彼らを愛し、広告業界は彼らを崇拝しました。彼らの流行が日本人の嗜好《しこう》に与える影響は大きなもので、いまでもその名残《なごり》が、古いものや深いもの、よく考えるようなものを否定する文化に感じられます。新人類ももう「新」しくはなくなったけれど、彼らがこよなく愛した文化はいまでも、ぼくがMASK《マスク》現象と称するマンガ、アニメ、スシ、カラオケが大流行する日本に満ちています。

一九八〇年代には、日本の文化は、すぐに欲求を満たしてくれる場合にのみ有効なものと考えられるようになりました。つまり現代日本に、史上初の、わがままではあったけれど、ある意味では、健康的といえる程度に自己中心的な世代が登場したのです。過去の世代は個人を犠牲にするように教え込まれてきました。しかしその考えはもはや通用しませんでした。自分を犠牲にしろって、何のために？

日本文化におけるこのような変化は、一九八〇年代のにわか景気を引き起こし、やがて日本経済を、借入《かりいれ》超過の悪夢に突き落とすことになります。人々は、地上げ屋のあくどい行為に代表される貪欲さのツケを、やがて支払わされることになったのです。一九九〇年代の初頭に経済と金融のバブルがはじけると、多くの日本人は再び地獄への転落を経験することになりました。ちょうど、坂口安吾《さかぐちあんご》がその何年も前に書いたように。ただし、このとき日本にもたらされたのは物理的な破壊ではなく、精神的な崩壊でした。

戦後の、成長のための成長というモデルが経済と社会のバブル崩壊をもたらし、人々の眼前には大きな虚空《こくう》が広がっていました。

しかし一九八〇年代の日本の国際化は本物でした。それまでは多くの日本人が外人コンプレックスを持っていました。しかし何百万人もの人が実際に海外に行き、テレビで外国人が流暢《りゅうちょう》な日本語をしゃべっているのを見ることで、この外人コンプレックス（野《の》坂昭如《さかあきゆき》が『アメリカひじき』で実に辛辣《しんらつ》に描いていた）は、ありがたいことに、過去のものになりはじめていました。しかし、このような流行好きのおかげで、たしかにプラス面も進歩的な変化もみられましたが、その一方で代償も支払わねばなりませんでした。それは、深刻な経済的、政治的、社会的な諸問題を放置してしまったことです。たとえば、貧富の差や幼児虐待、セクハラやいじめや鬱病《うつびょう》など。それらの問題は一九九〇年代に本格的に顕在化するようになったけれど、現在になってもまだ解決していません。

日本だけが生み出せる才能をもった人たち

でも告白しましょう。

ぼくはブームの過熱ぶりを心配もしましたが、個人的には時代の文化の恩恵を最大限に享受したのです。谷川俊太郎さんに紹介された岸田《きしだ》今日子《きょうこ》さんに、ぼくが翻案したストリンドベリの「令嬢ジュリー」という芝居（ぼくは「ユリア」と呼んでいた）に出演してくれないかと頼んでみました。ありがたいことに彼女は引き受けてくれました。それで彼女とは、六本木の俳優座劇場で演出したこの「ユリア」のみならず、渋谷のパルコパート3で上演したヴィトキエヴィチの「幽霊の家」でも一緒に仕事をすることになりました。ヴィトキエヴィチの芝居には、橋爪功《はしづめいさお》も出演し、それをきっかけに、彼とのあいだにも現在までつづく友情が芽生えました（ぼくらが祖師谷五丁目のアパートから近くの成城に引っ越すと、「ヅメ」がぼくらの元のアパートに入居した。ぼくらが子育てをしていたころは、よく「ヅメ」と一緒に砧《きぬた》公園に行ったり、我が家とか、あちこちの店で夕飯を食べたものだ）。

二〇〇六年一二月一七日に今日子さんが亡くなりました。ぼくが母を亡くした二日後のことでした。今日子さんは七六歳、母は九四歳でした。こんなことを言うと変かもしれないけれど、ぼくは二人の死を同じぐらい悲しみました。今日子さんの死によって日本は、世界的な舞台女優を失っただけでなく、若い俳優の手本となる偉大な芸術家を失ったのです。

彼女は素晴らしいユーモアセンスの持ち主でした。芝居でも映画でも、ある場面では軽みを、人に伝染させ楽しさを出し、また別の場面では、激しい怒りを表すこともできました。それに彼女はなんとユニークな声の持ち主だったことか！　またぼくは、彼女が小津安二郎の一九六二年の映画「秋刀魚《さんま》の味」で、カウンターごしに加東大介《かとうだいすけ》に飲み物を出したときの崇高な、自然な微笑みが特に素敵だと思っていました。いま列挙した要素をあわせ持つ、彼女に最も近い西洋の女優といえば、ジャンヌ・モローでしょう。

「秋刀魚の味」といえば、ぼくは幸運にも、この映画の出演者では、今日子さんだけでなく中村伸郎《なかむらのぶお》さんとも知り合いになりました。二人がともに関わっていた劇団集団「円」はぼくの芝居をいくつか上演してくれました。また加東大介さんには、ずっと昔に京都で会ったことがありました。

今日子さんとは、長年のあいだに、仕事の内外で顔を合わせたたくさんの思い出があります。彼女はリハーサルのあいだは勤勉な実験主義者でした。「ユリア」の通し稽古で、その回はもうかなりの時間が経過していましたが、ぼくがストップをかけたことがありました。この分でいけば、何ら良い成果を出せないと思う、と言いました。「いいえ」と彼女は言いました。そして、彼女がときおり見せるあの厳しい眼差《まなざ》しで、ぼくをじっと見つめながら「私は続けるわ。私は、あらゆることを試してみたいのよ、ロジャーさん！」。

俳優座劇場での「ユリア」の初日が終わると、ぼくは鉢植えの蘭《らん》を持って楽屋へ行きました。彼女は、背後のぼくが鏡にうつると、こちらを振り向きました。「これ、まったくおんなじ蘭よ」と涙をうかべて言いました。「三島由紀夫《みしまゆきお》が『サロメ』の初日にくれたのと」。彼女は三島のお気に入りの女優の一人だったのです。今日子さんは子供が大好きだった。スーザンとぼくがうちの子を彼女の六本木のマンションに連れて行くと、かならず遊んでくれました。

彼女が出演した映画は、四〇本以上もあります。市川崑《いちかわこん》監督も彼女に心酔していました。ある日彼女が市川監督を「ユリア」に連れてきたのも、思い出深い出来事でした。舞台がはねると、三人で喫茶店に行きました。

「あなたは舞台での音の使い方がいいですね」と市川監督がぼくに言いました。「ぼくの次回作で音響をやってみませんか?」。

ぼくは仰天してしまい、言葉がうまく出てこなかった。

「え……そんな……はあ……ええ」とさかんに頷《うなず》きながら、かろうじて答えました。

もちろん、その後、監督からの連絡はありませんでした。

ぼくが今日子さんに最後に会ったのは二〇〇四年、両国にあるシアターX《カイ》でした。彼女がぼくの芝居を見に来てくれたのです。舞台がはねたあと、ぼくらは誰もいない劇場で雑談をしました。

「いまの私の一番の生き甲斐《がい》はね」と彼女は言いました。「孫娘なの。『おばあちゃん』なんて言わないのよ。『キョウコ』って呼ぶの。私がそう呼ばせてるの」。

一九八〇年代はぼくに、日本とその文化の全体像を見渡す機会を与えてくれました。これほど多くの、クリエイティブな素晴らしい人々と出会う幸運に恵まれるなんて、この国に、ぼくほどの果報者はいないだろうと思います。そしてぼくが出会ったその人たちは、すごい才能をもち、人間というものを深く理解しているだけでなく、日本だけが生み出せる才能と深みと美を備えてもいました。世界の人は、アメリカの開放的なコミユニケーションの文化、イタリアのお洒落《しゃれ》で粋《いき》な文化、フランスの洗練された文化などを讃《たた》えます。そしてドイツ文化、ロシア文化、中国文化……など、どの国の文化にもそれぞれ、世界にアピールできるメッセージがあります。

しかし、日本のように上品で、優雅で、繊細な内面性を持つ文化はほかにはありません。もしぼくが一生のうちに何ごとかを成し遂げられるとすれば、それは世界にむかって、この素晴らしい国、日本のことを伝える役を、ささやかながら果たすことです。

渥美清《あつみきよし》さんに会ったのは、一九八三年の「男はつらいよ　旅と女と寅次郎《とらじろう》」のセットでした。驚くほど深い感情を出せる俳優であり、また人としても心の温かい彼が、日本の「情け」について話してくれました。昔の浅草では、子供たちは近所の大人にしかられ、町そのものが大家族のような雰囲気だったといいます。

ぼくは筒井康隆さんとも仲良くなりました。彼は因習を打破し、日本の表現の自由をずっと守り続けてきた男です。彼は常に、あらゆる検閲や自己規制に反対する姿勢を貫いてきました。筒井さんは人生においても作品においても「言論の自由」を体現してきた作家なのです。

「作家というのは、唯一の人間じゃないだろうか」と彼はぼくに言いました。「社会にとって、本当に良いことは何か、本当に悪いことは何かを考えられる。ぼくはちょっと坂口安吾に似ているのかもしれない、反社会的なところがね。でもほかにどうしろって言うんです？　世の中は、常識なんて名前でまかり通っているしろものに、むしばまれているんだからね」。

ぼくは名女優の清川虹子《きよかわにじこ》さんの舞台を演出したこともあります。サム・シェパードのピューリッツァー賞受賞作「埋められた子供」の日本での初演でした。それは、彼女が出演した最初で最後の新劇の舞台でした。彼女も昔、祖師谷に住んでいたといいます。成城にあったPCL（現在の東宝スタジオ）の近所です。ぼくは彼女に、マーロン・ブランドと「八月十五夜の茶屋」で共演したときの様子を聞いてみました。

「私はね、彼の愛人だったの」と照れながら彼女は言いました。

「え、本当ですか？」

「そうよ、パルバースさん。キスもしたわ」

「それだけですか。キスだけ？」とぼくは思い切って聞いてみました。

「ええ、それだけよ」

「いやあ」とぼくは言いました。「ぼくの国では、そういう仲の人を愛人とは呼ばないんですがね」。

成城の我が家の隣には、伊丹十三《いたみじゅうぞう》さんのお母さん（大江健三郎《おおえけんざぶろう》夫人のご母堂でもある）が住んでいました。我が家には車があるのに駐車スペースがありませんでした。伊丹さんのお母さんの家には駐車スペースはあるけれど、車はありませんでした。すると彼女は親切にも、ぼくらに駐車スペースを使わせてくれたのです。我が家には幼い子供がいたので、とても助かりました。大江さんと夫人と子息は、よくお母さんの家に来ていたので、その度に我が家の前も通っていました。

大江さんといえば、ぼくは、彼が国際交流基金で行ったスピーチの通訳をしたのが縁で、彼をよく知るようになりました。スピーチは「異化」に関するものでした。ぼくは「異化」の理論を成立させたロシア人作家ヴィクトル・シクロフスキーの文章をたまま運良く読んでいたから良かったけれど、さもなければ、通訳の準備で詰め込み（すし詰め？）勉強をしなければならなかったでしょう。大江さんも成城に住んでいたので、ぼくらは時折会っては、日本文学について、特にぼくらの共通の友人である井上ひさしと唐十郎について語り合ったものでした。

唐さんと夫人の李麗仙《りれいせん》、そして子息の義丹《ぎたん》くんは、よく我が家に来て一緒に夕食を食べていきました。ぼくは料理が大好きで、彼のために「唐口《からくち》かに」という名の料理を創作したほどです（テレビ番組「料理天国」に出演したときもこれを作りたかったのだが、スタッフにもっとオーストラリア的なものを作るように頼まれたので、仕方なく、ラム肉のヨーグルト漬け料理を披露した）。唐さんは子供が大好きでした。ぼくは赤ん坊のころのうちの子を抱いた彼の写真を一〇枚以上持っています。

大江さんと同じく、山田洋次さんも成城に住んでいた。しかも彼は、まだ駆け出しの若い映画監督だったころにも、うちの近くにあった祖師谷団地に住んでいたといいます。山田さんと夫人は、ぼくの息子が生まれて間もないころ、うちに遊びに来てくれました。山田さんは、生まれは日本だが育ちは満州でした。父君が満鉄（南満州鉄道）の技師だったのです。山田さんは一六歳になるまで満州にいて、その後帰国しました。この経験があったために、彼は戦時中の日本の中国に対する行為を、鋭く分析することができました。日本の戦争責任について彼と話すのは、いつも楽しかった。ちなみに、山田さんの映画は、現在の中国できわめて人気が高いのです。

一九八三年五月四日は、ぼくの三九歳の誕生日で、詩人の白石かずこさんを一二時からの昼食に招いてありました。ところが午後二時を過ぎても彼女が現れません。自宅に電話をしたが出ない。道に迷ったのかもしれないと思い、祖師谷の商店街を歩きつつ、迎えに行ってみました。すると駅から出てくる彼女に会うことができました。

「ごめんなさい、パルバースさん」と彼女は息を切らして言いました。「寺山修司《てらやましゅうじ》が今日亡くなったものだから、ここに来るのが遅れてしまって」。

一九八〇年代にぼくが出会った人といえば、ほかにも哲学者の鶴見俊輔《つるみしゅんすけ》さん、人気料理研究家の土《ど》井勝《いまさる》さん（ぼくは彼のオーストラリア・ツアーで通訳を務めた）、社会学者の日高六郎《ひだかろくろう》さんもいました。日高さんについてはまたあとで述べたいと思います。

直感の命ずるまま、再び迷路の森へ

一九八六年六月に、ぼくの毎日新聞での恩人で「毎日ディリーニューズ」編集長の小《こ》西《にし》昭之《あきゆき》さんが、毎日新聞のワシントン支局特派員になり、新しい編集長は「Monday Arts」のページに理解を示しませんでした。ぼくは二人目の娘を産んだばかりのスーザンがまだ入院している大蔵病院に行きました。

「新聞社での仕事、これまで通りにはいかなくてね」とぼくは言いました。

「じゃあ、やめちゃえば」

「え？」

「あなたが、好きな仕事をできずにいる姿を見るなんて、私には耐えられないもの」

「でも、やめたら、成城の家賃も払えなくなるよ。一一月にビザの更新があるけど、そのときにワーキング・ビザもとれなくなるし」

「やめちゃえば。あなたなら大丈夫よ」

産後の弱った体で、こんなふうにぼくをはげましてくれる妻。ぼくは深く感動して言葉を失い、そこにたたずんでいました。日本で四人の子供を育てた彼女の強さ、苦労を乗り切る力は、ずっとぼくにも力を与えてくれてきました。

翌日毎日新聞社へ行き、七月いっぱいでやめさせてほしいと辞表を提出しました。

一九八六年八月はとても蒸し暑い夏だったことを覚えています。家で書き物をしたり、上の子二人を自転車に乗せて近所のプールへ連れて行ったりして過ごした八月でした。お金は底をつきかけ、正直言って心配でした。仕事が見つかっても、一一月に新しいビザをとれる保証はありませんでした。

すると九月の初めに、日本テレビのプロデューサーから一本の電話がかかってきました。「麴町《こうじまち》までお越しいただけないでしょうか。一つお願いしたいと思う仕事がありまして」。

「ああ、ええと、行けないこともないですよ。でもぼくは最近ちょっと忙しくてね。ええと、明日ではどうでしょう。明日の午前中」

行ってみると、井田由美《いだゆみ》さんが夕方六時のニュースで、女性としては初めてメインキャスターをつとめることになった、と聞かされました。それでぼくに、その番組のコメンテーターとして毎日出演してほしいというのです。そんなわけで、ぼくは帯ニュース番組で初めての外人コメンテーターとなりました。三年間有効の新しいビザも下りました。毎日新聞をやめたのは大きな賭けでした。でもやはり、リスクを冒さずに何ごとかを成し遂げることはできないのです。ひょっとすると、この本の題名は『怪我の功名の人生』とすべきかもしれません。

一九八八年一一月に、ぼくらは東京から京都へ引っ越しました。子供を育てるには、日本の伝統に触れられる場所のほうが良いと思ったからです。そして下鴨《しもがも》にマンションを借りました。ぼくは本や記事の執筆を続けました。一九八九年四月からは、週に一度、新番組「THE WEEK」の出演のため東京に通いました。司会は佐々木信也《さ さ き しんや》さんと新人の東《あずま》ちづるさんだった。毎週ぼくらレギュラー出演者は、国内外の政治、社会問題について話し合いました。レギュラー出演者のなかには、やがて日本の政界に進出することになる二人の男性がいました。舛添要一《ますぞえよういち》さんと海江田万里《かいえだばんり》さんです。

また日本の新たな天才の一人、俳優のイッセー尾形《おがた》さんに出会ったのもこのころでした。ぼくはCNNの、現代の日本社会に関するドキュメンタリー番組の、台本と演出の一部を担当していました。ぼくにとってイッセー尾形さんは、この時代の日本を代表する、最も才能あふれる日本人の一人であり、番組に登場させないわけにはいきませんでした（尾形さんと日本人のユーモア・センスについては9章、195ページをごらんください）。彼とぼくはそれが縁で、当時、彼の所属事務所だった「森田《もりた》オフィス」でよく顔を合わせるようになりました。森田オフィスは、二子玉川《ふたこたまがわ》にほど近い野毛《のげ》にあり、ぼくはそこで何度も、森田夫妻とイッセーさん、そしてスタッフに、ラザーニャを作ってあげました。みんなのために料理するのは、なんと楽しかったことか！　その後、一九九九年に、ぼくが東京での滞在先を探していると、ありがたいことに森田夫妻が泊まらせてくれた、ということもありました。

京都に戻りましょう。一九九〇年に我が家は、樫原《かしわら》という美しい村に三〇〇坪の土地を購入し、大きな家を建て、一九九一年二月からそこに住み始めました。樫原を擁する美山町《みやまちょう》は、京都と舞鶴《まいづる》のちょうどなかほどに位置する町です。美山町はかやぶき屋根の家が日本で最も多いことで知られています。我が家から徒歩で三分もかからないところに、一六五〇年に建てられた、日本最古の民家で重要文化財の「石田家《いしだけ》住宅」がありました。我が家は見晴らしのいい場所にあり、眼下には美しい村や川、そして大原《おおはら》神社とという、六四五年（日本書紀でいう大化《たいか》元年）に建立《こんりゅう》されたという神社も見えました。

なんという人生……いつも移動し、いつも何か新しいものを探している人生。これは冒険なのか？　それとも愚行なのか？　ほとんどの人は、一つの場所に何年間も住み続けるものです。そういう人から見れば、一ヵ所に落ち着かず、とんぼのように飛び回っている人間は、おかしいのかもしれない。しかしぼくは、直感の命ずる場所に行くまで、なのです。人生とは、平坦な野原を横切るようなものではない。むしろ、森に入っていくようなものだ。そこにはたくさんの木が、選択肢の迷路を作って待ちかまえている。道に迷うのは簡単だ。だが、うまく通り抜ければ、森のむこうに何があるのか、自分の目で見ることができる。深い湖があって、それを渡らなければいけないのかもしれないし、高い山脈があって、登らなければならないのかもしれない。ぼくには、森のむこうに何があるのか、それが湖であれ、山であれ、自分の目で見ようとしない人生など想像できないのです。

ぼくの家族六人は、樫原の自宅の地下室で肩を寄せ合っていました。家の外では、信じられないほど明るくうるさい恐ろしい雷が、空から地面に落ちて来ています（美山は西日本の雷の名所でもある）。スーザンはイギリスのリバプール生まれで、ぼくはアメリカのニューヨーク生まれ。四人の子供、ジェレミー、アリス、ソフィー、ルーシーは、日本で生まれたけれど、日本の国籍は持っていませんでした。ぼくらは、日本人からも外国人からも「日本人」とは思われていなかったでしょう。しかしぼくらは全員、自分たちの故郷に住んでいると思っていました。

ひっついたまま固められた凍えたなまこのように体を寄せ合い、頭上では、千のオーケストラのドラムを一斉に打ち鳴らしたような雷が鳴り響くなか、ぼくらはここが自分たちの居場所だと感じていました。

人生で重要なのは、自分がどう感じるかということであって、ほかの人が自分をどう思っているかではないのだ。

妻のスーザンと３人の娘たち

幕間のひと言

日本と日本人は、世界にとって絶対必要だ

本の巻末にはふつう、著者の略歴か著作リストがあり、その人の人生の年表のようなものになっています。これらの年表には共通したパターンがあります。

まずその人の両親についての記述と出生から始まって、次に学校に入学し、引っ越して転校したりする。そして著者の趣味や愛読書や好きな映画の紹介などを織り交ぜながら、中学、高校、大学、外国旅行、初めての仕事、結婚、と続く。

やがて一冊目の本が出版される。そして二冊目。このあたりで再婚のことなどにも少々触れるかもしれない。だが、あとはもう、いつどの本が出版されてどの賞をとったかという記述に終始する。

つまり、ごくふつうの人間として人生を歩み出した人物が文章の製造人に変身し、その人生は、紙に書いたものとの関連においてのみ語られるようになってしまうのです。そんな年表は、その主人公であるはずの人の実際の人生を、果たしてどれほど反映しているのだろう、とぼくはいつも考えてしまいます。作家の人生には、本

と賞の一覧表に書き込まれたこと以外には何もないというのか？

おそらく宮沢賢治《みやざわけんじ》は運が良かったのでしょう。彼は生涯に二冊の本を出版したけれど、どちらも、教師として得た給料と父親からもらった金で自費出版したものでした。だから賢治の年表を見ると、ふつうの人のもののように見えます。つまり、この世に与えられた自分の小さな居場所で、次は何をすればよいのかと毎日悩みながら生きていたのです。そういう人生を、ぼくも送りたい。

ぼくは多くの驚くべき日本人と知り合う幸運に恵まれ、この国の文化の素晴らしさを教えられました。しかし、人生の本当のドラマは、平凡で日常的な出来事のなかで起きています。友人のために料理をすることの素朴な喜び、幼い娘や息子をおんぶして（当時は、体の前にではなく、おんぶひもで背負ったものだ）商店街に紙おむつを買いに行く喜び、そして詩集をたずさえて公園にゆき、木かげに座って読んだり居眠りをしたりする喜び……。

それに人生における大小の悲劇。シャツやドレスのボタンが突然とれたり、歯が抜けたり。駐車場で車をぶつけて、修理代をどこから調達しようかと考える。親しい友を亡くし、その喪失感とどうつきあえば良いのかと悩む。だが、しばらくすると、また笑えるようになり、今晩何を食べようか、この夏はどこへ旅をしようかと考えられるようになる。

すべての生命のテーマは、ありとあらゆるものの、再生、つまりリニューアルです。文化、歴史、教育、価値観……などの再生、そしてもちろん子供の誕生は、生命の再生そのものです。

ぼくらの経験は、個人的なプライベートなものでも、自分の住む国の文化とつながっています。ぼくが文化というのは、その国と国民の社会風土を決定するすべての要素という意味です。習慣やものの考え方、話し方から、「風土」と日本語ならではの言葉で表されるものまで。英語には風土にあたる言葉はありません。まあ「climate《クライミト》」が最も近いだろうか。英語でも、ある国の cultural climate つまり文化風土はこんなふうだ、といった話をすることがあります。風土に慣れる、と言いたければ、ある場所に「acclimatized《アクライマタイズド》」すると言えばよい。

ぼくは日本の風土に完全に慣れました。そして、日本の文化が花開くことと、世界文明に対する日本の貢献を世界が認めるようになることを、何よりも願っています。

ところが一九九〇年代になると、まずバブルが崩壊し、次に一九九五年一月に阪神・淡路《あわじ》大震災が発生し、そのわずか二ヵ月後にオウム真理教が東京の地下鉄をテロ攻撃し、自信も希望も失われた懐疑の時代がやってきました。

もちろん、人々は普段通りの生活を取り戻しました。日本人はまだ銀行に預金をたくさん持っていました。だが、新しい生活様式のパラダイムが生まれない限り、その金だって、いつまでもつかわかりませんでした。たとえ生命のテーマが、ぼくの言うように、再生にあるのだとしても、日本人の生活と文化を再生するためにはどうすればよいのか？　出生率が年々下がる一方で、自殺率が年々上昇しはじめました。若者は内向き志向になり、一時はその愛情と思いやりを、人間ではなく「たまごっち」という小さなオモチャに注いで楽しんでいました。

　政治家や官僚も（比較的やる気のある人でさえ）、国家の諸問題を解決するにあたって、旧来の方法しか知らないようでした。日本流の勤勉さと忍耐力があればこの停滞期も乗り切れる、と彼らは思ったのです。

　しかし、そのままで行けば、日本はだんだん「過去の文化」しかない、斜陽の国になったと思われてしまう恐れがあると痛感しました。

　一九九〇年代から今世紀の初めの二〇年間にかけて、ぼくはずっと、そんなのは認めないぞと思い続けてきました。いまだって認めていません。世界はいまだかつてないほどに、幅広い意味での「日本文化」を必要としているのです。でも世界がこの国の、莫大《ばくだい》な財宝のような文化に気づく前に、まず日本人がそれに気づいて、それを学び、世界に伝え、売り込む方法を考えるべきなのです。

　ぼくは文化にとって興行という概念はとても重要だと思います。素晴らしい文化をもつことは重要ですが、その豊かな宝をよその人に売り込む方法を知らなければ、宝の持ち腐れです。でもそれこそがまさに、いまの日本に起きていることではありませんか。

さて、日本にいるぼくらは、この国を再起動させ、新しいエネルギーの爆発を起こさせるために、何に気づけばいいのだろう？

まず一つ目ですが、日本人もこの国に住んでいる非日本人も、一国の文化というものは、反逆者と不適応者によって創造されるということに気づくべきです。文化に年功序列などありません。新しい日本文化を創造するための道具は、若い人の手に握られていなければなりません。明治の文化は、たしかに欠点も間違ったナショナリズムもありましたが、それを作ったのは、日本というブランドを新しく作り直そうと必死にがんばった若い人たちだったのです。

二つ目は、ぼくらもそろそろ、文化を、国防と同レベルの重要な問題として考えるべきだということ。ぼくは「富国強芸」を、日本の新スローガンとして提案したい。明治は「強兵」をめざした時代でした。でもいまは「強芸」をめざす時代なのです。日本の暮らし、性格、文化、態度のどのような面が、二一世紀の日本の再生を可能にするのだろうか？

どうぞ続きをお読みください。

9 日本の文化は「振る舞い」に表れる

日本人だけが持つ礼儀正しさと、特有のユーモアセンス

あらゆる階級に行きわたる礼儀正しさ

日本人の数ある特長のなかで、ぼくがここで指摘したいのは、ぬくもりと、魅力的なあどけなさです。もしかするとそれが最もよく表れているのは、幼い子に対する日本人の反応ではないでしょうか。

いや、幼い子に優しく接するのは、世界中の人に共通の現象だろう、と言われるかもしれません。しかし、スーザンとぼくが、子育ての時期にほぼ毎日経験していたことには、日本ならではの側面もありました。

たとえばぼくらが子供を連れていると、公園でも電車でも、よく中学生らしき少年が近づいて来て、笑顔で「かわいいですね」と言ったものです。ぼくは、よその国で、そ

ういうことを少年が言うのを聞いたことは一度もありません。

ちかごろ欧米諸国では、見知らぬ人が自分の子に話しかけたり、微笑んできたりすれば、誰でも警戒します。日本ではどこでも子供への愛情が感じられます。渥美清《あつみきよし》さんは、大人がよその子を叱らなくなったと言っていましたが、それでもやはり、うちの子はみんなの子、みんなの子はうちの子という意識が強いと思います。

それから母子《ぼし》手帳という制度は、すべての国が採用すべきものだと思います。たしかにそれは、戦時中に子供という資源を絶やさないための国策の一つとして始まったものかもしれませんが、いまでは妊娠し母となった女性と新生児との軌跡を記録し、健康を守るための素晴らしい手段となっています。我が家も子供が日本で生まれたときにもらった四冊の母子手帳をいまも大切にしています。

スーザンは妊娠中、銀行にトイレがあることに感謝していました。欧米では、銀行のトイレは使わせてもらえません。スーザンのお腹がふくらむにつれて、膀胱《ぼうこう》にかかる圧力も高まってきます。そんなとき、銀行でお客を出迎え、用紙の記入のしかたを教える係の老行員は、スーザンがしょっちゅう銀行に立ち寄るわりには、金を引き出しも預けもせずに帰ってゆくのはなぜか、ちゃんとわかっていたのです。

東京の駅はどれも、一つの小さな町のようなものです。遠くまで行かなくても、そこで何でも手に入る。つまり世界最大級の大都市にいながら、駅のまわりで村のような暮らしができるということです。これには、よその国の大都市では手に入らないぬくもりや安心感があります。ぼくは一九八三年に、祖師谷《そしがや》の商店街に何があるか、すべてリストアップしてみました。ケーキ店、美容院、医院、食料品店など、実にいろんなものがありました。二〇〇六年に同じ調査をして比較し、東京の生活様式がどれほど変化したのかを「ジャパンタイムズ」紙上で発表しました。ところが、わかったのは、ほとんど変化はないということでした。祖師ヶ谷《そしがや》大蔵《おおくら》駅の周辺に住んでいる人々が必要とし欲するものは、二三年前とほぼ同じだったのです。最寄り駅は自分の町《ホーム》でもあるのです。

日本人が礼儀正しく振る舞う習慣を、形式ばった堅苦しいものだと感じる人もいます。多くの場合、もちろんそれは単なる形式的な決まり事にすぎません。とはいえ、自分は悪くないのに謝るといった、憎い親切な一面もあります。

ぼくら西洋人は、悪いのは誰か、にこだわる傾向があります。もしぼくが電車であなたに足を踏まれたら、あなたの謝罪を期待するでしょう。踏まれたぼくのほうが謝るなんていうことは、絶対にありえません。でも考えてみれば、私の足のほうが、あなたの足の下にすべり込んだのかもしれませんよね。つまり、どっちもどっちというわけです。日本のように、両者が礼儀正しくお詫《わ》びを言えば、雰囲気も良いし衝突も避けられるけれど、この状況でそんなふうになることは、日本以外の国ではあまり見られません。

西洋から来たぼくが、いつも驚くのは、日本では労働者階級の人も礼儀正しいということです。アメリカでは絶対にないことだし、ヨーロッパ、オーストラリア、ロシア、中国でも、おそらくほかの世界中のほとんどの国でもないことでしょう。日本の建設現場で交通整理をしている男性や女性はいつも、歩行者にご迷惑をかけてすみませんと謝っています。ぼくが深泥池町《みどろいけちょう》に住んでいたころ、トイレは水洗式ではありませんでした。くみ取り業者が来て、全部持って行ってくれるのです。そのくみ取り業者でさえも、ぼくに丁寧語を使い、手間をとらせて悪いと謝っていました（他のほとんどの国では、階級によって礼儀正しさの程度が違う。労働者階級の人が丁寧になるのは、上の人にきちんとした態度をとる必要のあるとき、たとえば支払いを求めるときなどだけである）。

このような礼儀正しさは、日本社会の全体に行きわたる共同精神のあらわれでもあります。この協力の精神は、よその国では、戦争のような特定の時期だけ現れることもあるけれど、もう必要ないとなれば、たちまち消えてしまいます。日本では、災害が起こったときには、この協力の精神がすべてに優先され、国民が一丸となって、被災地の復興を支援します。東日本大震災が東北を襲ったあとに、東京や他の大都市の人々が見せた自粛ムードは、この精神から発している面があります。つまりそれは、自分自身は直接被害を受けたわけではないけれど、被災者と悲しみを分かち合い、贅沢《ぜいたく》を避けて思いやりを示したいという気持ちなのです。

しかし日本では、平時に共同精神が見られることもよくあります。たとえば「みんなのおかげ」という言葉。何か良いことがあったり、褒《ほ》められたりした場合、真っ先に出てくるのは「みんなのおかげ」という言葉です（それが本当かどうかは別として）。それは言うまでもなく、謙虚さのしるしです。謙虚さもまた、海外の国が見習ったほうがよい日本人の美点の一つです。それはまた、協力の精神のあらわれでもあります。一番褒められるべき人が誰であろうと、みんな一緒に褒めてもらうのが一番うれしいという精神です。

つまり、茶道や歌舞伎や黒澤明《くろさわあきら》の映画ばかりが文化ではないのです。それは一人ひとりのちょっとした振る舞いに表れるものでもあり、国民の性格とか、国家の人間性とか言われるものは、その集積なのです。このような文化は常に変化しており、いま述べたような人々の振る舞いや行動パターンも、時代によってはほとんど消えたように見えるときもあるかもしれません。でもいったん文化の一部になったものが消えることは永遠にないのです。それはいつでも復活させられます。またそういうものは（昔はその文化につきものだった、古くさいつまらない飾りだけは取り去ったうえで）復活させたほうが良いことが多いのです。

そのような要素のすべてを集めたものが、日本人の人格なのです。日本人は一般的に、人を信用しがちで、だから海外に行くと（ここ二〇年で、昔よりも警戒するようになったとは思うけれど）、すぐにだまされてしまいます。よその国では、振り込め詐欺がこれほど横行することはないでしょう。もしぼくの両親が、ぼくを装う犯人から電話を受けて金を要求されたら、まず、ぼくにしか答えられない個人的な質問をいくつもするでしょう。それで父は激怒することになるだろうから、その怒りを鎮《しず》めるために、むしろ詐欺師のほうが父の口座に金を振り込みたくなるかもしれません。

ぼくは宮沢賢治《みやざわけんじ》の『銀河鉄道の夜』のジョバンニの性格について、こう思います。ジョバンニはナイーヴで、人を信じ、意地悪なことをされるとすぐに傷ついてしまいます。彼の性格を表す日本語は「天衣無縫《てんいむほう》」です。もちろん、日本人がみなジョバンニのようだというわけではありません。でも、このイタリア語の名前をつけられた少年は、日本の若い人の一つの原型であるとも思います。彼には温かさ、他人への思いやり、天真爛漫《てんしんらんまん》な希望があり、それは典型的な日本人の性格だと思います。

でもほとんどの国で、日本人は形式的すぎて、堅くて、冷たくて、無愛想な人々だと思われています。日本人は、世界で最も誤解されている人たちかもしれません。そこで次の問題を考えてみたいと思います。

なぜ、日本人にはユーモアのセンスがないという説にだけは、日本人の一部をふくめ、世界中の人が賛成するのでしょうか。

日本人独特のユーモアセンスとは

ロシア人やアメリカ人はいつもジョークを言い合っています。政治ジョーク。宗教ジョーク。セックスのジョーク。他民族についてのジョーク。日本人はふつうジョークを言い合ったりしません。ぼくがユダヤ人の親類や友人に久しぶりに会ったら、まず最初にするのは、最新のジョークを披露しあうことです。日本人の友人(日本人の親類は当然いないので）を相手に、そんなことをしたことはありません。

言うまでもなく、日本人にもユーモアセンスがあります。でもそれは、日常生活の場面に反応するタイプのものです。たとえば、誰かについて、あるいは何かの出来事について会話をしていると、誰かがその人や出来事に関する面白いコメントを、語呂《ごろ》を合わせて言う、といった形をとります（日本語だととてもやりやすい）。その例は多すぎて選択に困るぐらいですが、たとえば少し古い話ですが、二〇一一年九月に総理大臣になった人物のコメントもその一つでしょう。すなわち、「駅前留学はNOVA、駅前演説はNODA」。野田佳彦《のだよしひこ》氏の発言です。

この意味で、日本人のユーモアは、いわゆる「コメディ・オブ・マナーズ（人々の変わった振る舞いを笑う喜劇）」に見られる類《たぐい》の笑い、人生という人間ドラマにつきものの笑いだと言えます。井上ひさしさんがぼくによくこう言っていました。「ぼくらの悪いところは、笑ったり馬鹿にしたりしすぎることですよ。もっと真剣になれば、ものごとを変えることもできるかもしれないのに」。

井原西鶴《いはらさいかく》の作品のユーモア、狂言、川柳のテーマ、落語に出てくる会話などをよく見れば、日本人のユーモアセンスが、繊細で洗練されている面がある一方で、場合によっては荒唐無稽《こうとうむけい》な面もあることがわかるでしょう。西鶴の「好色《こうしょく》」シリーズがいい例です。でも、いずれにしてもそのユーモアセンスは、人々の習慣や礼儀作法（あるいはその欠如）に対して感じられるものなのです。またそれは、一種の社会風刺ともなりえます。

芥川龍之介《あくたがわりゅうのすけ》の物語、坂口安吾《さかぐちあんご》の小説、筒井康隆《つついやすたか》の作品にみられるブラックユーモアを見れば、日本人のユーモアにはかなり辛辣《しんらつ》なものもあることがわかります。ドタバタやナンセンスだけではないのです。すぐに浮かんでくるのは、芥川の『河童《かっぱ》』、坂口の『桜の森の満開の下』と筒井の『ポルノ惑星のサルモネラ人間』です。これらの作品には、人間のおかれた悲劇的な状況をテーマにした、暗い要素を含んでいるものもあります。

小津《おづ》安二《やすじ》郎《ろう》の映画は、初期のサイレント映画からのちの「東京物語」や「秋刀魚《さんま》の味」に至るまで、ユーモアに満ちています。小津を現代の悲劇作家とみなす人が多いが、ぼくは彼は一種の喜劇作家の監督だと思います。もちろん彼の映画には、深い悲しみや、ときには苦いノスタルジーもみられます。しかし、それがコミカルな要素を殺してしまっているわけではありません。小津のユーモアセンスは、実存主義的なものです。つまりそこには、人生とは、そして時の流れというものは、不条理と喜劇的な要素に満ちている、という考えが示されています。

井上ひさしの素晴らしい小説や戯曲は、ヒューマニズム的なテーマを扱っており、そこにみられるユーモアはいつも状況から生まれるもの、つまりテーマにまつわる個々の登場人物のやりとりから生まれるものです。彼の作品ではいつも、ユーモアは弱者が強者に対抗するための武器となります。たとえ弱者が勝てなかった場合でも、楽しくコミカルな状況があることで、彼らの人生は多少なりとも耐えやすいものとなっています。人は、ある状況を笑うことができれば、そこを生き延びることができるというわけです。

そう考えると、ひさし先生（それに筒井康隆氏）のユーモアはとてもユダヤ的です。

というのも、それはちょうど、何世紀にもわたって迫害を受けてきたぼくらユダヤ人の哲学だからです。ぼくは『日本人とユダヤ人』の続編を書きたいわけではないけれど、ユーモアに関してだけは、この二つの民族を比較してみようと思います。

ユダヤ人の自嘲と日本人の腹芸

ユダヤ人はどこに住んでいようと、恒久的にマイノリティでした（イスラエルだけは、二千年を超える歴史のなかでも唯一の例外だが）。ユダヤ人にとって人生のメインテーマは、住んでいる場所がどこであれ、そこで生き残ることでした。もっと言えば、ユダヤ人は基本的にいつも逆境にあるわけですが、そこでどのようにうまく生き残り、さらにはどう繁栄するかということです。

そしてユダヤ人は、ユーモアが重要な武器になることに気づきました。主流派の民族集団を笑わすことができれば、迫害されたり殺されたりしないですむかもしれない。もちろん、支配者を笑い話の種にするわけにはいかない。そんなことをすれば、反感を買ってさらに冷酷な迫害にあうかもしれない。だからユダヤ人は自分たちを笑い話の種にしたのです。

ユダヤ人のユーモアの主力は、日本語でいう自嘲《じちょう》、自分を嘲《あざけ》るものです（語呂合わせといえば、もうひとつのジチョウ、すなわち自重したのでは、まったく逆効果だ）。ユダヤ人は自分たちがいかにケチで、愚かで、頑固で、時代遅れかについてさまざまな面白い話やジョークを言います。すると、ユダヤ人も非ユダヤ人もみんな笑います。アメリカのエンターテインメント界に大きな影響を与えた、三、四世代にわたるユダヤ系コメディアンたち、つまりマルクス兄弟やジャック・ベニー、メル・ブルックスやレニー・ブルース、ウディ・アレンやベット・ミドラー、ダニー・ケイやジェリー・サインフェルドといった面々、その他にも何十人もいるけれど、彼らを生み出したのは、この伝統なのです。

つまりぼくは何が言いたいのか。それは、ユーモアは、自分を他者にわかってもらうための一助となるということです。あなたが生き残れるかどうかは、他者に、人間として認識してもらえるかどうかにかかっているのです。

日本人は有史以来、この国において、主流派の民族でありつづけてきました。自分たちを滅ぼすかもしれない他者に、自分のことを説明する必要はありませんでした。だから、ユダヤ人とはまったく逆の習慣が生まれました。この国では、相手に自分のことを延々と弁解がましく説明するのは、決して美徳とはみなされていません。言っても理解してもらえないだろう、と多くの日本人は思いがちです。むしろ、理解不能と思われたときは、さらにミステリアスにして、オーラのようなものを身にまとったほうがいい。自分のことを説明しないほうが有利なのだ。腹芸は、腹を抱えて大笑いすることの対極にあります。

もし、イッセー尾形がアメリカで生まれていたら

ぼくの友人イッセー尾形《おがた》ですが、もし彼の生まれた国の言葉が、世界でもっとよく知られていたら、彼はエンターテインメント界や演技の世界で、世界的な有名人になっていたに違いないと思います。彼が風刺やコメディに見せる天才的な才能は、素晴らしいユダヤ人コメディアンのグルーチョ・マルクスやジェリー・ルイス、そしてユダヤ系英国人コメディアンのサーシャ・バロン・コーエンに匹敵するものです。

イッセーのユーモアは自嘲的なユーモアの典型です。彼が創り出すキャラクターは、男性も女性もいるけれど、超典型的な日本人であり、いろんな癖や欠点とあわせて、一目で日本人とわかるしぐさを見せます。彼はライブの舞台でもDVDでも、日本国民の姿を再現しています。そして、やはりブラックユーモア的な面もあって、たとえば駐車場で現在地がわからなくなったサラリーマンが、ポケットにある名刺が自分のか他人のかさえもわからなくなる、というコントがあります。ぼくは彼に会う度に、腹の底から笑わせてもらっています。

日本人にユーモアセンスがないと思われている一番の原因は、日本では、公の場ではユーモアが姿を現さないことでしょう。仕事は仕事。「ここは冗談を言う場じゃない」という言葉があるぐらいです。つまり、日本にはユーモアを見せてよい時と場所というものがあるのです。たとえば私的な空間とか、テレビとか。だが欧米では、すべての時

と場所が、ユーモアを見せてよい時と場になります。たとえば政治家は、きわめて深刻な雰囲気のときでも、ジョークを言ってかまわない。真面目な会議の出席者も、面白いコメントを言っていい。教会のミサや、税務署に税金の相談をしているときにジョークを言ってもかまわない。日本では「悪いとき」に面白いことを言うのは社会のマナーに反することになります。

でも、日本の歴史の全体を通じて見られる、特に江戸時代には多く見られる、ウィット、皮肉、風刺、ナンセンスなユーモア、お遊びなどの存在は、世界がもっと知るようになってもいいことです。日本のユーモアは、繊細で、人生の日常的な出来事に根ざしたものなのです。

天才的な詩才をもつ正岡子規《まさおかしき》のたくさんの俳句にも、日本のユーモアの、心にしみるような悲しみが見られます。

しぐるるや蒟蒻《こんにやく》冷えて腹の上

子規は、体の痛みを和《やわ》らげるために、湯たんぽがわりの蒟蒻を腹にのせたのです。ところが、時雨《しぐれ》が降ってきて気温も下がり、腹の上には、もはや何の役にも立たない物体だけが残ったというわけです。

人生、病、そしておそらく死を象徴する、悲しくて、しかもどこかコミカルな隠喩《いんゆ》です。日本のユーモアを完璧《かんぺき》に表現した、面白くてウィットに富んだイメージと言えるでしょう。

では、子規が生と死の問題を扱うときに見せる、さりげないユーモアのセンスがはっきりと表れている俳句をもう一つ紹介しましょう。彼はこの句を明治三四年（一九〇一年）、つまり亡くなる少し前に書きました。

秋ノ蠅蠅《はえ》タタキ皆破レタリ

この俳句のどこがそれほど面白いのか？　まず、たいていの蠅の寿命は秋までもたない。その前に自然死するか、あるいはべつの生き物に食われて、または蠅たたきを持った人間の手でつぶされて、突然死を迎えるかのどちらかです。でも夏のあいだに蠅たたきを使いまくっていると、穴が開いてしまう。すると、たたかれても穴を「すり抜けて」生き延びてしまう蠅が現れる。つまり、夏にたたかれて死んだ蠅は、蠅たたきによる死の一撃を逃れた蠅の、命を助けたことになるのです。犠牲の精神が働いているのか？　それともこんなことは、単なる運命の気まぐれなのか？　いずれにせよ、蠅のなかには、人間と同じで、長生きする幸運なやつもいる。でも、誰がその幸運なやつになるのかは、誰にもわからないのです。

日本のユーモアには、深い悲しみとあきらめが見られることもあります。英国の画家フランシス・ベーコンが「人は生まれ、死ぬ。それだけのことだ」と言ったのと同じ感覚です。

ユダヤ人と日本人には共通点もあるのかもしれません。なぜなら、ぼくらはともに、いまの言葉にユーモアを感じてしまうのだから。

10 ここではあらゆる場所が「舞台」である

日常における日本人の見事な演劇性

演劇的ジェスチャーに満ちあふれた国

日本はきわめて演劇的な国でもあります。この言葉には少々説明が必要でしょう。演劇では、手や身体の動き、声、顔の表情などのすべてが、ジェスチャー、すなわち表現の手法です。ジェスチャーのなかには表象的なもの、つまり舞台の外の「現実」の世界に見られるジェスチャー（しぐさ）を真似たものもあります。でも、もっと様式化、抽象化されたようなもの、つまり現実世界にある動作や身振りやしゃべり方を暗示するだけのものもあります。

一人の若者が舞台の上で、彼のおばあちゃん役をしている女優に近づき、抱きしめる。欧米の俳優ならば「ぼくの役がこの行為をする動機は何だ？」と自問するでしょう。孫役が、実はおばあちゃんをまったく愛していない設定ということもあるでしょう。いずれにしてもその俳優は、一人の演技者として、おばあちゃんに歩み寄って抱きしめる、心理的な動機を見いださなければならない。それを自分なりに見いだすまで、彼がこのジェスチャーを説得力を持って演じることは難しい。たとえやってみても、不自然でとってつけたような演技になってしまう。

日本人の俳優ならば、このような心理的な動機のことを、最初からこんなに気に病むことはないかもしれません。彼はおばあちゃんに歩み寄り、抱きしめる。自分の能力と技術を総動員して、そのジェスチャーを演じるのみです。もちろん、最初はそのジェスチャーはとってつけたような感じがするかもしれない。だがやれと言われたからには、やるのです。

やがて、欧米の俳優は自分なりに動機を見いだすでしょう。もし演じている役がおばあちゃんを愛していないとしても、そこにいるのは年老いた、気の毒な女性ではないか。彼女はあわれみに価《あたい》する。その一方、日本人の俳優は、彼女に近づいて抱きしめる動作を何度も繰り返し練習するうちに、それがとても上手《うま》くなります。「上手い」というのは、技術的に言って、という意味です。彼は現実の行動をとっている現実の人間のように見えるでしょう。動機などは、おばあちゃんを抱きしめているうちにだんだんわかってくるでしょう。何度も同じ動作を繰り返すうちに、その動作をしている体に感情が流れ込んでくるのです。でも欧米では、動作をするまえに、まず感情を読みとらなければなりません。

いまのような、長くて一見理論的な説明をしたことをお許しください。でもこれは、日本人のふだんのジェスチャーを理解するうえで、きわめて重要な意味を持っていると思うのです。

日本では、Eメールや電話での会話が「いつもお世話になっております」で始まります。本当はたいしてお世話になっていなくても。レストランに入ればいつも、ウェイターやウェイトレス、カウンターの中の板前さんなどの店員が、一斉に「いらっしゃいませ！」と叫び、帰ろうとすると「ありがとうございます！」と叫んでいます。卒業証書などを正式の場でもらうときは、両手で受けながら、頭を下げて「押し頂く」。また、お辞儀をするときも、相手との関係のフォーマル度によって腰を曲げる角度を変える。数々の美しい仏像でさえも、片手を軽く上げ、もう一方の手の平を、寛大さのしるしとして、差し出している。これらの動作をぼくは「日常にみられる演劇的なジェスチャー」と呼んでいます。

日本では、服飾アイテムのなかにも演劇的なものがあります。たとえばはちまきと、それが日本人に連想させるイメージはどうでしょう。「がんこ」という名の飲食店のチェーンがありますが、この店のロゴは、しかめ面にはちまきをしめた男性です。欧米で人気レストランの名前が「頑固（stubborn）」だったり、あんな怖い顔の男性をシンボルにすることは考えられません。「うるさい！」にあたる英語「Shut up!」は、ネガティヴな意味にしか使われません。でも「味にうるさい」人といえば、ふつうはグルメを思い浮かべます。「がんこ」のロゴは、日本の演劇性がごく効果的に利用された例だと思います。いや待てよ、この場合、日本のではなく大阪の演劇性かもしれない。「がんこ」というチェーン店は、一九六三年に、大阪の小さな寿司店から始まったのだから。

観世寿夫との驚くべき体験

ぼくは一九七〇年代に一度、そして一九八〇年代にも一度、日本人が日常生活でどれほど演劇的になりうるかを思い知る体験をしました。一つ目の体験にぼくを導いたのは、素晴らしい能役者の観世《かんぜ》寿夫《ひさお》さんでした。ぼくは観世さんほど、舞台で輝く能役者を見たことがありません。彼が立ち、前かがみになり、踊り、面を使うことで発揮される豊かな表現力には、驚くほかありません。ぼくは彼の演技を一九七六年には三越劇場の「葵上《あおいのうえ》」で、その数年前には京都の観世会館でW・B・イェイツの戯曲「鷹の井戸」を能の舞台に翻案した「鷹姫《たかひめ》」で見ていました。

一九七六年一月のこと、彼はぼくに、能を世阿弥《ぜあみ》の精神に立ち返らせたい、つまり真実が一瞬のひらめきのうちに示され、悠久《ゆうきゅう》たる幽玄《ゆうげん》の世界が広がるようなものにしたいと言いました。「そのために型があるので、いまみたいに、その逆ではない」。いまぼくは「立ち返らせる」と書きましたが、観世寿夫は能を世阿弥の精神に前進させようとしたのです。彼は、世阿弥が表現したかったことのすべてを体現している人物であり、日本の演劇的才能の頂点にある人物だ、とぼくは思います。

彼にはすでに、鈴木忠志《すずきただし》の演出する芝居のリハーサルで何回か会ったことがあり、また一九七六年にも富山の利賀村《とがむら》（現・南砺市《なんとし》）で彼が出演する舞台を見に行ったことがありました。だが彼と共にした時間のなかで最高の瞬間は、あるとき突然に電話をもらったあとに訪れました。

「もしもし、パルバースさん？　観世です。もしよかったら明日、表参道の銕仙会《てっせんかい》にお越しになりませんか？」

「もちろん。喜んで参ります。明日は能があるんですか？」

「ええと、ともかくお越しください。正午に」

翌日、古い銕仙会の建物に、そこで何が見せてもらえるのかわからないまま到着しました。玄関に入って声をかけました。「ごめんください」。誰も出てこない。もしかすると、電話を聞き間違えたのか。言われたのは別の日時だったのかも。「ごめんください！」。今度はもっと大きな声で言ってみました。

観世さんが暗い廊下から姿を現し、挨拶《あいさつ》をすると「どうぞ、こちらへ」と言いました。彼のあとについて劇場へと進みました。誰もいない。他の人も来ていると思ったのですが、いるのは彼とぼくの二人だけでした。

「これを見てほしかった」と彼は言って、舞台を指さしました。

舞台の上には、能に使われる何十枚もの色とりどりの着物がつり下げてありました。

それは舞台衣装の虫干しで、彼はそれを見せるために、ぼくを呼んでくれたのです。

「こちらへどうぞ」と彼が舞台にあがって言いました。

ぼくもあとについて行きました。彼が着物と着物のあいだを縫うように進んでゆき、ぼくの視界から姿を消しました。しかし時折、彼の腕や手や足や肩が、さっと見えてはまた消え、何百年も昔に織られた絹の着物の柔らかく長い袖《そで》が、ぼくの頬を撫《な》でる。彼のあとを追うぼくはまるで、見事な色と感触の迷路のなかにいるような気分でした。

その色の迷路のなかにいたのはほんの二、三分のことだったと思います。でも、能の「邯鄲《かんたん》」のように、短時間の出来事がまるで何十年ものように感じられました。舞台から下りて彼の顔を見たときは、自分が時間と空間の長旅から戻ったような気分でした。観世寿夫さんは、着物を能舞台の上につり下げることで、時間そのものを再構成したのです。ぼくにとってそれは、能の演目のなかに入り込んだような体験でした。それ以来、能を前よりもはるかに深く理解できるようになりました。あの経験は、ぼくの人生で最も演劇的な体験の一つであったと思います。一九七八年に観世寿夫さんが、胃癌《がん》によって早すぎる死を迎えたとき、ぼくは悲しみに打ちひしがれました。彼はまだ五三歳でした。

二つ目の演劇的体験は、一九八〇年代後半に、ぼくらが下鴨泉川町《しもがもいずみがわちょう》の、糺《ただす》の森のすぐそばのマンションに住んでいるときに訪れました。我が家からさほど遠くない場所に、

Y先生が住んでいました。Y先生は茶道の偉い老師の一人で、おそらく当時すでに七〇代だったと思います。茶の心をきわめて深く繊細に理解していました。

スーザンが一九八〇年に京都で茶道を学んでいたことがあり、そのときにY先生と知り合ったのです。そしてY先生は親切にも、ぼくらを自宅での茶会に招いてくれました。行ってみるとぼくらは、七〇代と思われる夫人に、玄関で正座に三つ指をついて丁重に出迎えられました。居間に案内されると、そこはふつうの洋間でした。ぼくらがソファに腰掛けると、夫人は別の部屋に消えて行きました。
一、二分もすると、エディット・ピアフの「水に流して（Non, je ne regrette rien.）」が流れてきて、Y先生が部屋に入ってきたかと思うと、彼はピンクと白のゆったりとしたシフォンドレスを着て、顔には口紅とほお紅のメーキャップ、頭には素敵なブルネットのカツラをかぶっています。そしてそのまま、その居間で茶会を始めました。ピアフの歌のメドレーが流れるなかで。それはぼくが出席したなかで最も演劇的で最も驚くべき茶会であっただけでなく、茶の心を最もよく捉《とら》えた茶会でもありました。そのときの茶は実に美味《おい》しかった。
日本人が日常生活で演劇的になりうる例として紹介したのが、能楽師と茶道家のエピソードだったので、それは日常的というよりも非日常的な例ではないかと思われたかもしれません。けれど、みなさんにそう思われたこと自体が、日本文化についてきわめて重要なことを示唆しているのです。

日本では、日常生活にみられるジェスチャーと、古典演劇や茶道のような文化的行為にみられるジェスチャーとが、同じものなのです。ヨーロッパでは、貴族文化と大衆文化とのあいだには大きな隔たりがあります。英国では紅茶の飲み方にしても、階級によって異なるのです。紅茶をどう注ぎ、カップをどうつまんで、どう持ち上げるか、といったジェスチャーまで階級によって違います。英国で中産階級の人口が増加したのは一九世紀のことでした。その、台頭しつつあった中産階級の人々は、「上品な労働者階級」と呼ばれる人々とともに「ふさわしいマナー」でお茶を飲むようになりました。しかし、それよりも下の階級、つまり労働階級の底辺から逃げられない人々は、当時の英国の大多数を占めていましたが、自分たちよりも上の階級のジェスチャー、振る舞い、しゃべりかたを絶対に真似しようとはしませんでした。

日本にももちろん、貴族文化と大衆文化の違いは存在しましたし、貴族つまり支配者階級と、商人、農民との階級差もありました。けれども明治以降は、特に文化現象という側面から見れば、そういった階級差は小さくなったのです。「どうぞ」と手のひらを上に手を差し出すしぐさや、にぎりめしを作るときに米をつかんで握るさま。礼儀正しい会話では、話の内容が悲しくても不愉快でも、微笑む。自分の発言が不適切あるいは無礼だと受け止められたかと思い、かしこまって言いよどむこと。場や状況に合わせてお辞儀の角度を変えること……このような例はどれも、日常と非日常の文化の双方に共通して見られるものです。だからこそ、日本の芸術的な文化を見たり体験したりすることこそが、日本人の日常生活を理解するための一番良い方法でもあるのです。

日本化できる外国人と異邦人のままの外国人

日常生活における日本の演劇性とは何か？　お辞儀をしたり、決まった挨拶をしたりするような動きや言葉にみられる、様式化された行動パターンのことか？　名刺交換をしたり、お土産を持って行ったりするような社会的な儀式？「以心伝心」とか「日本人同士」などの言葉で表されるような、日本社会を一つにまとめている要素の一つ、つまり日本人がおたがいを日本人と認識できるように、一緒にいると落ち着くようにさせているものの一つ、ときに謝りながら遠慮したり、ときに「低姿勢」を取りながら静かに気配りしたりするような、人々を結びつける一種の糊《のり》のようなものか？

いや、そのすべてである。

ぼくは、一九六七年から日本にいる非日本人だからよくわかるのですが、日本に住み、日本語をしゃべることとは、ひたすら自分の好きなように振る舞い、正しい文法でしゃべること……などという単純なものではありません。この社会の規範は誰の目にも明らかです。日本人は外国人を喜んで受け入れるけれど、ただし、日本の行動規範を守る限りにおいてのみ、です。日本に住んでいる外国人で、そのことに気づき、その暗黙のルールを守る者は、たいてい日本で幸せをうまく見つけられます。自分の行動様式と言葉を捨てられない外国人たちは、永遠に異邦人のままです。

ぼくについて言えば、ラフカディオ・ハーンと同じく、自分の国や自分が属する民族集団の習慣や態度を、標準的なものであると考えたことは一度もありません。もしも日本に住むなら、日本式の生活を送ろうと思いました。

もちろん、だからといって自分の個性を捨てる必要もまったくありません。多くの外国人は、自分の生まれた国の行動規範や、自分が何を「普通（ノーマル）」と思うかを、自分の個性と一心同体のように思っているようです。でもぼくは違う。個性というものは（独自性、創造性、個人の自由なども）、内面的な資質なのです。日本にある、やや厳しい演劇性の規範に従ったとしてもなお、そのような資質を守り、育て続けることは十分可能なのです。

このことは、ぼくが日本で生活をするようになった、ごく初期の段階で痛感したことです。

日本に来て、日本語を話せるようになって間もないころ、ぼくはさまざまな人と会うようになっていました。だがそのほとんど全員が、ある同じ質問をしてきたのです。

「大学はどちらでしたでしょうか？」

ぼくがすぐに「ハーバードです」と答えると「へ〜」とか「ホーッ」とかいう反応が返ってきました。なぜなら、結局のところハーバードは、アメリカでよりも日本でのほうがより高く評価されていたのです。これも、この国に何百年も続いてきた、ブランド志向の一例でしょう。

ぼくはそのような過剰な反応を避けたかったので、どこの大学に行ったかと聞かれると、だんだんこんなふうに答えるようになっていました。

「大学ですか？　ええと、まあ、その、どう言ったらいいかな、あの、まあ、一応、それは、どうも、その、わたしは、ええと、まあ、実はいや、あの、ハーバードですけど……」

このように答えると、たいていの人は「ああ、なるほど」とか「ああ、そうですか」みたいな反応をして、それ以上のことは聞かれずにすむようになりました。

ぼくは日本人的になっていたのでしょうか？　そうではありません。ただ日本人同士がコミュニケーションをとるときの話し方で、話していただけなのです。そのように質問に答えるのは、特に、最後に「けど」をつけるのは、謙虚さや慎みの印《しるし》なのです。ぼくは人々に、自分がハーバードに行ったことは、たいした問題ではないと思っている、ということを伝えたのです。だが英語なら、そんなふうに答えるのは馬鹿げています。英語ならば、一番自然なのは、単純に「I went to Harvard.（大学はハーバードでした）」と言うことです。

言うまでもないけれど、日本人がそのような質問に、謙虚そうに答えるからといって、その人が本当に謙虚であるとは限りません。つまりそこが、謙虚さを日本語で示した場合の落とし穴だと言えます。それは行動規範であり、社会的行動の演劇的なルールにすぎないのです。

外国語を話しているときは、人はある程度、違う人間になっているのです。でも、それも表面だけのことです。表面上、よその社会のルールにどれほど順応したところで、自分の個性や個人的な良心が損なわれることはありません。

寿司屋を「舞台」に

あらゆる場所が、日本的な演劇性の舞台となりえます。何年も前のことですが、ぼくらが京都に住んでいたころ、貴船《きぶね》にある川ぞいの料亭に行ったことがあります。いかにも京都の夏らしい猛暑の日でした。ときおり涼しい風が顔をなでる、貴船のような高台にいられたのは幸運というものでした。

その料亭には、勢いよく流れる川床《かわどこ》の上に客席がしつらえてあり、そこに座れば水流のおかげで涼しい思いをすることができました。ぼくらはそこで、流しそうめんを食べました。それは、お客の前に麺《めん》を運ぶ、もう一つの小さな川でした。なんと演劇的なのでしょう！　それが演劇的だと感じられるのは、季節ならではの演出がなされているからです。つまり、夏にお客を涼ませようという趣向があり、その「舞台」はほんの一時《いっとき》しか存在しない。一時しかないということは、日本の日常生活に演劇性をもたらす、一つの大きな要素です。能舞台にかかげられた色彩の迷路のなかを歩くというドラマにも、それはありました。

もちろん、夏に京都に行き、四条《しじょう》大橋の上に立って北のほうを見れば、鴨川の川岸にもっとたくさんの床という舞台が設営され、そこで京料理を味わっている人々を見ることができるでしょう。しかしその「夏ならではの振る舞い」もまた、秋分のころには姿を消してしまうのです。

ぼくが人生で最も演劇的な体験をしたのは、どこよりも演劇的なあの場所、つまり寿司屋のカウンターでのことでした。寿司職人とお客との対面は、特にカウンター席のお客のほうにとっては、一種の舞台のようなものだと思います。どちらが役者でどちらが観客なのかは必ずしも明確ではありませんが。

ずいぶん前のことになりますが、一九七〇年の後半、ぼくがまだ市川の井上邸に居候をしていたころのことです。ぼくはあるとき奮発して、六本木にある超高級寿司店に行ってみることにしました。それでちょっと良い服を着て、一人で都心に向かったのです。

寿司屋に入ると、職人と店員が一斉に「いらっしゃいませ！」と活気のある声で迎えてくれ、ぼくはカウンター席に座りました。すぐさま熱いおしぼりを渡され、お通《とお》しが出てきました。たしかクラゲの南蛮《なんばん》漬けだったと思います。

ぼくはお気に入りの地酒を飲みつつ、次々に注文していましたが、ふと、一つおいて隣の席の中年男性客が、ぼくが注文をするたびに一音のコメントをつけていることに気づきました。

「中トロください」

「へー」

「ヒラメをもらおう。縁側にして」

「ほー」

「片思いちょうだい」

「うわぁぁー」

それで、帰る段になって衝撃を受けることになったのはぼくのほうでした。「お愛《あい》想《そう》」と言ったあとで、手渡された小さな紙切れには「二万四千円」と書いてありました。これでぼくは学びました。寿司屋で格好をつけたりするのは、まったく賢明ではないということを。

さて、くだんの男性ですが、彼はぼくが食べている横で、分厚いノートになにやら書き込んでいるようでした。それがしばらく続いたあと、ぼくは彼のほうを向いて言いました。

「すみませんが、何を書いていらっしゃるのでしょうか?」

「ああ」と彼は、ボールペンを置いて言いました。「大変失礼いたしました。ええと、実は、その、私は、寿司屋へ行って、外国人の隣に座って、彼らが何を食べるかを研究するのが趣味なんです」。

妙な趣味もあるもんだな、と思いましたが、早速こう聞いてみました。

「で、何がわかりましたか?」

「はいっ。ええと、そうですね。わかりました。あなたは、デンマーク人だということ」

「いえ。わたしは、デンマーク人じゃないです」

「いや、あなたは、きっとデンマーク人だ」

「えっ？　自分の国籍ぐらいは知ってるつもりですが」

彼は、首をかしげて、こう言いました。

「おかしいな……。デンマーク人じゃないんですか？」

「はい」

彼は、分厚いノートのページをめくりました。

「あれっ？　いままでにウニを注文したのはデンマーク人だけだったんだけど」

もちろんこの男性の「注文する寿司と刺身の種類でわかる外人の国籍」理論には科学的な裏付けなどないでしょう。けれども、当時さかんに出版されていた、日本人や他国人に関する理論やエッセイも、これと同じくらいに奇妙なものだったのです。

いずれにしても、日本では、日常の世界のなかで、実にさまざまな舞台が生まれています。たとえば駅のホームという舞台では、駅員が電車のドアが閉まる前に敬礼し、指差し確認しています。デパートでは、朝の開店時に従業員が入り口にならんでお客を出迎えます。これはみんな「舞台」なのです。なぜならそこに役者と観客がいるから。といっても、すでに述べた通り、誰がどちらの立場なのかは、必ずしも明確ではないのですが。

ただしぼくの場合、長年日本にいるので、日本の演劇性がぼくの内面にまでしみこんでしまって、海外にいるときでもいろいろと日本人のように振る舞ってしまうことがあります。

二〇〇〇年にぼくは、ロサンゼルスで、ハリウッドにかなり影響力のあるエージェントに会う機会がありました。アメリカのエージェント制度のようなシステムは、日本には存在しません。アメリカではエージェントが絶大な権力を持っています。映画や演劇のプロデューサー、出版社、そのほかにもあらゆる文化事業の興行主とのコネクションを仕切っているのは彼らなのです。

そのハリウッドのエージェントがぼくに、いま何を書いているのかと聞いてきました。

「ええと」とぼくは言った。もごもごしながら、視線をそらして、「ぼくは、あの、その、実は、そのう、ですから、たいしたものじゃないんですが……でもぼくが思うに、その、機会さえあれば、映画用に何か書きたいと……」。

「映画の脚本のこと?」と彼女は言いました。明らかにいらいらした様子で、ぼくの顔をじっと見ています。

「映画の脚本? ええ、あの、はい、そうですね、でもその……」

ぼくはたちまち彼女のオフィスから追い出されました。彼女はこう思ったに違いない。

「なんて変わった、自信のない人かしら!」

もちろん、ぼくは変わっているかもしれないが、自信がないわけでは、決してない。

むしろ自分の書くものにかなりの自信を持っています。それにぼくは本当に、ハリウッド映画の脚本を書きたかったのです。でもチャンスを永遠に失ってしまいました。ぼくはもしかすると、自分が思っているよりも日本人になっているのかもしれません。

11 世界が気づいた「無私の心」

日本の風土から生まれた利他の精神

宮沢賢治が示す、日本人の愛他精神

二〇一一年三月一一日に東北を襲った空前の惨事のあと、世界中の人々が、日本人が見せた回復力と整然とした行動ぶりを目撃しました。以前は日本や日本人に好意的ではなかった国の人々でさえも、いくらか態度を改めました。

被災地の人々の内に秘めた力と不屈の精神は驚くべきものでした。でもぼくは、もっと別のものにも、あらためて驚かされました。それは、被害者たちの無私の心です。彼らは自分の悲しみを、愛する人を失ったほかの人々への同情と慈悲に変えました。賢治《けんじ》の『雨ニモマケズ』という、他人のための自己犠牲について語る詩が、現代の日本で最も愛されている詩なのも当然のことでしょう。

英語ではよく使われるのに、日本ではあまり使われていない、ある単語を紹介しましょう。それは「altruism《アルトルイズム》」です。自らを顧みず他人の幸せを考えたり、他人の幸せのために尽くしたりすること、という意味です。日本では宮沢賢治が、それを私生活でも仕事でも実行した、一つの輝かしい手本です。

辞書をひくと「altruism」の和訳は「愛他主義」、「利他主義」などとなっています。「主義」と言うと、堅く抽象的なイメージになってしまいます。形容詞のほうの和訳は「愛他的」、「利他的」で、このほうがまだソフトかもしれません。いずれにしてもこの言葉は、日本の誰もが皆知っているわけでも、使っているわけでもありません。でも、もっと知られて使われるべきです。東日本大震災を生き延びた人々のとった行動は、この愛他的という言葉で表現するのが最もふさわしい。

この特質は、日本人がよその国の人よりも多く持っているものだと思います。もちろん、日本にも利己的で身勝手な人はたくさんいます。だが例外はあっても、国民の全体に、愛他主義という理念を守り、支持する気風があります。この意味で、日本人は、欧米人ほどシニカルではありません。欧米では、人々のモットーは（もちろん明らかな例外もたくさんあるけれど）「誰もが自分自身のために」です。賢治にモットーがあるなら「誰もが他人のために」となるでしょうか。

この無私の心は、どこからくるのでしょう？　日本に生まれたからといって、生まれたときから無私の心を遺伝で持てるわけではない。無私の心は遺伝的形質ではありません。DNAが決め手ではないのです。決め手は、日本という、譲り合いによって社会の和が保たれている国で育ったこと、日本の風土で、日本の人々のあいだで育ったことなのです。

この無私の心や愛他の気持ちは、日常生活のどのような場面で見られるのか？　言うまでもなく、なにか緊急事態が発生したときなどには、人は勇敢に（あるいは勇敢さのかけらもなく）振る舞うものです。でもほとんどの人は、平凡な日常の繰り返しのなかで生きています。深刻な危機などはあまり経験しないものです。でも日本人は、緊急事態のときも、ふつうの生活を送っていても、自分が他人に迷惑をかけていないだろうかと常に心配し、他人に迷惑をかけないように、ものすごく気を遣っています。

一九八〇年代のなかばに、ぼくがサム・シェパードの「埋められた子供」を渋谷パルコPART3のSPACE PART3という劇場で演出していたときのことですが、リハーサルの最中に、この「無私の心」はこういう瞬間に姿を現すのだと気づかされる出来事がありました。

「埋められた子供」は、アメリカ中西部の田舎の農場が舞台となっています。ある日、長いこと家を出ていたヴィンスが、実家である祖父母の農場を訪れる。威勢の良いガールフレンドのシェリーも連れてきた。彼女はヴィンスの祖父母とは初対面である。ヴィンスとシェリーが家に入ってみると、おじいちゃんがいて、ソファに座っている。ヴィンスが二階に行ってしまい、シェリーは、気難しいエキセントリックなおじいちゃんと二人きりになってしまう。
シェリーは、私はヴィンスのガールフレンドですと自己紹介し、つとめて愛想良くする。だがおじいちゃんは、特にこれといった理由もないのにプンプン怒っている。そこで、シェリーは、ソファの手すりに腰掛けたりしていたが、やがて自分がおじいちゃんに何か失礼なことや癇《かん》に障《さわ》るようなことを言ったのかもしれないと思い始める。おじいちゃんは不機嫌で黙ったままだ。彼女はおじいちゃんに謝り、悪く思わないでほしいと頼む。

この謝罪の場面を演じるときに、シェリー役の女優、富沢亜古《とみざわあこ》は、ソファの手すりから立ち上がって頭を下げ、両手を体の前で合わせつつ、何歩かあとずさりしていきました。富沢さんは優秀な女優です（彼女は、この芝居を含め、ぼくが東京で演出したいくつかの芝居で舞台美術を担当した、朝倉摂《あさくらせつ》の娘でもある）。祖父とシェリーの対決というこの重要な場面での、彼女の動作には、とても説得力がありました。だが、間違ってもいました。

それが間違いになってしまうのは、その動作をした場所が、日本ではなくアメリカの中西部という設定だからです。若くて威勢の良いアメリカ人女性は、誰かを怒らせたとしても、あとずさったりはしません。むしろ前に出るでしょう。そしておじいちゃんの隣に座り、おそらくは手をおじいちゃんの膝《ひざ》に置いて「怒らせるつもりはなかったの。ごめんね。許して」と言うでしょう。

人に近づいて、体に触れることは、その人を安心させようとするジェスチャーなのです。シェリーは、悪気はないのだと伝えておじいちゃんを安心させようとしているところです。日本では、こんな場面で突然しゃしゃり出たら、相手をもっと怒らせるか、あるいはさらに誤解され、攻撃をしに来たと思われてしまうかもしれない。日本では自分を否定し、自分を小さくし、場の中心から外れ、遠ざかることで、謝罪の気持ちと自責の念を示すのです。これは無私の心を示し、注目が自分ではなく相手に集まるようにしていることを示すための一つの方法です。

日本ではその「無私の心」は、他にもさまざまに形を変えて姿を現します。日本人が愛他的であることは、いまや世界中に知れ渡りました。ひょっとすると、よその国の人も、真似してみようと思うようになるかもしれません。二〇〇五年にニューオーリンズでハリケーン・カトリーナが発生した際に、もしもアメリカ人が日本人と同じように振る舞っていたら、災害後に見られた「我も我も」の利己主義や、略奪や暴力も発生しなかったことでしょう。

無私の心のとる形態の一つに、英語で言う「reticence《レティセンス》」があります。和訳すれば、無口、控えめ、遠慮です。日本人のなかには、この性質を発揮しすぎてしまう人もいて、何が言いたいのか、何がしたいのか、わからないことがよくあります。ぼくはときどき日本の人に「一体何を言おうとしているのか⁉」と言いたくなってしまいます。日本人が口下手なことは、世界中に知れ渡っています。たしかに日本人同士で話すときはそれでもいいかもしれません。でも、よその国の人とコミュニケーションをとるときには、もう少し自己主張して、話し上手になってほしいものだと思う。

その逆に、日本語を話せるようになりたいと思っている外国人は、得です。口ごもったり、あとが続かず黙ってしまっても問題ありません。単語の羅列だけでしゃべっても大丈夫。それでも、実は日本語をあまり上手に話せないということに気づかれはしません。

日本に来たばかりのころは、ぼくもまだ、日本語にした英語をしゃべっていました。つまり、自分が言いたいことを英語で考え、そのまま日本語に直訳していたのです。でもしばらくすると、日本語の場合いくつかの選《え》りすぐりの単語を使うだけで、十分に説得力のあるしゃべり方ができることに気づきます。たとえば日本人の知人に、今日は奥さんはどちらにと聞かれたら「あの、家内はちょっと……」。すると相手は「あ、そう」と真剣な表情で頷《うなず》きながら言いました。また別の知人に、なぜ日本が好きなのかと聞かれたときは、長い説明のかわりに「まあ、なんとなく」と答えました。

英語では、このような答えでは通じないでしょう。もっと明確で詳細な説明が求められます。日本人が外国で誤解される理由の一つはこれです。日本人には自分の気持ちや欲求を理屈っぽい言葉で説明する習慣がありません。

ルーシーちゃんにキュッ

ほかにも、英語で言う「a person of few words（寡黙な人）」であることが日本では美徳とみなされ、それが何かの役に立つこともある、ということを実感する機会がありました。といっても、寡黙な「人」ならぬ寡黙な「子」の話なのですが。

一九九二年のはじめ、美山町《みやまちょう》の樫原《かしわら》に住むようになってからわずか一年ほどしか経っていなかったけれど、ぼくらはその新しくて美しい家と土地を売り払って、シドニーに引っ越すことになりました。子供たちは、きょうだい同士では日本語、というか京都弁を使っていました。英語はあまり得意ではありませんでした。親としては、子供たちに英語の読み方を教えようと、補助教材を使ってみたりイギリスから本やビデオを取り寄せたりしてみましたが、やはりネイティヴスピーカーなみに英語を理解させるためには、教育自体を英語で行っている学校に通わせるしかない、ということに気づきました。

それで、シドニーに引っ越すことを決めたのです。ぼくらはシドニーに住むのは初めてだったけれど、一九九四年一二月までほぼ三年間そこで暮らしました。スーザンは起業し、オーストラリアの医療器具と医療のノウハウを日本に輸出するビジネスを始めました。ぼくは、自宅で執筆活動を続けました。この間、スーザンが日本に一四回も出張しなければならなかったので、ぼくは主夫として、四歳から一〇歳までの四人の子供たちの面倒をみることになったのですが、それが実はとても楽しかった。あれほど人生の幸せな時期はなかったのです。

でも一九九四年一二月になると、ぼくらは日本に戻ることを決め、東京に一年ほど住んだあと、京都に引っ越しました。しかし、京都に移るまでは、何とかして末っ子のルーシーを預ける保育園を見つけなければなりませんでした。スーザンはまだ会社の経営を続けていたし、ぼくも毎日原稿を書いたりしていたからです。でも、近所の保育園は日本語を話せない子供は入れてくれないという。ところがルーシーは、ぼくらが前回、つまり一九九二年に日本を離れたときにまだ二歳半だったので、うちの子供でただ一人、日本語を話せなかったのです。

ルーシーの父親は、つまりぼくのことですが、「五つの単語でペラペラ」というユーモアのきいた記事で、日本語をペラペラ話せるように見せたければ、五つの単語さえ知っておけばよい、と書いていました。しかし問題は、ルーシーが日本語の単語を、その「五つ」さえも知らないということでした。そこでぼくは、「入試」に合格するために、たった一つの単語で面接をのりきる方法を考えました。

「ルーシー、はい、と言ってごらん」

「はい」

「よろしい。こんどは、自信を持って、勢いよく短めに、はいっ！　と言ってごらん」

「はいっ！」

「よろしい。じゃあ、こんどは笑顔で」

「はいっ！　はいっ！」

「素晴らしい！　じゃあ、面接のときは、パパがお膝の上にのせてあげます。パパがルーシーのおしりをつねったら、はいっ！　と言うんですよ。わかりましたか？」

「はいっ！　はいっ！」

面接の日がやってくると、ぼくはちょっと緊張してきました。本当に計画通りにいくか自信がない。尻《しり》が割れたらどうしよう？

保育園の面接会場に、手をつないで入っていきました。園長の男性と、女性の先生が二人、長机のむこうに座っており、こちらには椅子が一つだけ置いてある。ぼくはその椅子に座り、ルーシーを膝にのせました。まず園長が口を開きました。

「こんにちは」

「こんにちは」とぼくが言いました。ルーシーは沈黙を守りました。

「ルーシーちゃん？」

園長がまた口を開き、こんどはルーシーに声をかけました。

ぼくはルーシーのお尻をつねりました。キュッ。

「はいっ！」

「ルーシーちゃん、日本語がわかるの？」

キュッ。

「はいっ！」

「保育園に入りたいの？」

キュッ。キュッ。

「はいっ！　はいっ！」

「ああ、日本語がお上手ですね」

ぼくはうっかり、もう一度ルーシーの尻をつねってしまいました。キュッ。

「はいっ！」

みんなが笑い……そして、ルーシーは保育園に合格した。

日本人は間違いなく、くどい言い訳をする人が嫌いです。黙って頭を下げるほうがずっと良い。それにピッタリの英語は「self-effacement《セルフ・エフェイスメント》」です。この単語はふつう「控えめの態度、出しゃばらないこと」などと訳されます。しかし「self-effacement」にはもっと深い意味があり、その内容はとても日本的です。この言葉の一部はラテン語からフランス語経由で英語に入ってきたもので、「self」はもともとドイツ語で自己、自分という意味ですが、「e」は外、「face」は（この場合は）顔を意味する、どちらもラテン語源の部分で、二つがあわさって「efface」になると、消去する、消し去るという意味になります。したがって「self-effacement」は自分を「efface」すること、つまり人目につかないようにする、目立たないように振る舞うという意味なのです。おそらくこの説明で、「self-effacement（控えめで目立たないようにすること）」という言葉が、日本的な「無私の心」を表現しているとわかってもらえたでしょう。

日本語には謙虚さを表す言葉が数えきれないほどたくさんあり、またそれが使われる頻度も、たとえばヨーロッパの諸言語よりもかなり高い。「自慢じゃないですけど」、「微力を尽くして」、「不勉強で申し訳ないですけど」、「つまらない物ですが」、などなど。日本では受賞スピーチなどを「わたくしのような者が、皆様の前で」といったフレーズで、いわば自分が受賞することへの言い訳から始めるのは、一般的なことです。たいていの欧米の国では、受賞スピーチでそんな謙虚な言葉を使うと、聞いている人に、あの人は賞をもらえるようなことをしなかったんだな、と思われてしまうかもしれません。

日本で一番嫌われるタイプは、自慢屋、英語で言えば「blow their own trumpet（手前味噌《みそ》を並べる）」する人です。功績をあげた本人は、つねに謙虚でいるほうがよく、褒《ほ》め言葉は他人にまかせ、もしも面と向かって褒められた場合は、すべて否定するのがよい。もちろん、あまりにも謙虚すぎると、かえって怪しまれることもあります。「卑下も自慢のうち」という言葉がある通り、口先だけで、さも控えめであるかのようなことを言う人には気をつけなければなりません。

「遠慮」は、英語では「reserve」にあたり、日本人の特徴としてよく知られているものですが、ぼくがここで述べてきた内容に関連する言葉でもあります。日本語の「遠慮がち」には、英語の「reserved（気持ちや考えを言葉にしないこと）」だけでなく、謙虚さ、慎み深さという意味も含まれています。つまり「reserve」は日本では謙虚さをも表すのです。

正当性を主張する欧米人、譲り合う日本人

でも人というものは、ときには遠慮してはいけないこともあります。たとえ他人の自由を侵害するように見えることでも、自分の意見や要求を言うべきときがあります。そのようなとき、日本人はどうするのだろう？

ずっと昔に、ぼくが「毎日デイリーニューズ」で働いていたころの同僚に、日本に長いこと住み日本語も流暢《りゅうちょう》に話せるアメリカ人女性Sさんがいました。彼女はこの国での暮らしを楽しめず、結局は帰国してアメリカのニューイングランドに住むようになりました。彼女がこの国の生活を楽しめなかったのは、日本人を嫌っていたからではありません。それどころか、彼女には日本人の友人がたくさんいました。彼女が不幸だったのは、この国では人々がアメリカとは違う方法で自己表現をするという事実に、最後まで気づかなかったことです。その問題がよくわかる例を一つ紹介しましょう。

一九九〇年代まで、日本では至るところで喫煙者がタバコを吸っていました。電車でも、職場でも、学校でも、飲食店でも、周囲の人の健康などおかまいなしに。日本は男性の三分の二がタバコを吸う、喫煙天国だったのです。その「毎日デイリーニューズ」の同僚は、タバコの煙が大嫌いで、どこへ行っても喫煙者を避けようとしていました。

彼女はある日、カンカンに怒って出勤してきました。

「どうしたの？」とぼくは聞いた。

「ひどい目にあっちゃって」

の」

「駅のホームで、隣にいた嫌な男が、タバコを吸い始めて、その煙が私の顔を直撃した

「おやまあ」

「君が別の場所に行けばよかったのに」

「別の場所に行くですって？　なんでよ？　なぜ私が動かなくちゃいけないの？　タバコを吸ってたのはあの男のほうなのに」

「じゃあ、どうしたの？」

「タバコを吸うのをやめてと言ってやったわ」

「へえ、それでその人はタバコを消したの？」

「いいえ。何を言われているのかわからない、みたいな顔で私をぽかんと眺めてるだけだったわよ」

「ふうん。君はなんて言ったのさ。日本語を間違えたんじゃないの」

「間違えてないわよ、ロジャー！　私ははっきりと、すみませんが、煙がそちらのほうへ行くようにタバコを吸ってくださいませんか？　って、敬語まで使ったのよ！」

彼女がその男性に言ったのは、確かに文法的には正しい丁寧な日本語でした。だがそれでも、その男性は彼女の言葉を理解できなかったらしい。いや、もしわかっていたら、なんて押し付けがましいやつだと思ったかもしれません。

ぼくの同僚Sさんが言ったことの、何が間違っていたのだろう？　間違っていたのは、

相手に対していきなり要求をつきつけたことなのです。ぼくは彼女にこう言いました。「すみませんが、タバコが苦手です、って言えばよかったんだよ。そうすれば話の焦点が、君の弱点のほうに移るから、むこうもきっと謝って、タバコを消してくれたと思うよ」

「なぜ私がすみませんとか謝らなくちゃいけないのよ。謝るべきなのはあいつのほうでしょう。煙をあたり一面にまき散らしてさ。私は悪くないわ」

ああ、とぼくは思いました。そこが問題なのだ。ぼくら欧米人は自分の正当性にこだわりすぎる。自分は悪くない、と。たいていの場合、日本人は誰が悪いかは気にしていない。問題をできるだけ穏便に解決したいだけなのだ。そして、ものごとを穏便に解決する最善の方法は、両者が謙虚に、もっと欲を言えば、控えめになることだ、と考えている。ぼくが本節の見出しで「譲り合い」という言葉を出したのも、このようなことを思い浮かべてのことです。Sさんは日本語を使うならば、控えめなやりかたで自己主張するべきでした。相手に譲歩し、逃げ場を与えてやれば、タバコを消す気になってくれたかもしれないのです。

日本独自の「気配り」とは

このような謙虚さはきわめて日本的な特徴で、それはさまざまな行動に形を変えて姿を現しますが、そのなかの一つに「気配り」というのがあります。それは、他人の要望や関心を敏感に察知すること、という意味です。

たとえば、友人の家でごちそうになる。そのとき友人が、ぼくが特に気に入りそうな皿をわざわざ選んで料理を出してくれることの、なんと多かったことか。また、友人の出産祝いに、赤ちゃん用の子供服を贈るとする。その数ヵ月後、あるいは何年も経ったあとにぼくらがそのお宅に遊びに行くと、お母さんが赤ちゃんにその服を着せているのです。スーザンも子供が生まれるたびに、日本の友人からたくさんの素晴らしい子供服のプレゼントをもらいました。そして、その人たちに会うときは子供に必ずそれを着せるようにしていました。ぼくの知っている外国では、こんな習慣はありません。

さっきの「毎日」の同僚とは違って、スーザンは日本にすっかり溶け込んだのです。そして、スーザンは日本的に振る舞ったからといって、自分の個性が犠牲になるなどとは考えていません。

一期一会《いちごいちえ》という美しい言葉があります。フォーマルな表現ではあるけれど、そこには気配りという意味も含まれています。ご存じのように、この言葉はもとは茶道の言葉でした。一度の出会いが、つかの間のものであり、大切なものであることを強調したものです。次に会えるのは、いつになるかわからないから、この出会いを大切にしようという意味です。

この、出しゃばったり自己主張しすぎたりしないようにするという日本人の気質は、ほかのさまざまな場面でも見られます。日本にいる外国人教師のほとんど全員が、日本人の学生は授業中に質問をしないと言います。ぼくは東京工業大学で一〇年以上も教えていましたが、その十何年のあいだに、授業で質問をしてきた日本人学生の数を数えたら、両手の指の数におさまってしまうでしょう。東工大は学生の一〇パーセントぐらいが外国人ですが、授業中に手が挙がったら、その手はほとんどの場合、中国、ベトナム、韓国、ヨーロッパからやって来た手なのでした。そして授業が終わると、日本人の学生が教壇のところにやって来て、ぼくが黒板を消しているあいだ、質問を浴びせてくるのです。彼らは、自分が自己主張が強いとか反抗的とかいう印象を人に与えるのは嫌だ、教室で質問するのは恥ずかしい、と思っているに違いありません。

日本の雑誌や新聞によくある「対談」も、日本人の自己主張を避けようとする特徴が現れたものの好例です。対談の「対」には対決するという意味もあるし、対談のタイトルにも「○○先生 vs.××先生」のように、「versus《ヴァーサス》」（ラテン語で「対決」）」を表す「v」の記号が入っていることが多いけれど、対談とは実際には、二人の、ほぼすべての話題についてほぼ同意見の人間のあいだで行われるものなのです。対談を読んだときに、意見のまったく一致しない人が登場していることは、きわめて稀《まれ》です。

日本の対談で重要なことはただ一つ。それは「意見の一致」です。対談はたいてい、とても友好的な雰囲気で始まります。○○先生が××先生の書いたものを褒めて、××先生が「いえいえ」と言う。××先生が○○先生の取った文学賞を讃《たた》えるので、○○先生が「いや、まったく思いがけないことでした」。

次に○○先生が、ある話題に関して何か意見を述べる。××先生の最初の反応は「なるほど。おっしゃる通りだと思います」。賛成していようがいまいが、そう言うのです。やがて××先生が「しかし……」と言ってから、自分の意見を述べる。それは○○先生の意見とはほんの少しだけ異なっているかもしれない。「しかし」と言う前にどれだけ○○先生に好意的なことを言うかは、××先生が○○先生に感じている敬意の量によって決まる。

××先生の意見を受けて、○○先生は「なるほど、そう言われてみるとそうかもしれません」と言う。これは、あらゆる言語で発明された、いかなるフレーズのなかでも、最も無意味なものの一つでしょう。ぼくは対談を翻訳するのは絶対にいやです。発言の大部分は、控えめであることを示すための決まり文句の羅列なのだから。

自分を捧げる日本人の「サービス精神」

これらのことを考えると、ぼくの頭には、日本人の暮らしのなかで、最もうらやむべき側面の一つであり、世界中の国からもっと理解され、真似されるべきだと思うことが思い浮かびます。それは、日本人の「サービス精神」のことです。

日本のサービスが世界で最高であると言ったのは、なにもぼくが初めてではありません。日本の人にはぜひ、世界中の国に行って、礼儀正しくかつ効率的にサービスを提供するやりかたを教えて来てほしいものです。

日本の礼節とサービスの文化は、間違いなく、この国の国宝の一つです。ぼくは二〇〇七年にシドニーと東京を往復したときに、この国のサービス文化とよその国のそれとの違いを痛感させられました。

いまでは読者のみなさんのほとんどが、液体、ジェル、エアゾールの機内持ち込みに関する規則をご存じでしょう。ぼくも知ってはいたけれど、酒は例外だろうと勘違いしていました。まあ、規則が施行されてから間もなかったから仕方ないのですが。ぼくは東京都内で買った七五〇ミリリットルの酒瓶を二本、機内持ち込みのバッグに入れていました。

ご想像の通り、成田空港でバッグがX線の機械を通過したところで、税関職員の、若い女性二人がぼくに、荷物を開けるように言いました。

「この瓶の中身は何ですか？」と一人が質問した。

「ああ、酒です」

「すみません」と二人は言った。「これは機内には持ち込めないんです」。

「ああそうでしたか、すみません」とぼくは言った。「知らなかったもので」。

すると女性の一人が微笑んで言った。

「あの、搭乗までにまだ時間がありますよね。いったんセキュリティの外に出て、このお酒を預け入れ荷物にしてはどうですか？　それなら問題ありませんから」

ぼくはシドニーに行くときは、荷物を預けないことにしているし、到着してから荷物のせいで待たされるのもいやでした。

「ご親切にどうもありがとう」とぼくは言った。「でもこの瓶はここに置いてきます」。もう一人の女性が、気の毒そうな顔をして、

「ああ、本当に残念ですね！　すみません」と言った。

そもそも、悪かったのはぼくなのに。ぼくはすがすがしい気分で、出国審査に進みました。税関職員のほうが謝ってくれるなんて。

さて、この話には、帰り道の不愉快な経験がセットでついてきます。

シドニーからの帰り道で、ぼくはもちろんシドニー空港のセキュリティ・チェックを通りました。今度は規則にひっかかる可能性はないと自信がありました。機内持ち込みのバッグには、食品の入った小さな瓶が二つあるだけで、どちらも液体ではない。一つはドライ・トマトの瓶、もう一つは、ビーツのピクルスのみじん切りが入った瓶だ。東京に戻ったら、親友の家で夕飯を作る予定になっていたので、そのときに使うつもりだったのです。その親友とは、東京都大田区の仲六郷《なかろくごう》に住んでいる、素晴らしい翻訳家で作家の柴田《しばた》元幸《もとゆき》さんです。

ぼくはシドニー空港でも、バッグを開けるように言われました。チェックにあたったのは若い女性が一人と、若い男性が一人です。女性はぼくの瓶を持ち上げると、さげすむような表情で「こんなもの飛行機に持ち込めないわよ！」と言った。

「え、本当ですか」とぼくは言った。「どうもすみません。でも大丈夫だと思ったんで

すがね。だってこれは……」。

「それが、大丈夫じゃないの」と彼女は言って、二つの瓶をカウンターにガチャンと置きました。

若い男のほうが、ビーツのピクルスの瓶を持ち上げると、首を振って、ばかにしたような目でぼくを見ました。ぼくは赤面し（ビーツ色ではなかったかもしれないが）頭を下げました。日本での長年の暮らしで身についた動作でした。

するとと若い女性が驚くようなことを言った。

「食べなさいよ」

「え、なんですか？」

「食べたいならここで食べなさいよ」

二人の若者は、ニヤニヤしながら目配せしあった。

「いえ、結構です。悪いけど、そういう気分じゃないので」

ぼくはまた頭を下げると、バッグを閉めて前に進み、明るい免税店のあいだを、ぼんやりとした頭で歩いていました。

シドニーで受けた扱いは、とても後味の悪いものでした。もしぼくが観光客だったら、この国は二度と来る価値のない国だと思ったでしょう。税関でひっかかった体験という意味では東京とまったく同じだし、東京ではそうなったことに感謝すらしたのに。

日本人が良いサービスを提供できるのは、単に「お客様は神様」と思っているからではありません。言葉だけなら英語にも似たようなフレーズがあります。それは「The customer is always right.（客は常に正しい）」で、考え方としては、あなたがお客さんに誠実であれば、お客さんもあなたに誠実であるだろう、というものです。しかし、日本人がお客さんに礼儀正しく接するのは、何かを買わせるためではなく、礼儀正しさがサービス精神の基本だからであり、日本人がそもそも、サービス精神を発揮することを含め、勤勉で誠実であること自体を、自分たちの義務と考えているからです。

日本では、スーパーマーケットで買い物をしているときも、店の人に砂糖や、コーヒーや、漬物やせんべいの場所をたずねると、作業の手を止めて案内してくれるのでいつも感激してしまいます。よその国なら、ぼくが買い物をした経験のあるどの国でも、期待できる最高のサービスは、店員がぞんざいにどこか指さして「あっちです」とか「五番の通路です」とか言うだけというのに。

ぼくらが京都で最後に住んだ家は、北区小山下花ノ木町《こやましもはなのきちょう》にありました。昭和初期に建てられたもので、紅葉の木と大きな石灯籠《いしどうろう》のある美しい中庭がありました。もっと正確に言うと、我が家はビブレの駐車場の真向かいにあったのです。この家は「ビブレ」というスーパー兼デパートの入ったビルの後ろにありました。

その駐車場には、一日中車が出入りしていたので、スーザンが家から車をバックで出そうとしても、なかなか出せないことがありました。でも、スーザンがバックで出ようとすると、制服を着て帽子をかぶった駐車場係の中年男性が、すぐに駐車場に出入りする車を止めて、「いってらっしゃい！」と手を振って、スーザンを安全に送り出してくれました。

二〇〇一年に、小山下花ノ木町からシドニーに引っ越すことが決まると、ぼくらは駐車場係の人にも挨拶《あいさつ》に行きました。

「やー、寂しくなっちゃうわ」と彼は言った。

ぼくらは彼にお辞儀をしましたが、なんだか親しい友人と別れるような気分でした。

サービスとは、人に何かを与えることではなく、人のために自分を捧げることなのだ。ぼくはそれを日本で学びました。

12 銀河系を自らの中に意識せよ

「反逆精神」から生まれる、日本独自のオリジナリティ

世界でもまれな創造性に気づかない日本人

「日本人にはオリジナリティがないです」

これは友人の日本人ジャーナリストが、数年前の夜、あるおでん屋でぼくに言ったことです。実は、それと同じことを言う日本人を、ほかにもよく見かけます。

これを聞いたぼくは、対談のように礼儀正しく「なるほど、確かにその通りですが……」とか言うべきだったのかもしれません。でもぼくはちょっと怒って、そのおでん屋ですごくうまい地酒を飲んでいたせいもあって、「なにゆってんの！」と言ってしまった。

日本人について言えることが一つあります。それは、世界の国々のなかで最も、自分たちの創造性に気づいていない国民だということです。日本人にオリジナリティがない

とか、日本は物まねの国だというような神話は、いつから始まったのでしょう？　日本人のなかには、褒《ほ》めるつもりで、自国の国民はものを「改良」することに長《た》けていると言う人がいます。でも、日本人はよその国で発明されたものを改良することだけが得意だ、という発想なら、「物まねの国」の神話をちょっと体裁良く言っているにすぎません。

その神話が始まったのは現代になってからで、明治時代という、進歩にはさまざまな形の欧米文化がつきもの、と考えられるようになった時代でした。日本美術の大部分は「無用の長物」と考えられるようになり、もし欧米の芸術家や研究者が熱心に活動しなければ、日本の美術品や工芸品の最高傑作のなかにも、消滅していたものがあったでしょう。明治時代の芸術家が必死で西洋美術を吸収しようとする一方で、欧米の芸術家の多くが、ヴァン・ゴッホ、モネ、ルノワール、ホイッスラーのような一流画家も含めて、日本美術に魅了されていたのは、皮肉です。

小泉《こいずみ》八雲《やくも》という日本名で知られるラフカディオ・ハーンは、一八九〇年に横浜に到着し、日本で一四年間を過ごした、ギリシャ系アイルランド人のジャーナリスト兼作家ですが、彼は、この流れを反転させるのに一役買いました。彼は日本の文化のなかで尊敬される存在となっていますが、その原因は、その役割を果たしたことに負うところが大きいと思います。

八雲が一九〇四年に亡くなったとき、彼は日本ではほとんど知られていませんでした。また、アメリカでは日本人の生活と日本文化の紹介者として高い評価を受けていましたが、日本の外国人コミュニティでは軽蔑《けいべつ》されていました。彼は、怪しい不適応者、自国の伝統を捨てて日本人になってしまった裏切り者とみなされていたのです。

ところが日本が日露戦争に勝って誇りと自信を取り戻し、急激なスピードで工業化を実現させていくうちに、日本人は伝統文化を見直す時間と落ち着きを取り戻しました。彼らは欧米諸国に対して、ヨーロッパだけでなく日本にも、独自の魅力的な伝統やしきたりや文化遺産があることを示したいと考えるようになりました。

そんなとき、なんという巡り合わせでしょう、日本には小泉八雲の一連の著作があり、しかもそれが英語で書かれていたおかげで、日本文化の復興は大いに助けられたのです。こうして八雲は、日本人の魂を、深いところまで本当によく理解している外国人として、いわば王冠と王座を与えられたような地位を得ることになりました。ところが皮肉なことに、日本が国粋主義に傾きはじめ、アジアで軍事力を誇示しはじめるようになると、欧米は日本がラフカディオ・ハーンの著作を領土拡張政策の弁護に利用していると考え、彼の著作に警戒心を抱くようになってしまいました。つまり「八雲」が有名になる一方で、「Hearn」の人気は衰え、だんだん忘れられるようになっていきました。

それがオリジナリティと何の関係があるのか？

あらゆる意味で関係があります。なぜなら、一国のオリジナリティとは、基本的にはその国の過去のあらゆる文化を再発見、再発明、再創造することから始まるものだからです。かたくなに自国の内部だけで再生産を続けようとする国よりも、外国の思想や文化をすすんで受け入れる国のほうが強いことは、言うまでもありません。日本にもとからあった文化は、韓国、中国、ロシア、西ヨーロッパ、アメリカの影響を吸収することでさらに豊かなものとなりました。しかし、一国の文明の基礎となるのは、その国の土着の文化なのです。

日本が外国文化を吸収する際には、単なる物まねなどはしませんでした。そういうときは、外国文化を深く、ときには自国の文化を忘れるほど学んだのです。平安時代の日本人などは、唐代の文化にあまりにも深く親しんでいたので、中国人よりも中国的になっていたほどです。明治時代の芸術家や作家には、ヨーロッパ文化に傾倒するあまり、日本人を嫌悪するようになった人も少なくありませんでした。そして第二次大戦の戦後世代がアメリカ化したときには、多くのアメリカ人と同程度かあるいはそれ以上に、アメリカの物質文化を愛する人々が現れました。このように、日本人は吸収の名人なのですが、それは当然ながら、単なる物まね屋ではないかと疑われる事態を招くことにもなります。

しかし日本が外部のものを吸収する時期は、やがて完全に日本的なものを創造するまでの過渡期にすぎません。外国からの影響は日本人の精神の深い部分にまで染みこみ、それが再び表面に顔を出すときには、すっかり日本固有のものに変身しているのです。

日本のオリジナリティは、「吸収」しつくしたあとに現れる

多くの日本人が日本にはオリジナリティがないと思ってしまう理由がもう一つあります。それは、真の創造力を生み出すのが、反逆者、因習の破壊者、社会に適応できない人、奇人、アウトサイダーだからということです。このような人たちは、どんな国のどんな社会でもあまり歓迎されません。日本社会のように、公《おおやけ》の場で行動規範や礼節を守ることが、社会の和を保つための重要な要素であると考えられているような社会では、なおさらです。日本人には反逆者、因習の破壊者、社会に適応できない人、奇人、アウトサイダーを尊敬し、好む傾向さえありますが、しかしそれもたいてい、その人たちが年を取って正統派になったり、お墓に入っておとなしくなってからに限るのです。

英語の「iconoclasm《アイコノクラズム》（偶像破壊、因習を打ち破ること）」は面白い言葉です。一般的な英語として使われるようになったのは一七世紀のことです。語源はギリシャ語で、冒頭の部分は聖像、偶像という意味、その次の部分は壊すという意味です。「iconoclast（偶像破壊者）」は、既存のイメージや考え方を、間違った、迷信的なものであると考え、それを打ち壊す人のことです。日本の歴史にはそのような創造的な偶像破壊者が大勢います。

ぼくはどうやら、偶像破壊者、つまり現状に満足せず、未来に「現状」となるものの創造に全力を尽くす人たちに、ひかれる傾向があるようです。本物の偶像破壊者たちは、ただ破壊的なのではありません。彼らは確かに古い偶像を壊すけれど、それがもはや無

用の長物、抑圧的な権威の象徴になってしまったからです。しかも、彼らは壊した絵の代わりに、自分自身で描いた新しい絵を壁にかけるのです。

ぼくの心の「日本ギャラリー」には、そんな偶像破壊者たちによって描かれた絵がたくさんあります。葛飾北斎《かつしかほくさい》のような芸術家、坂口安吾《さかぐちあんご》や宮沢賢治《みやざわけんじ》のような作家、早川雪《はやかわせっ》洲《しゅう》のような俳優、南方熊楠《みなかたくまぐす》のような民俗学者や高峰譲吉《たかみねじょうきち》のような科学者。これらの人々は皆、卓越したオリジナリティを持った創造的天才です。そして、それぞれの個性がありながらも、彼らの芸術や科学に対する姿勢は、きわめて日本的でした。

ぼくは、なぜ葛飾北斎の名前が世界中に知られていないのかと不思議に思うことがよくあります。彼は明らかに、ヨーロッパの巨匠たちにひけをとらない偉大な芸術家です。ところが、欧米では普遍的な価値を持つ美術といえば、いまだにヨーロッパ美術がその地位を守っており、日本美術は特殊でエキゾチックなものとしかみなされていません。

二〇〇五年の秋に、上野の東京国立博物館で大規模な北斎展がありました。ぼくは展示を夢中で眺め、三時間近くも会場にいました。この、生涯で三〇もの別名を使った芸術家の作品は、色使いも素晴らしく、描写力も見事で、しかもとても愉快で、いま見てもきわめて前衛的で、実に多様で、また、さまざまな国（中国、フランス、オランダなど）の影響も受けています。会場から出てきた瞬間に、上野公園の公衆電話に走って行き、息を切らせたままシドニーにいるスーザンに電話をかけ、日本語でこう言いました

（ぼくらはよく日本語で会話をする）。「日本に来てよかった！」。

北斎にはすべてがあります。馬鹿げたものからグロテスクなものまで、ありふれたものから壮麗なものまで。下品なものから詩的なものまで。ヨーロッパの画家は肖像画、風景画、宗教画など、どれを描いても、扱う主題は一つか二つに限られていることが多い。また、数は少ないけれど、レンブラントやブリューゲルのように、ありふれた人間の日常の光景を描いた画家もいました。しかし、ヨーロッパでは北斎ほど多様な主題と手法で作品を描いた画家はいません。だからこそ彼は最高に日本的なのです。日本の芸術の特徴は、こうだ、これが正しいやり方、というようなものが特にないことです。あらゆるものが、つぎはぎされ、吸収されます。そして、そのすべてが、新しい芸術への試みの一部になります。

本来、欧米人は一貫性や対称性にこだわります。でも、日本の芸術とは、多様なテーマを、スタイルをごた混ぜにして表現するものです。外部からの影響を受け入れる日本の姿勢は、ときには、日本の芸術家を「物まね」や「改良家」のように見せてしまうこともあるでしょう。でも、それは創造の過程における、単なる通過点にすぎないのです。外からの影響がすべて吸収されたあとには、独創性のある素晴らしいものが生み出される。日本のオリジナリティは、このような形で生まれるものなのです。

坂口安吾はぼくらに、ぼくらの文化の基盤は物質ではないということを教えてくれます。それは人々のなかにいつもあり、状況の要請があればいつでも、力強くオリジナリティのあるものとして姿を現します。彼が残した座右の銘の一つに「あちらこちら命がけ」というのがあります。彼は物を所有することを嫌い、結婚するまでは、服と身の回りの必需品だけを入れたトランクで暮らしていました。彼の情熱と内在する想像力が、彼の本当の財産だったのです。この姿勢は北斎にも共通しています。北斎のほうは食器すら持っていませんでした（食事はすべて出前だったようだ）。北斎も、安吾のように、流行が嫌いでした。

日本の「失われた三〇年」について考える際には、安吾の『悪妻論《あくさいろん》』の言葉を思い出すのがいいでしょう。

「みんなインヘルノへ落ちるものにきまつてゐる。地獄の発見といふものもこれ又ひとつの近代の発見、地獄の火を花さかしめよ、地獄に於《おい》て人生を生きよ」

英語の「inferno」（インヘルノ）は大火という意味ですが、語源はラテン語の、地面の下という言葉です。つまり「inferno」は地獄そのものを指しています。ある意味においては、人間は誰もがいま地獄に落とされています。そこから生き返ることができるかどうかは、どうやって火を花に変えるかにかかっています。

日本の独創的創造者たちに共通の「負けん気」

ぼくは長年にわたって、宮沢賢治の物語や詩をいくつも翻訳し、彼に関する記事を書いてきました。でも彼のことを考えるときに思い浮かべるのは、彼がこの世における自分の位置づけをどう捉《とら》えていたかを雄弁に物語る、ある一つのイメージです。それは一本の木と、水滴からなるイメージです。

何と云われても
わたくしはひかる水玉
つめたい雫《しずく》
すきとほった雨つぶを
枝いっぱいにみてた
若い山ぐみの木なのである
（「みてた」は「みちた」の意）

なんと見事な発言でしょう。最後が「である」で結ばれているので、まるで彼が、私は山ぐみの木ですと公式に宣言しているかのようです。

賢治は自らを、森羅万象のなかの小さな一部であると考えていました。国家の最大の目標が、経済成長と国力の増強であった時代に、賢治は二一世紀のぼくらに向けてメッセージを送っているのです。自然を破壊しないよう、自然の力を利用せよ。経済的に繁栄するのはもちろん良いことだが、それを、すべての人の幸福を守るような形でするように。進歩といっても、すべての人間に対する思いやり、自然環境への愛情を忘れないように、と。

先ほどの詩の最初の一行には賢治の心がよく表れています。彼は自分が社会の常識に反していることも、変わり者で不適応者だと思われていることも百も承知です。だが彼はそんなことは気にしていない。ある時代の社会に溶け込めない人は、別の時代では、正気と創意工夫の象徴になるかもしれないのです。賢治が「雨ニモマケズ」と言うときの雨とは、ぼくらに向けて自然が、あるいは人間が、つきつけて来るあらゆる困難を指しているのです。

ぼくはこれまでに、このような日本人たちが、自分の才能を結実させるまでどのように闘《たたか》ったのか、そして彼らに共通する資質は何かを探ってきました。共通点にはもちろん、自分自身を、自分の才能を信じること、そして時代の流行に流されないことがあります。真にオリジナルなものを創造する道は、決して平坦《へいたん》ではありません。

こういった日本の独創的な創造者たちは、ぼくが日本人の国民的性質だと考えている、ある要素も持っていました。それは英語では「strong-mindedness, fight」、日本語で言えば「意志の強さ、勝ち気、負けん気」です。彼らは自分の芸術や科学を死ぬまで実践し続けました。ことに北斎と賢治にはそれがよく当てはまり、彼らはいつも、自分の最高傑作はまだこれから作るものと思っていたのです。

ここで、逆境にあっても信じられないほどの意志の強さを、それぞれの道で示した、三名の名前をあげたいと思います。それは早川雪洲、南方熊楠、高峰譲吉です。彼らは日本のみならず海外でも、個人で闘いました。日本の若い人は、成功し満ち足りた人生を送る秘訣《ひけつ》を知りたいのなら、トーマス・エジソンやキュリー夫人やピカソについて調べるよりも、この人たちの人生を学ぶほうがはるかに有意義でしょう。

日本の創造性を象徴するこの三名の巨人たちの生涯は、すでによく知られているので、ここで長々と繰り返すことは避けます。ただぼくが強調したいのは、この三人が日本の外で、苦労の末に成功をおさめたということです。しかも、日本人が、いやそれを言うなら非白人ならば誰でもそうだが、海外で仕事に成功し、夢を実現させ、人類に貢献しようとする際にぶつかる障害は、現在よりも昔のほうがはるかに大きかった。

現代の日本の若者は、一言でいえば「insular《インスラー》（内向き）」になっています。この傾向は上の世代によって厳しく批判されてきましたが、現在の日本社会にある無気力と沈滞感を生み出したのは、まさにその、上の世代ではないか。若者を野心がないと非難することで、彼らは実は自分たちの責任から目をそむけているだけなのです。

英語の「insular」の語源は「island（島）」の語源と同じです。ぼくが一九六七年に日本に来たときは、「島国根性」という言葉がごく頻繁に使われていました。さまざまな場面で、国際的ではないことの原因の説明や、言い訳として使われていたのです。そう、自分の地域に外国人が住むのを受け入れられないのは、島国根性のせいなんですよ。そう、外国語をしゃべれないのは、島国根性のせいなんですよ。それは苦しい言い訳だ、とぼくは思いました。よそ者に対して寛容になれないのを、自分自身の不寛容のせいではなく、国民の傾向というような抽象的なもののせいにしたり、外国語を学ぶ努力をしないで、自分が勉強せずに怠けていることを、国民の性格を表す決まり文句のせいにしたり。

現代の日本の若者の内向き志向、孤立感、疎外感は、そのような「島国根性」とは異なります。むしろそれは、希望のなさに起因しているのです。個人がどんなに努力をしても、この社会ですぐに出世し、成功することは不可能だという感覚。自分の先に見えるのは、何年も苦労した挙げ句に、一つの会社に適応することだけなのに、野心などを持って一体何になるのか？　だから若者はテクノロジーに守られた小さな繭《まゆ》にこもって、個人的な充足感を得ることだけを考える。現代のテクノロジーがあれば、旅行などしなくても外の世界を探索することができます。だから、無難な自分だけの繭のなかに閉じこもるのです。

でも思い出してください。繭から成虫が生まれるのだということを。繭はさなぎの殻《から》でもあり、成虫は閉じこめられていたその殻から自然に抜けだし、自力で羽ばたいてゆくのです。もし現代の若者が繭の段階にあったとしても、それは飛び立つための準備なのだと考えようではありませんか。

日本では認められなかった、セッスー・ハヤカワの天才的オリジナリティ

早川雪洲の名前を初めて聞いたのは、母が彼のアメリカでの名前「Sessue《セッスー》」を口に

したときでした。雪洲は、ハリウッドのサイレント映画の時代に、ルドルフ・バレンチノというライバルが登場するまで、主役の二枚目といえばこの人という俳優でした。物腰も柔らかくハンサムで、一時代の若いアメリカ女性の心を震わせ、膝《ひざ》をガクガクさせたのです。彼の唯一の問題点は、相手役になるほとんどのアメリカ人女優よりも背が低かったことです。でもハリウッドにはこれを解決する方法がありました。相手役の女優とのシーンでは、彼を木箱の上に立たせたのです。それで、ほかの映画でも主役に「下駄を履かせる」ことを「to Sessue（セッスーする）」と言うようになり、それが映画の専門用語として定着しました。

　早川雪洲はシカゴ大学で勉強するために日本を出たけれど、大学は中退することになりました。日本に帰る途中、青木《あおき》鶴子《つるこ》という若い女優にロサンゼルスで出会い、ついでに映画プロデューサーのトーマス・インスに紹介されました。青木も雪洲もインスがプロデュースした映画に出演しましたが、雪洲のほうが主役を取るようになりました。そこから彼の映画と舞台を作る、流星のようなキャリアがスタートしました。雪洲は一時はハリウッドの億万長者にもなったけれど、その後ライバルの嫉妬《しっと》やビジネスの共同経営者の裏切りや人種差別によって、すべてを失いました。当時（一九二〇年代）アメリカには反日感情が渦巻いていたのです。おまけに、日本にも敵がいました。彼が初期に出演していた映画を、日本に恥をかかせる「国辱映画」だと非難する人たちがいたのです。

でも雪洲は決してあきらめませんでした。彼はヨーロッパへ行き、舞台で活躍しました。一九三〇年代には一時的に日本に帰国したけれど、戦時中はフランスで、フランスにいるごく少数の日本人の一人として貧しく、忘れられた存在として暮らしていました。戦後になってようやく、ハンフリー・ボガートのおかげでカムバックを果たします。ボガートが彼を「東京ジョー」の共演者に選んでくれたのです。その後は一九五七年に公開されたデビッド・リーン監督のヒット映画「戦場にかける橋」にも出演することになりました。

本来ならば早川雪洲は、日本では国民的な有名人であるべきですが、実際には、マーロン・ブランドやジェイムズ・ディーンの顔は知っているけれど、雪洲の写真を見せられても名前すら言えない人のほうが多いでしょう。これが日本のオリジナリティの特徴なのです。日本には独自性のある創造者がいないわけではありません。むしろ大勢います。ただ、日本人の国民性として、自国民の功績を控えめに言う傾向があるのです。このような謙遜《けんそん》は立派です。ここはアメリカのように、英雄を崇拝する国ではありません。このような謙遜は立派です。しかし、自分たちは謙遜しており、事実を伝えてはいない、と自覚することも必要でしょう。

日本社会には多くの制約があり、また人々は、社会の和のために個性を抑えることが求められるので、表面上はオリジナリティがないように見えることもあります。でもオリジナリティはあるのです。この社会では、自分自身や自分の功績に注目を集めることは、美徳ではないと考えられています。でも本章でぼくが話題にしている日本人の美徳とは、オリジナリティそのものであり、オリジナリティに注目を集める行為ではありません。

早川雪洲は決してあきらめませんでした。彼は俳優としての世界的な才能と、人としての精神的な強さを併せ持つ、天才的な日本のクリエイターであり、現代の日本人が、賢治の、雨にも負けないでというアドバイスを、実践する際の手本となる人です。

創造と発明に命をかけた南方熊楠

日本人のなかでも、最も驚くべき、真に独創的な人の一人で、現代のぼくらにも明確なメッセージを残しているのが、南方熊楠です。一八六七年に和歌山に生まれた彼がなぜ、専門の生物学の分野でパイオニアとなり、またその事実を世界中に認められるようになったのだろうか？　当時はまだ日本が二五〇年間続いた鎖国、つまり日本の科学や技術が欧米に大きく遅れをとる原因となった政策から、まだ脱出しきれずにいるころでした。

彼は、自らのオリジナリティを日本のためだけでなく全世界のために発揮した、オリジナリティの象徴とでもいうべき人物です。彼は「心」と「事」が混じり合うことから現実が生じると考え、その二つがつながっている世界を探求しました。

彼の偉大な功績の一つは、自分の観察し調査したことと、個人的な思いや感情とを結びつけることで独創的な世界観を構築したことです。これは、偉大な科学者ならば誰もがすることで、アルバート・アインシュタインもやはり、現実の真の姿を想像することで、相対性理論を構築しました。科学の進歩と芸術の発明はどちらも、発明者が、与えられた素材（科学では事実、芸術ではアイデアやイメージや音など）をもとに新しい現実を想像し、それを具体的に創り上げる能力にかかっています。

　熊楠はすべての自然の要素を、お互いに依存しあうものと捉えることができました。人間もその要素の一つです。彼のほとんど野性的とも言えるほどに短気な気質は、我慢強い賢治とはかなり異なっていたけれど、二人の科学者は共に、このきわめて賢明な現実観を持っていました。それは現代のぼくらが、ようやく理解し受け入れはじめたばかりのものの見方です。人類を自然よりも上の存在、主人、操り師なのだと思ったりすれば、やがて自然を部分的に破壊し、下手をすると人類を完全に破滅するようになるでしょう。なぜなら自然は生き返るが、人類は生き返らないからです。これに対し、熊楠や賢治の世界観は、きわめて日本的な世界の見方であり、世界に対してプラスの効果を持つ見方、考え方だとぼくは思います。

　熊楠は一八八六年末に日本を出ると、六年間をアメリカとその付近の国々で、そのあとの八年間を英国で過ごし、一九〇〇年まで帰国しませんでした。ぜひ彼の、驚くべき波乱に満ちた人生をくわしく調べてみてください。彼は科学者であるほかに、権威ある科学雑誌に多くの記事を英語で書いた文筆家でもあり、またサーカス旅団の象使いの助手だったこともあります。

でもぼくが熊楠について最も尊敬しているのは、その闘う精神です。宮沢賢治が、大正時代から昭和初期の、社会の不適応者であったように、熊楠はその前の明治時代の社会の不適応者でした。熊楠も賢治も活動家でした。彼らは安楽椅子に座って高説をぶっていたわけではありません。自分の信念にしたがって行動を起こしたのです。オリジナリティという美徳の、もう一つの重要な側面は、オリジナリティが発揮されるのは、ある人物によってそれが行動に移された場合に限るということです。特定の個人が関わらないオリジナリティなどというものは存在しません。南方熊楠とその「行動的なオリジナリティ」についてもう一つだけ紹介しましょう。

一九一〇年八月二一日、熊楠は、和歌山県の林業の「発展」について審議中の役人の会議に押し掛けると、持っていたスーツケースと椅子を役人めがけて投げつけ、彼が愛する森に加えられようとしている馬鹿げた破壊行為に対する反対意見を、激しく訴えました。狂信的？　たしかに。でも、情熱的で献身的です。しかし、「発展」の美名に隠された強欲と偽善とに叛意《はんい》を唱える騒動を起こした結果、彼はどうなったのか？

警察に通報され、「家宅侵入罪」で逮捕されました。でも法廷が彼に科したのは、ただの執行猶予でした。というのも、この和歌山の名士こそが、田舎の県に世界的な名声をもたらした張本人なのだから。南方熊楠は、創造と発明に命をかけた、日本の最も優れた偶像破壊者の一人です。

一八六七年から一九四一年までの彼の人生（亡くなったのは真珠湾攻撃の三週間後）はちょうど、日本の過去千年の歴史で、最も大きい劇的な変化の時代にあたっていました。彼の「三つのエコロジー」（生物と、社会と、人間の心のエコロジー）はぼくらに、科学的研究の基本は自然への愛と敬意であることを教えてくれます。熊楠にとって、目に見えること、頭で考えること、心で感じることは一つのものでした。この現実への総合的なアプローチは、きわめて日本的なものの見方を象徴しています。

日本人の知らない、高峰譲吉の世界的な偉業

ぼくが幼かったころ、お腹が痛くなると、母は「Take a diastase.（ジアスターゼを飲みなさい）」と言ったものです。腹痛を治すために飲んだのは、アメリカでよく知られ、広く使用されていた「Taka-Diastase（タカジアスターゼ）」と呼ばれる製品でした。母は「taka（タカ）」と言うべきところを「take a（テイク・ア）」と言っていたのですが、もちろん「taka」は英語ではないから間違えるのも無理はありません。実は「taka」は日本語であり、この効果的で現在もアメリカで使われている薬の製造法を発明した科学者の名前からとられたものでした。

タカジアスターゼは、麹《こうじ》を生育する過程で作られたジアスターゼ（酵素剤）です。麹は醬油《しょうゆ》や味噌《みそ》を造るときに使われる菌です。ラテン名は「Aspergillus oryzae（アスペルギルス・オリゼ）」で、日本の「国菌」に指定されています。国花ならよその国にもある

が、国菌のある国は日本だけなのではないかと思います。

タカジアスターゼを抽出する方法を発明したのは高峰譲吉です。ぼくが飲んでいるものが日本の科学者に発明された製品だとは、ぼくも母も、思いもよりませんでした。

高峰譲吉は、本来ならばノーベル化学賞を受賞すべきだった日本人の筆頭です。一八五四年一一月に富山県高岡市に生まれた譲吉は、子供時代を金沢で過ごしました。そしてスコットランドのグラスゴー大学（スコットランドは医師や自然科学者を輩出することで有名である）で勉強し、一八八四年にアメリカで開催された綿花博覧会の理事の一人としてニューオーリンズにおもむき、そこで未来の伴侶《はんりょ》となるキャロライン・ヒッチに出会い、バイオテクノロジーの父（あるいは父の一人）と呼ばれるようになるほど、いくつもの重要な発見を成し遂げました。そんな彼の人生の物語は、現代の日本人の伝記のなかで最も魅力的なものの一つと言えるでしょう。しかし、日本の若い人で、この世界的な偉業を達成した人物の名前を知っている人は何人いるでしょう?

譲吉の母は彼の結婚に激しく反対しました。若い夫婦はアメリカで暮らすことになったけれど、妻がアメリカ人であるにもかかわらず、譲吉がアメリカの市民権を取得することは認められませんでした。当時の人種差別的な法律がそれを禁止していたのです。しかも、彼は頻繁に白人による人種差別（それは、非白人が成功を収めた場合には、さらに憎悪に満ちたものとなる）に遭遇していました。嫉妬と人種差別とが組み合わさると、まったくひどいことになります。人種差別主義者は、自分たちの嫌う相手が失敗する姿を見ても、さほど反応はしません。むしろそれによって偏見を強め、優越感を覚えるだけです。しかし自分たちよりも「劣る」人種が成功するのは嫌なのです。なぜならそれは、彼らの歪《ゆが》んだ理論の反証となってしまうから。

譲吉はイリノイ州のピオリアで働いているころ、麹がビール製造に役立つことを知ってもらおうと努力していましたが、労働組合は「東洋人」である彼に好意的ではありませんでした。ビール醸造工場は火事にあって焼け落ちました。証拠はないけれど、おそらく放火だったと考えられており、譲吉はこの火災でかなりの額の財産を失いました。彼は早川雪洲がカリフォルニアで直面していたのと同じ障害に、イリノイで直面していたのです。

このようなハンディキャップがあったにもかかわらず、彼は発見と特許取得の努力を続け、やがて再び成功を収めました。彼とキャロラインは、ニューヨーク州サリバン郡に「松楓殿《しょうふうでん》」という名の日本風豪邸を建てました（サリバン郡は、一九六九年にウッドストック音楽祭の会場となったことで名高い）。一九一二年に彼は資金を調達して三千本の桜をワシントンDCに贈りました。それは現在では日本とアメリカの美と友情のシンボルとして、よく知られるようになっています。

譲吉は一九二二年七月に亡くなり、ニューヨークのウッドローン墓地に埋葬されました（そこにはジャズの巨匠デューク・エリントン、マイルス・デイヴィス、アメリカのポピュラー音楽の作曲家で最も有名なアーヴィング・バーリン、『白鯨《はくげい》』の著者ハーマン・メルヴィルなども眠っている)。彼の宗廟《そうびょう》のステンドグラスには富士山が描かれています。

ぼくが見た譲吉の写真のなかで一番好きなのは、松楓殿の豪華な庭で撮影されたものです。譲吉はアメリカにいてもよく着物を着ていましたが、このときも着物姿で、威厳に満ち堂々としています。キャロラインもやはり着物姿で、大きな石灯籠《いしどうろう》の脇のやや高い場所に立っています。この二人は、激しく愛し合っていたということですが、彼らの人生は楽なものではなかったに違いありません。時代にも、発明や投資の苦労にも負けなかった高峰譲吉は、粘り抜き、オリジナリティを発揮する人々の象徴となっています。

自分独自の世界観を信じ、行動せよ

一〇〇人の有名人の伝記を読んでも、彼らのどこが、その国や時代の代表的な人物になる要因だったのかわからないことがあります。そういうときは、彼らを成功に導いた特質を突き止めればよいのです。この章でぼくは、尊敬する多くの独創的な日本人のなかから、ごく数名のみを選びました。その目的は、彼らを日本人たらしめている特徴は何かを考え、またぼくらが日本を、オリジナリティや創造性が活性化され奨励されるような国にするためには、彼らから何を学べばよいのかを見つけることです。それが、日本のイメージを「世界の新しい創造力」のイメージに刷新するための鍵《かぎ》なのです。

日本人には、創造や発明にふさわしい精神があるのは明らかです。そして、その精神の触媒となるような時代がやって来れば、もはや誰も、この国が世界の創造力の旗手になるのを止めることはできません。では、そのような時代を作り出すには、どうすればよいのか？

答えは、不適応者や偶像破壊者や「変わり者」に創造の機会を与え、若い人がぼくらに食って掛かること、もっと言えば逆らうことを奨励することです。明治や大正の社会はたしかに厳しく制約も多かったけれど、人々は社会に「余裕」がなければいけないことを、ちゃんとわかっていました。つまり創造的な天才たちが、川の主流から、わきの小さな支流に、自作の小舟で入ってゆき、そこで遊びながらものを創造し、やがて成果を手に主流に戻って来られるような余裕が、社会には必要だというのです。

あらゆる創造にとって重要なことは、周囲に合わせず他人と違うように振る舞う個人の自由です。この自由には、社会に対する大きな責任がともないます。その責任を果たせたかどうかは何年もあとに、あるいは死後にならないとわからないかもしれませんが。

賢治はこれに関して重要なことを言っています。

正しく強く生きるとは銀河系を自らの中に意識してこれに応じて行くことである。

賢治の『農民芸術概論綱要《のうみんげいじゅつがいろんこうよう》』にあるこの言葉は、さまざまな解釈が可能です。ぼくはこれを、人はそれぞれが頭のなかに、世界観（世界はここでは銀河系と表現されている）を持つべきだという忠告だと思っています。自分自身にむかってこう言ってください。「ぼくの世界観は、独自のものであり、ぼくが考えたものである。その独自の世界観に沿って行動するために、この人生がある」（「unique（独自の）」という言葉はラテン語の「一つ」という言葉から来ていることを思い出してほしい）。

　もちろん、賢治自身の「正しく強く生きる」の解釈には宗教的な色彩があります。彼にとって、あるべき唯一の生き方は仏教の教えに適《かな》う生き方でした。でも二一世紀のぼくらは、「正しく強く生きる」を「自分の世界観に忠実で、自分にとって正しく強い生き方をすること」と解釈すればよいのです。

　真のオリジナリティは、どこから生まれ出るのか。それはこういうことでしょう。ぼくらが人生において生み出し創造するもの、あるいはぼくらの生き方そのものは、ぼくらのなかから、つまりぼくらの人間性、考え方、感情、欲望、希望、性格から出てくるのです。

　ぼくらの全員が、北斎のように八〇歳代の後半になってもきわめて多様なオリジナリティを見せ続けたり、樋口一葉《ひぐちいちよう》のように、完全に男性中心の社会で、貧しい女性という大きなハンディを背負いながら、驚くほど個性的な散文を書きあげたりすることはできません。でも、自分のオリジナリティを仕事や人間関係において表現することはできます。オリジナリティとは、ペンや絵筆やヴァイオリンを手にしないと発揮できないものではないのです。

他の人に遠慮して自分のオリジナリティを押し殺す必要はありません。むしろオリジナリティを他の人たちのために役立てるようにすればいいではありませんか。

13 杉原千畝が世界に示したもの

日本人の良心を世界のモデルにするために

青年よたて……。……この不思議な國《くに》を正確に頭に入れ様ではないか。

日本人の良心は個人の意思から生まれる

右の言葉は一九三五年に木版画作家の藤牧義夫《ふじまきよしお》が書いたものです。雑誌「新版画」第一六号に掲載され、藤牧はそれに「時代に生きよ時代を超ゑよ」という挑戦的な題名をつけました。なんと素晴らしい題名なのでしょう。人々は自分たちの時代を生きると同時に、それを超えねばならないのです。

一九一一年生まれの藤牧の作品は美しく、また彼が芸術や人生について書いた文章には深みがあります。ぼくは右に引用した「この不思議な國を正確に頭に入れ様ではないか」という、二四歳とは思えない賢人のような言葉が好きです。残念なことに、これが活字になってから五ヵ月後、正確には一九三五年九月二日に、藤牧は地上から姿を消しました。誰も、いまに至るまで、彼の行方を知りません。ただ煙のように消えてしまったのです。

一人の人間が、年齢、性別、社会的地位の別にかかわらず、自分の良心に従って生き、それでもなお、社会の立派な一員でいることは、どうやればできるのだろう？　この「不思議な國」で「正確に」生きるにはどうすればよいのか。国は絶えず変化している。今日は正しく好ましいと思われていることも、明日には不興《ふきよう》を買い、忌避《きひ》されるようになるかもしれない。ある社会で主流派の「正しい」行動から外れる人や、時代を先取りしている人は、たいへんな苦労を背負う。いずれは彼らの行為も、「正確」で「正しい」と判断されるようになるのかもしれないが。

日本のみならず、あらゆる国の人が直面する、このジレンマについて考えてみましょう。もしあなたが、不正な行為を目撃したあとに、それを人々に知らせるチャンスを与えられたとしたら、実行に移すでしょうか？　自分は何の「得」にもならないが、それでも個人として関与することを決め、その不正を暴くことができるでしょうか。そのことによって、自分が非難されたり、名誉を毀損《きそん》されたりするかもしれない。不当あるいは違法な行為を告発した場合などは、それによって、自分の仕事に支障が出ることもある。もしあなたが、そのような内部告発者の配偶者だったら、夫や妻の行動があなたの家庭を危険にさらす可能性があっても、夫や妻を支えますか？　自分の住んでいる国や都市の、指導者の腐敗を知ったら抗議しますか？　もしするならば、どのような手法で？

ぼくらの一人ひとりが、個人でなすべき難しい判断を迫られています。そして、「正しいことをする」のは決して簡単なことではありません。さきほども言ったように、そのことによって、いつかは賞賛されるかもしれません。でも、ぼくらが生きているのは、やはり何といっても現在なのです。どうすれば、現在のぼくらの利益と、将来のぼくらと他の人々の利益を一つにできるだろう？　どうすれば、自分たちに「何の得もない」のに他人を助ける、立派な善き人になれるのだろう？

まさにそんなジレンマに直面したのが、杉原《すぎはら》千畝《ちうね》です。彼は、自分の決断が、自分の家族だけでなく、多くの人の命に関わるという立場に立たされました。千畝はこの不思議な国を、彼の頭のなかで、そして心のなかで、正しく守り続けました。

ぼくは幸運にも、杉原千畝の長男の弘樹《ひろき》さんと知り合うことができました。「ぼくの名前を選んだのは父です」と彼はぼくに言いました。「広田弘毅《ひろたこうき》の名前からとったんですよ」（広田弘毅は、弘樹さんが生まれた一九三六年当時の首相だった）。杉原弘樹さんは優しく穏やかな人で、父を「正義の日本人」として人々の心に永遠に残すことに力を尽くしていました。

戦時中の日本の男に対して世界が持っているイメージといえば、容赦ない残虐行為と、敵とみなした相手への同情の完全な欠如、といったものです。もちろん、当時の日本軍の蛮行や非情さの記録を見れば、非日本人がそう考えるのも無理はないでしょう。

杉原千畝は没後に名声を得て（彼は、音読みで「せんぽ」と呼ばれることもよくありますが、それはロシア人にはそのほうが発音しやすいからと、彼自身があえてそちらを使っていたからなのです）、あの時代でも、日本人の手本となる人々はいたということの永遠のシンボルとなりました。個人の良心のはたらきを重く受け止めて、善行を成し遂げられるのは、間違いなく日本人の美徳の一つです。

「良心」という言葉は、どのような意味を持つのでしょう？　その答えは、「定義はそれぞれの国の文脈によって異なる」です。

欧米にいる信仰心の篤《あつ》い人ならば、「良心」という言葉はユダヤ教・キリスト教的な概念を示しているものと考えます。欧米では「良心」といえば、まずは宗教的な意味にとられるのです。キリスト教徒にとって、キリスト教の枠外に存在する良心などというものは存在しません。なんの信仰も持たない人間は、定義上、宗教的良心を持つことができず、したがって善悪の判断もできない者とみなされています。たしかに、そんな人たちでも、一生涯のあいだに多少は良いこともするかもしれません。でもそれは、神の子はすべて善行をするのだから当然です。他宗教の信者や無神論者も、自覚の有無にかかわらず、みな神の子なのです。だから、彼らが良いことをする可能性はある。だが、それでもなお、個々人が救済される道を見つけなければ、地獄に落ちるしかない……というわけです。

日本人に、あるいは日ごろの決断に宗教的な信条が介入することのない国々の人に、良心に従った行動をとらせるものは、各人の個人的な信念です。善行を施す、あるいは施さないという選択は、ひとを助ける必要を感じたり、助けたいと欲したりする、個人の意思に基づいてなされるのです。

阪神・淡路大震災の際に、何千という若い人たちがボランティアとして神戸とその周辺地域に集結したとき、彼らはなにか超越的な存在を信仰する宗教心のようなものから行動を起こしたわけではありません。また、宮沢賢治《みやざわけんじ》のように自分なりの信仰心があって、それに従ったわけでもありません。しかし彼らの行為は、文字通り「無私selfless《セルフレス》」のものでした。彼らは、その自己犠牲的な行為によって、何の利益を得たわけでもありません。人間が正しいことをしたときに得られる満足感、つまり「いい気分」を得られたことを除けば。

彼らに、自分のことを考える前に他人のことを考えようとさせたものは、日本で受けた家庭教育であり、その方針は「迷惑をかけない」という言葉で要約することができるでしょう。英語にも「迷惑をかける」にあたる言葉はたくさんありますが、最も近いのは「to cause trouble」と「to be an annoyance」でしょう。しかし、迷惑という日本語のほうが、いまあげた英語よりはるかに重みと深みを持っています。翻訳家にとって一番難しいのは、意味を伝えることではありません。むしろこのような、言葉の持つ重みや深みを伝えることでしょう。

日本の子供が社会に出て行くとき、たいていは、両親や年長者から、人に迷惑をかけてはいけない、それは友達との関係においても、赤の他人との関係においても、最も重要なことである、と厳しく言われます。アメリカ人の子供が社会に出てゆくときは、自己主張をしなさいと言われます。「必ず、自分の言いたいことをはっきり言って、おまえの考えをみんなにわからせるようにしなさい」と。

現代の世界において、日本とそれ以外の国で一つ大きく異なっているのは、日本人はふつう電車の車内では携帯電話に電話がかかってきても通話をしないようにするということです。するとしても、電話に出たりしゃべったりする前に、客車の外に移動します。車内での通話は他のお客の迷惑になると考えられているからです。しかし、たとえばオーストラリアでは、電車のなかで大声で通話をしている人がいれば、うるさいことに変わりはありませんが、しゃべっている本人は他人の迷惑など気にしていません。自分にとっての必要性だけを考えているのです。

どちらの教育にも長所と短所があることは明らかで、ここで指摘するまでもありません。けれども、日本式の教育について、確実に言えることが一つあります。それは、自己主張をしないようにとしつけることは、日本の子供たちを世界の中でも異質で、コミュニケーションがとれない人間にしてしまっている可能性があるものの、その一方で、彼らが他者を自分と同じぐらい大切にできる人間にしてもいる、ということです。日本では、人づきあいにおいて、エゴの果たす役割はそれほど大きなものではありません。日本でもその教育は、良心とどのような関係があるのでしょうか？　日本でその教育が良心に関わってくる理由は、その教えによって、人は自分のことばかり考える状態から解放され、自分よりも他人の苦境（苦しみや痛み）に目を向けられるようになるからです。電車のなかには、居眠りをしたい人がいるかもしれない。だから自分が携帯電話でしゃべったりすれば、その人を不快にさせてしまう。東北の被災地の人が飲料水を必要としているかもしれない。だから自分が水を飲むと、たとえそれが自分のものだとわかっていても、良心の呵責《かしゃく》を覚える。あの人たちは飲めないのに、自分だけが飲んで良いものか、と思うようになるのです。

具体的な行動を起こすかどうかは、もちろん自分自身が選択することです。水を飲んで罪悪感を覚えたからといって、はるばる被災地まで行って人助けをしたりはしないかもしれません。しかし、もしあなたが行動を起こすと決めた場合は、その良心に基づく善行は、日本社会に浸透した「他人に迷惑をかけることは良くないことの一つだ」と考える傾向に起因しているものだとも言えるのです。

杉原千畝の取った「賢治の選択」

さて、杉原千畝がキリスト教徒になったことは事実です。彼はロシア正教会の文化に深いつながりを感じ、その信徒になったのです。そして、そのつながりを生涯大切にしました（のちに離婚するが、彼の最初の妻はロシア人だった）。彼はある意味で、日本人よりも、ロシア人に親しみを感じていたのではないでしょうか。なんといっても彼は、人生の最後の一六年を、ほとんどソビエト連邦で過ごしたのですから（千畝は外務省でロシア語が一番上手だったという。そして、この言語能力は、のちに彼の命を救う一因になったとも言えるだろう）。

しかし彼はキリスト教徒として、あるいは、あえて言うけれど、日本人として行動したわけではなく、単に一人の人間として、正しく倫理的な行為であると彼が思ったことを、個人的に選択しただけなのです。これはぼくが「賢治の選択」と呼んでいる、個々人が自分の世界観に基づいて取る行動の手本です。

この人物が見せた、個人の良心がなしうる行動の凄《すご》さ、の話に進む前に、彼の経歴を紹介しておきましょう。

第二次世界大戦が終わったとき、杉原千畝と妻の幸子《ゆきこ》と幼い子供たちは、ルーマニアに住んでいましたが、そこで赤軍に抑留されました。その先どのような運命が待ち受けているかわかりませんでした。一週間だけとはいえ、日本はソビエト連邦と交戦状態にあったのです。

杉原は一九三九年一一月にリトアニアのカウナス領事館に赴任した外交官でした。彼はそこでやがて、大変なジレンマに直面することとなります。

「父は一九四〇年七月末のある朝、目覚めると、領事館の外に大勢の人が群がっていることに気づいたのです」と弘樹さんは、二〇〇〇年七月にぼくに言いました。「ぼくは二階の窓から、下にいるその人たちをじっと見たのを覚えています。それはユダヤ人でした。皆、父に出国ビザをもらいに来ていたのです」。

杉原は東京にいる外務省の上司から、日本のビザは、日本通過ビザを除いて一切発給しないようにと厳命を受けていました。しかも、その日本通過ビザにしても、申請者が次の目的地の国への正式なビザを持っていない限り、発給してはならないというのです。

しかし杉原はその命令を知りながらあえて無視し、ポーランド侵攻後、勢力を徐々に東へ広げつつあったナチスの脅威から、何とか逃れようとするユダヤ人たちに、二千通以上のビザを、一通のビザに数名の家族が記入されたものも含めて発給しました。

「領事館は閉鎖されたのです」と弘樹さんは言いました。「でも父は駅に行ってからも、ビザを書き続けました。最後はもう、スタンプを押したパスポートを列車の窓から投げるようにして渡していました。でもそのおかげで命が救われたユダヤ人もいたのです」。

千畝によって救われた難民たちは、シベリア鉄道経由で日本にやって来ました。そしてさらに上海、オーストラリア、アメリカなどに逃れたのです。ところで、これらのユダヤ人難民は、当時の日本国民が全般的に枢軸国《すうじくこく》寄りだったにもかかわらず、日本にいる間は人道的な扱いを受けました。日本の指導者や国民には反ユダヤ的なところはありませんでした。しかも、自分たちも苦しい状況に置かれていたのに、ユダヤ人難民に対しては公正に、同情を持って接したのです。

一方、杉原とその家族は、カウナスからプラハ、ケーニヒスベルクと転任し、一九四一年一二月にはブカレストに赴任、一九四五年まで同地に駐在しました。

杉原はなぜそのユダヤ人たちを、危険を冒してまで助けたのでしょう？　それは職務上の義務ではありませんでした。それどころか、彼らを助けないことのほうが義務だったのです。息子の弘樹さんは、父の行動を個人の良心の問題だったと考えていました。

「父は純粋に、人間の良心に従って決断を下したのです。人を救える力を持っているのに、救わなかったら、人間としての恥じゃないか？」

千畝自身も、後年、必死で助けを求めに来た人々の窮状に、どれほど強く心を動かされたかを語っています。彼は、どうか助けてくださいと懇願され、目の前で、子連れの夫婦たちに涙を流されたのです。ほかにどんな選択肢があったというのだ？

この問いを自問せざるをえないことが、誰にでもあります。「わたしには、ほかにどんな選択肢があるのか？」。だがそんなとき、いつも答えは一つです。言うのはかなりの勇気が必要だけれど。「ほかの選択肢はない。わたし個人の良心に忠実に行動を起こし、人を助けざるをえないのだ」と。

その後、彼はさまざまな仕事に取り組みます。なかには、米軍基地内売店の店長などというのもありました。最終的にはある貿易会社に就職し、単身でモスクワに赴任すると、そこで約一六年暮らすことになりました。そして一九〇〇年一月一日生まれの杉原は、一九八六年七月三一日に日本で亡くなりました。

「父は日本人といるときよりもロシア人といるときのほうがくつろげるようでした」と弘樹さんは言いました。「戦後の日本はあまり居心地がよくなかったのでしょう」。

杉原千畝の同情心がなければ生まれていなかった人間が、いまでは世界中に何万人もいるでしょう。戦時中に活躍した日本人のすべてが悪魔だったわけではない。なかには天使もいたのです。

弘樹さんは、二〇〇一年六月、六四歳で胃がんで亡くなりました。彼はずっと昔、カリフォルニア州サクラメントの大学にしばらく通ったことがあり、一九九六年からは、その近くのサンフランシスコに住むようになっていました。ぼくが彼に出会ったのは、彼が何度か一時帰国した際でした。

もう一言つけ加えておきたいのだけれど、杉原千畝は、日本ではもっと有名人であってもおかしくないのに、最近になるまであまり知られていませんでした。彼の生誕一〇〇周年にあたる二〇〇〇年に、彼の故郷である岐阜県八百津《やおつ》に記念館が建てられました。しかし、当時、杉原千畝のことを知っている人は少数派でした。ぼくは、いつか彼の功績にふさわしい評価が得られることを願っていたのですが、最近、彼のことが中学校や高校の英語教科書に採用されたり、映画ができたり、彼の偉業を取り上げる書籍が増えています。これは一言で言うと、素晴らしい進歩に他なりません。

入国を拒否された日高六郎教授

ずっと前のことになりますが、一九八〇年代のはじめごろ、本人は罪もないのに、ある国際的な事件に巻き込まれた人と出会いました。世の中の人はもうこの事件のことを、すっかり忘れてしまっているのかもしれません。でもそれをここで持ち出すのには意味があります。なぜならそれが、真実を明るみに出そうとする、良心の人の闘いを、よく表している事件だからです。

一九八一年、日本の進歩的な社会学者の日高六郎《ひだかろくろう》さんは、オーストラリアのメルボルンにある、ラ・トローブ大学とモナシュ大学という二つの大学から、客員教授として招かれることになっていました。ところが、予期せぬことが起こりました。オーストラリア政府が日高教授へのビザ発給を拒否すると言い出したのです。

ぼくはビザ発給拒否の話を聞いて激怒しました。ただちにメルボルンの有力紙「ザ・エイジ」の編集長に連絡し、ビザ発給拒否の件を伝えました。数日後、そのニュースは一面に掲載され、国際的な事件として扱われることになりました。

神奈川県知事の長洲一二《ながすかずじ》氏や、高名な政治学者の丸山眞男《まるやままさお》氏が送った支援の手紙の効果もなく、また、そもそも日高教授と暢子《のぶこ》夫人は国際交流基金の交流事業の一環として派遣されることになっていたにもかかわらず、オーストラリアの「移民省」はビザの発給をせず、その理由も説明しませんでした。ぼくはそのビザ発給拒否の正体を暴こうとしました。それは官僚たちの、いわばインチキ法廷が下した、不当な裁定だったのです。

ぼくはそのビザ発給拒否の原因が、一九七四年にフランスで起きた出来事にあったことを突き止めました。当時日高夫妻はフランスに住んでおり、その年の九月に、暢子夫人がフランス警察に尋問されていたのです。日高教授のほうは、その少し前の五月に、すでに日本に帰っていました。彼女は何の罪にも問われず警察から解放され、その後、夫のいる日本へ帰国しました。

どうやらその数ヵ月前、彼女はパリの家の一室を、日本のフランス語研究者に貸していたようです。この研究者のもとには、時々客人が訪ねてきました。暢子夫人はその誰にも会ったことはありません。しかしある新聞が、その客人の一人が日本赤軍のメンバーだったという記事を書いたのです。

オーストラリア政府は、日高教授夫妻が赤軍の積極的な支援者だと主張しました。それを裏付ける証拠も一切なく、フランス警察が日高夫妻はいかなる形においても、その過激な組織とはつながりがないと結論づけていたにもかかわらず。この事件の悲しい皮肉は、日高夫妻の知り合いならば、日本にいる人も海外にいる人も、彼らをそんな疑いで糾弾するのがどれほど馬鹿げているか、わかっていたことです。

オーストラリア政府は頑として方針を改めず、こんどは日高教授の教え子が赤軍と関わっているなどと言い出し、オーストラリア入国ビザの発給拒否を、再考することはありませんでした。しかしぼくらもメディアを通じて政府に圧力をかけ続けました。そして、一九八三年に労働党が政権を握ると、新しい大臣はビザの申請を再審査し、ついに日高夫妻にビザが発給されたのでした。

「日本の人たちはオーストラリアの人たちほど熱心に、ぼくを支援してくれませんでしたよ」と日高教授は、一九八三年にビザが下りた後でぼくに言いました。「日本人は、人権とか個人の権利といったものをあまり意識していないんです。『権利』という言葉は『rights』と同じ言葉ではないのですよ。日本人は、自分の権利を主張することは、エゴイズムにつながる行為だと思っている」。

「日高問題」という名前で知られるこの事件自体は、一九八三年に日高教授がメルボルンを訪問したことで、めでたく幕を下ろしました。ところが、ぼくがその事件に関わっていたという事実は、日本にいるぼくに別の形で火を噴きました。ぼくが日高教授と「朝日ジャーナル」で対談をしたあとのこと、ぼくが記事を提供していたある日本の雑誌から連絡があり、ぼくの記事を使わないことにしたというのです。

「なぜです?」とぼくは聞きました。「ご期待にそえない出来でしたか?」。

編集者は答えませんでした。そして、それきり連絡は二度とありませんでした。でも、その後共通の友人から聞いたところによると、ぼくの記事がカットされた理由について、その編集者はこう言っていたそうです。「うちはテロリストを支援するやつの記事なんか載せられないからね」。

つまり、その日本の編集者はオーストラリアの移民省とまったく同じで、風評や捏造《ねつぞう》された噂だけをもとに、人を有罪と決めつけたのです。

日本人よ、自分の顔を世界に見せることを恐れてはいけない

この事件を振り返ってみると、二〇一八年六月に一〇一歳で他界した日高教授への深い敬意を禁じ得ません。ぼくはなぜこの事件に関与したのか？　この事件が起きるまで、彼に会ったこともなかったのに。ぼくの行動は、不正に対するぼくの個人的な怒りから起こしたものでした。ぼくは特別勇敢な人間ではないし、ふだんは他人の問題などには関わらないようにしています。おそらく、だからこそ日本の社会にこれほどうまくなじめるのだと思います。しかしあのときは、ぼくにはほかの選択肢はなかったのです。ぼく個人が、これが「正しい」と信じていたものを、侵害されてしまったのだから。

この本の3章で、ぼくの親友の若泉敬《わかいずみけい》について書きました。彼も良心をよりどころに、また、怒りではなく、沖縄の人々を裏切ってしまったことに対する自責の念と罪悪感から、自分の立つ位置をきめていました。杉原千畝のように彼も、自分の良心から「これ以外にとるべき道はない」と言われたのでしょう。

まあ、杉原千畝とか、日高六郎とか、若泉敬みたいな有名人が、正義感あふれる行動をとるのはいいけれど、ふつうの人間はどうすればいいんだ？　ふつうの人間は、こんなふうに良心を試されることなんて、一生ずっとないから。……本当にそうだろうか？　いや、実際にはぼくらも、日常生活でそのような選択に、何度も迫られていると思いま

す。そういうときにどのように対処するかによって、ぼくらの人格は決まるのです。

日本に見られる、ある独特の慣例で、この国で個人の良心を育てることの障害になっているものが一つあります。その慣例がなくなれば、日本の人は「権利」についても、より明確な意識を持てるようになるはずです。ではその説明を、一つの質問からはじめましょう。

次に述べる日本人に共通することは何でしょう。近所の家が火事で焼けてしまった人。事故に巻き込まれた人の親戚や友人や同僚。不正行為の犠牲になった人。

答えは、どの人も、日本のテレビに登場する場合は、顔が映されず、ものすごく高い声（押すと音が出るコアラのぬいぐるみのような）に変えられている可能性が高いということです。この国では事件の犠牲者でさえも、ときには、責任の一端があるかのように考えられてしまうからです。

日本のテレビ局はどれも、公共放送だろうと民放だろうと、個人のプライバシーを守るための厳しいルールを定めていると主張します。でもルールというものは、度を越して適用すれば、馬鹿げたものになってしまいます。ぼくは先進国で、事件の目撃者がこれほど頻繁に顔を隠され、名前を隠される国をほかに知りません。昔は目撃者たちの顔はぼかされていました。それが一九八〇年代になると、テレビでインタビューを受ける人の身元が「割れる」危険があるとみなされると、顔が小さな四角いモザイクで覆われるようになりました。ちょっと二〇世紀初頭のキュービズム絵画のようでもありました。

一九九六年七月に、大阪府堺市で強力な大腸菌O－157の集団感染による食中毒事件が起きました。非加熱食材の入った給食を食べた小学校の児童を中心に、感染者の数は六五〇〇人に及びました（そのほぼ倍の数をあげる人もいる）。

当然のことながら、テレビには公共衛生上の大惨事に関するニュースがあふれ、直接あるいは間接的にその事件に影響を受けた多くの人がインタビューを受けました。実は、食中毒は日本ではよくあることと言えます。多くの食品があらかじめ調理され、冷蔵されないまま何時間も放置されることが多いからです。ところが、その事件では、給食を調理した人たちに犯罪的な意図があったわけではないのに、発症した子供たちも、その両親も、あるいは近所の感染しなかった人でさえ、テレビには、姿を変えられ、個人を特定できる要素を消され、キュービズムの肖像画のような顔に細工された状態で、登場していたのです。

理屈としては、それらの人々は、自分が不幸な事件と結びつけられるのは嫌だろうから、身元を明かしたくはないだろうし、中傷から身を守るには匿名性を保つのが一番である、というものです。

あるテレビ番組に、患者が収容された病院の待合室が映し出されていました。そこでレポーターが子供たちの苦しみについて語っているのだけれど、背景になる待合室の画像全体が加工されて、白っぽいもやになっています。皮肉なことに、それとまったく同じ待合室の光景が、NHKの衛星放送のニュースで紹介されたCNNのリポートでは、一点の曇りもなくクリアに映されていたのです。日本の「標準」を外国のレポーターに押しつける効果的な方法などは、きっとない。

一体どういう仕組みで、こういう現象が起きるのだろう？　日本人がニュース番組で自分の顔を見せることを、プライバシーの侵害だと考えるというのは本当なのだろうか。自分の姿が映されることで、被害を受ける可能性は一切ないとわかっているときでも？　そもそも事故などに関するインタビューに応じる人が、画面に自分の顔が映ることに、本当に反対しているのだろうか？　それとも、メディアのほうが、ニュースに秘密の香りを漂わせるために、このような一種の検閲行為を、奨励しているのだろうか？

言うまでもなく、法的に言って、人々の身元を隠す必要があることも多くあります。犯罪被害者や不正事件の内部告発者は、たとえばイギリス国共放送局のBBCでも、暗い部屋でカメラに背中を向けて座った状態で撮影されています。しかし日本のテレビ局は、実際のところ身元を明かしてもなんの危険もないような人々を映すときにも、顔をぼやかしたり、首から上をカットしたりして、身元を隠そうとするのです。

このような行き過ぎた「身元隠匿《いんとく》」の方針は、プライバシーの要請をはるかに逸脱するものであり、もはや適切ですらありません。そのうえ、どちらかといえば事実の隠蔽《いんぺい》が、ニュースを秘密のささやきを集めたもののようにしてしまっています。ニュース報道がバラエティ番組の極秘芸能レポートのようになってきているのです。レポーターがひそひそ声でマイクにむかってしゃべりながら有名人の家のまわりをうろつき、玄関のインターホンに挑発的な非難をあびせたりする、あのスタイルのように。

本当にプライバシーの問題があるとか、人々に危害が加えられる恐れがあるのでない限り、すべてのインタビューは完全に公開された場でオープンに行われるべきです。もちろん、テレビに出演したくない人の、映されない権利は保証したままで。でも、もしその人がインタビューに同意したら、そのときは顔も出して、ふつうの声でしゃべってもらおうではありませんか。

日本の未来のためにぼくが言いたいことは、こういうことです。何かに対する自分の意見やコメントは、自分の心や個人的な経験から出てくるものです。それを匿名で提示するべきではありません。もし何かについて意見を述べても、言った人が名前も出さず顔も見せないのでは、その意見には何の責任も伴わないことになります。そんな意見には何の価値もありません。

この国あるいはよその国の歴史から学べることがあるとすれば、それは国民の一人ひとりが自分の決断を守りぬき、自分の良心に従って発言し行動すべきだということです。もちろんあとになって、その決断が間違っていたということになるかもしれません。そういうときには、自分の決断に対して謝罪するなり、償うなりして、責任をとらなければなりません。責任を認めなかったり、もみ消したり、日本でいう「なすり付ける」ようなことがあれば、それは自分の良心に従って行動していないことになります。

それは日本の若い人にとって、一つの理想の姿となるでしょう。また日本の歴史には、手本となる人々が大勢います。自らの信念を守るために立ち上がり、その行動の責任をとった人々です。そのように振る舞うことは強さの印であって、弱さの印ではありません。

日本がその道徳規範を、今世紀にふさわしいものに変えたいのなら、日本の人々は「開かれた」状態を選ぶ必要があります。もしも日本が「開かれた」状態への道を選べば、日本は再び、明治時代にそうであったように、中国の、あるいは社会を「開かれた」ものにしつつ、社会の結束を保とうとすることの矛盾に苦しんでいる数々の開発途上国の、近代化のモデルとなることでしょう。それは、人々の間の情報の流れを自由にし、専門分野や組織の壁を越えて知識を共有し、社会のなかで性別、階級、民族の境界線を越えた対話が起きるようにすることを含みます。古い日本の組織では、内部秘のマニュアルのようなものが守られ、不正の前では誰もが口を閉ざしてきました。しかし、それで円滑に運営され、問題なく機能する時代は終わりました。もはや知識や情報を提供したりもらったりするのは、贈り物をあげたりもらったりすることではありません。それは社会全体の義務と権利なのです。

社会をオープンなものにすることの必要性は、東日本大震災と津波の災害によって、痛切に感じられるようになりました。日本中の人、そして世界中の人は、被災地や被災地を遠く離れた各地の大気、土壌、水の放射能汚染の状況について、事実の隠蔽があったことを知ったのです。このような隠蔽の事実は、それまで「各界の専門家」を信頼してきた多くの日本人の目を開かせました。再び同じような原子力事故の発生を防ぐためには、真実の情報を自由に流通させることが、ぜひとも必要であるのは明らかです。「知る権利」とは単なる抽象的な概念ではありません。それは自らを「国民」と名乗る人すべてに備わる、基本的な権利です。

日本の若い人たちは、秘密をなくすことや、公の場で意見を述べることを、古い世代の「操り師」たちよりも恐れていないと思います。自分から相手に心を開けば、相手もこちらを信頼して心を開いてくれるものです。それによって利益を得るのは、社会全体です。ニュースは真実であり、真実はニュースだ、ということになります。良心を持つことは、一つの宗教や文化においてのみ可能というわけではありません。それは世界中のすべての人が平等にできることです。ぼくらは皆正しいことをする力を持っているのです。

日本の若い人に言いたい。自分の顔を世界に見せることを恐れないで、と。

14 真に非宗教的な先進国、日本

世界を対立から救うのは、日本以外にない

いま、日本の新しいパラダイムが生まれつつある

一九九〇年代に日本はトリプルパンチを受けました。一撃目はバブル経済の崩壊というボディ・ブローでした。そして二打目は、一九九五年一月一七日に、神戸と周辺地域を襲い、約六五〇〇名の犠牲者を出した阪神・淡路大震災。とどめのアッパーカットは、一九九五年三月二〇日に、過激なカルト集団オウム真理教が東京の地下鉄をサリンガスでテロ攻撃した事件でした。

スーザンと五〇歳になったぼくと四人の子供は、一九九四年一二月に日本に帰国し、東京に住むようになっていました。友人や親類には、日本に戻りたいのは、日本が安全で子供を育てるのに良い国だからと言ってありました。ところが、帰国から三ヵ月のう

ちに、日本の安全は崩壊してしまったのです。まず自然災害によって、そして次は人災によって。

新しい世代の日本人は、ただひたすらMASK《マスク》文化を楽しみ、一時流行していたオモチャ「たまごっち」あるいは、猫も杓子もまるで六本目の指であるかのように手から離さない携帯電話のスクリーンに逃げ込む生活をずっと続けるつもりなのだろうか？　それらの「デジタルペット」は、自分だけのささやかな楽しみに満足し切っている世代には、ちょうどお似合いのようにも思われました。彼らは同世代の若者と一緒にいるよりも電子的なグッズと一緒にいるほうが落ち着けるようなのです。上の世代は、日本がいまだかつて直面したことのない諸問題を、「腕に覚えのある」日本流の、あくせく働きひたすらがんばるという手法で解決するつもりなのだろうか？　もはや昔のようにあくせく働くことは有効ではなく、がんばるといっても、何をがんばればいいのか誰にもはっきりとはわからなくなっているのに。

この国の価値観そのものが、一九九〇年代にあった数々の出来事によって根底から揺さぶられることとなりました。そして、ある意味では、日本はまだそこから立ち直っていません。日本人の自信に最後のパンチを食らわせたのは、二〇一一年三月に東日本を襲った未曾有《みぞう》の大震災と、それに続く福島第一原子力発電所の崩壊だったでしょう。

だから、ぼくらがこう考えるのも当然です。二一世紀にむけて、日本はその生活様式を再生させ、再創造することができるのだろうか、と。でも、それにはこう答えられます。そのプロセスはすでに一九九〇年代なかばから始まっており、いまにいたるまでずっと続いているのだ、と。

一九九〇年代に、さまざまなことが変わり始めました。しかしその変化が始まったのは、日本ではよくあることだけれど、メディアに注目され報道される「表《おもて》」の上位文化とは異なる、下位文化からでした。

まず第一に、自分だけの満足感に浸《ひた》ろうとしていた若い人たちの下位文化が、方向性を変え、他者のニーズを理解するような文化になりつつありました。何千人というボランティアの若い人が、震災の被災者を助けるために神戸に集結しました。誰に頼まれたわけでもない。上から動機を押しつけられる必要など、まるでなかったのです。彼らはただ、個人的に行く必要があると感じたから、行ったまでのことです。そして彼らは、震災を生き延びた人々に大きな慰《なぐさ》めをもたらしました。日本の若い人たちのあいだで眠っていた、あるいは、残念ながらすでになくなっていたと思われていた、あの日本人の最大の美徳の一つである「無私の精神」「利他の心」が、大災害をきっかけに突然目覚ましたというか、忽然《こつぜん》と姿を現したのです。

第二に、多くの社会科学者が、社会の主流派、その主たる代表者として特別な地位を与えてきたのはサラリーマンでしたが、彼らに視線をむけるのをやめ、むしろ長い間差別されてきた人々、つまり女性、子供、老人、障害者、戦前から日本に住んでいた在日韓国人のような少数民族などに、視線をむけるようになりました。この問題について、学者や社会評論家が書いた記事を読んでいると、サラリーマンの日常についての記述、特に男性サラリーマンがいかによく働くか、いかに会社に忠誠心があるかなどといった話をとりあげることが減っていることに気づきました。もちろん、経済学者は相変わらず経済成長、生産性、輸出入といったテーマを研究し、本を書き続けていましたが、貧困、機会の不平等、老齢者の持続可能な生活様式といったテーマが扱われる例も目立つようになってきていたのです。

第三に、メディアまでもが、ついに目を覚ましました。ぼくが一九八〇年代にテレビのトーク・ショーに出演していたころは、日本には問題が一切ない、という論調が幅をきかせていました。「ぼくらの社会には」と、名前は伏せますが、ある有名なコメンテーターが言いました。「幼児虐待もなければ、性的いやがらせもないし、欧米の人が直面しているような社会問題は一切ないのです」。

このような発言も、いまのぼくらには尊大な自慢話のように聞こえるけれど、当時はほとんどの日本人がそれを信じていたのです。

しかし一九九〇年代のなかばごろから、本格的なテレビ座談会が、女性や幼児に対する家庭内暴力、学校でのいじめ、職場でのセクシュアルハラスメント、障害者に対する組織的な差別といったものが、どれほど深刻な広がりを見せているかを暴くようになってきていました。日本が、社会悪を超越した精神の持ち主の国だったわけではありません。幸か不幸か、その点では日本も「普通の国」だったのです。

そして最後に、芸術家が作品のなかで社会問題を大きく取り上げるようになりました。井上ひさし氏の、広島をテーマにした戯曲「父と暮せば」は、一九九四年九月に東京で初めて上演されました。これは一九四五年八月六日に起こった核のホロコーストを、すべての日本人一人ひとりの個人的な問題として扱った芝居です。その後も、坂手《さかて》洋二《ようじ》氏や永井《ながい》愛《あい》氏のような劇作家が、捕鯨から言論の弾圧まで、あらゆる問題を扱った芝居を上演し、好評を得ています。二〇〇七年には、周防《すお》正行《まさゆき》監督の映画「それでもボクはやってない」が、日本社会の抱える重大な問題である、「冤罪《えんざい》」をとりまく実態を暴きました。こうして、下位文化が上位文化になっていったのです。

要するに、戦後に坂口《さかぐち》安吾《あんご》の作品に表現されたような「堕落《だらく》」として始まり、次の世代には「再生」に姿を変えたものが、やがて、かつての日本には存在しなかった正真正銘の民主主義的価値観に基づく「新しい方向性」を得ることになったのです。それでも今日になってもまだ、いわば水平線の向こうにあって見えて来ないのは、経済成長に代わって高い理想となるべき、新しい国の目標そのものです。でもいまや日本は、東北の悲劇からの復興に必要なエネルギー源を再考せざるをえない状況に置かれており、そこから、日本人の新しい生き方のパラダイムが生まれるかもしれません。

日本人はあと少しでその水平線を越えて、そのパラダイムを見つけるのではないかとぼくはしみじみ感じています。新しい目標のなかには、ビジネスに、環境保護や資源の保護と両立するような新たな方向性を持たせることも含まれるでしょう。それから、若い人が人生の個人目標にできるものの選択肢を増やし、それにともなって生じる多様な日本人のライフスタイルを認めるようにすること、また、女性（別姓問題や働く母親の暮らし）、子供（シングル・マザーの子やいじめられっ子）、在日韓国人などの人々が法的に行使できる権利の体系を確立すること、なども含まれるでしょう。

人間の相互尊重、共感をともなう社会の協力関係、日本に住んでいるすべての人々に対する寛容さなどを実現させるためには、いま何をすればいいのでしょう？

日本再生のための、四つのキーワード

まず、この四つの言葉について考えてみてください。それに対する日本人の見方が、日本の未来を決めるかもしれません。その四つとは、「race《レース》（人種）」、「nationality《ナショナリティ》（生まれた国、あるいは民族性）」、「ethnicity《エスニシティ》（民族、民族性、民族意識）」、「citizenship《シチズンシップ》（国籍）」です。

実は、これらの言葉には明確な定義も、広く一般的に使われている訳語もありません。どの言葉にも少しずつ重複する部分があるのです。しかしこれらの要素の総計が、わたしたち人間一人ひとりのいわゆるアイデンティティになっていることは間違いありません。アイデンティティは一つで、その中身は均質であると思われているかもしれないけれど、実際には、この四つの概念や、宗教、性別のちがい、性的指向、年齢などによって生じる数々の小さなアイデンティティを、一つの容器にたくさん詰め込んだようなも

のなのです。

これまで俗に、「西洋人」「欧米人」「白人」とか、「アフリカ人」「黒人」、「アジア人」「東洋人」「黄色人種」などという言葉でくくられてきた「race（人種）」という概念は、前にも述べたとおり、二一世紀においては、もはや意味をなさない言葉です。あなたの「race」は何ですか？　東洋人？　もしあなたが東洋人なら、なぜ世の中では、日本人の韓国人に対する差別やベトナム人のカンボジア人に対する差別を「人種差別」と言うのでしょうか？　ロジャー・パルバースというぼくは何人だろう？　白人？　それは、ぼくの肌のおおよその色を示しているだけです。肌の色が人種を決定するのか？　もちろんそうではありません。肌の色などというものは、単にその人の皮膚の色素の様子を表す言葉にすぎません。人種という概念は、肌の白い人間のなかで、自分は肌の色が濃い人よりも優れていると主張したい連中が、その材料に考え出したもので、まったく無意味です（現在のところ、「racism」つまり「人種差別」に代わる言葉はないので、この言葉が使い続けられる可能性は十分にあります）。

「nationality（生まれた国、民族性）」はその人の「nation（民族）」を表すもので、「nation」という言葉は言語的に、「生まれる」という意味の動詞とつながっています。だから、人の「nationality（民族性）」は普通は、生まれた場所や民族集団によって決まります。一九世紀前後に近代的な「nation state（国民国家）」が生まれて以来、人々は「nation（民族）」と「nation（国家）」を結びつけて考えるようになりました。でも実際には民族というのは国家よりも狭い概念です。たとえば、ネイティヴ・アメリカンの一部族であるナバホ族について「ナバホ・ネイション」という言い方があります。でもそういう国家があるわけではありません。つまりナバホの人々が「ナバホ・ネイション」というときは、ナバホ民族という彼らの自己認識を指しているのです。

「ethnicity（民族、民族性、民族意識）」は比較的新しい言葉で、人が所属する、文化的あるいは宗教的な集団を意味します。誰かのことをタジキスタン人、ボスニア人、チベット人、ユダヤ人などと言うとき、基本的にはその人の習慣、服装、食文化、信条などを表す「ethnicity」について言っていると考えていいでしょう。

「citizenship（国籍）」はまったくの法律用語です。それは持っているパスポートの国名に表れるものです。ただし、人によっては複数の国のものを持っていることもあるでしょう。多くの国が多重国籍の保有を認めているからです。日本は、いまのところまだ二二歳までしかそれを認めていないけれど、将来はその姿勢も変えざるを得ないでしょう。

ぼくがそう思う理由が二つあります。まず第一に、すでに何千という人が、実際に二つのパスポートを所有し、日本の出入国の際には日本のパスポートを使い、もう一つの国の出入国にはその国のパスポートを使っているからです。そして第二に、近年、日本人と外国籍の人の両親のもとに生まれてくる子供たちの数が大幅に増えており、今後も増え続けることが予想されるからです。このような子供たちのアイデンティティは、一つの国籍のみによって定義できるものではありませんが、それでも彼らに一つの国籍を選べと強いるのは不当なことではないかと考えるからです。

さて、ほとんどの日本人にとっては、「nationality（生まれた国、民族性）」も「ethnicity（民族意識）」も「citizenship（国籍）」も、皆同じです。全部「日本人」ですむ話じゃないか。まあ、そこまでは思っていないにしても、ほとんどの日本人が似たようなことを考えているでしょう。

でも、ぼく、ロジャー・パルバースの例を考えてみてください。ぼくはアメリカで生まれ育ち、「nationality（生まれた国、民族性）」ではアメリカ人だと思っています。一方、「ethnicity（エスニシティ＝民族意識）」ではユダヤ人です。ぼくは神を信じてはいないので、この場合の「ethnicity（エスニシティ＝民族意識）」は宗教的なものではなく、文化的なものになりますが。そしてぼくが持っている唯一の「citizenship（国籍）」はオーストラリアです。だからぼくの場合、三つのカテゴリーは別々のものなのです。ぼくのアイデンティティを表現するなら、その中には、三つの要素がすべて含まれていなければなりません。ユダヤ系アメリカ系オーストラリア人、と。では、ぼくの子供たちの場合は？「nationality（生まれた国、民族性）」は日本人？「ethnicity（民族意識）」も日本人？あるいはアメリカ人？「citizenship（国籍）」はオーストラリア人。では、アメリカで生まれ育った日本人は？日本人とロシア人のハーフで、日本で生まれ育った子供は……？

わかりにくい？確かに多くの日本人にとってはわかりにくいかもしれません。でも、ぼくにとっては少しもわかりにくくはありません。このことで、内面的な葛藤《かっとう》を感じることはまったくないのです。

さて、二一世紀の日本人はどうなるのでしょう。ぼくは5章で、五つの日本について書きました。それは民族性、エスニシティ、国籍の問題を考える際に、いくらか手がかりになるのか？　もちろん大いになります。

一九九〇年代以降、日本で起こっていることの一つに、日本人であることの定義が、無意識のうちに拡大されていることがあげられます。人々の認識が徐々に変化しているのでしょう。日本人とみなされるための昔からの唯一の基準だった「血」が、以前ほどには重視されないようになって来たのです。

たくさんの子供たちが、片方の親が日本人で、もう片方は日本人ではない両親のもとに生まれています。この子たちは日本人なのか？　もちろんそうです、もし彼ら自身がそう思うのならば。そう思わない場合は、そうでなくて構いません。日本に三世代も四世代も住み続けてきた「在日」の人たちはどうなるのか。彼らは日本人なのか？　そうです、もし彼らが自らをそう名乗るならば。また、彼らには韓国系日本人という自己定義もできます。でも、もし言語的にも文化的にも韓国との絆《きずな》をまったく感じていないのなら、そのような定義をしない道を選ぶこともあるでしょう。

言い換えれば、これからの日本人のアイデンティティは、世間の人がどう見るか、どう判断するかによって決まるのではなく、本人が自分自身をどう見るかによって決まるのです。

現在の日本には、ぼくが「国内異文化」と呼びたい現象が起きています。別の言葉で言うと、たとえば沖縄や東北から来た人は、民族（nationality）的および国籍的には日本人だけれど、エスニシティ的には、東京や京都で生まれ育った日本人とは異なるという事実が、認知されるようになってきているのです。日本の各地の文化や歴史が、そこに住む人たちのエスニシティを形成した結果、ある地域の人は別の地域の人とは異なる振る舞い方や話し方をするようになりました。だからといって、そのことで彼らの「日本人らしさ」が減るわけではありません。むしろ日本人らしさに、さらに別の要素がプラスされているのであり、そのことによって国全体が豊かになっているのです。

これらのようなことが、一九九〇年代以降、間違いなく起きています。そして今後はそれが、未来の日本の新しい文化のパラダイムを形成することになるでしょう。

あらゆる宗教に敬意を払えるのは日本だけだ

ぼくはこの本にこう書きました。強く、生き生きした、元気な日本が世界にはどうしても必要なのだと。特に日本には、二一世紀の外交において、主導的な役割を果たしてもらう必要があります。ぼくは、日本がその役割を果たすべきだと思うし、また実際に果たしてくれるだろうと思っています。では、なぜそう思うのか説明させてください。

日本は世界の指導的な国のなかでも、真に非宗教的な民主主義の国です。日本の政策決定のプロセスには、信仰の問題や宗教的な精神が入り込む余地は、ほとんどないと言っていいでしょう。一方アメリカやヨーロッパではそのような要素が政治に介入しているし、またイデオロギーも一種の宗教と言えるなら、中国でも同じことが起きています。

日本も過去一五〇年を振り返れば、いつもいまのようだったわけではありません。というのも、日本もかつては、古代の儀式やナショナリズム的な言説を基盤とする国家宗教、つまり「国家神道」を創設したことがあります。それは一八九五年に日清戦争が日本の勝利に終わったころから、一九四五年に第二次世界大戦が降伏に終わるときまで、帝国主義を動かすエンジンの燃料として用いられました。

その時代に、一つの宗教的な「伝統」というものが、帝国の建設という大義に国民を動員するために、日本の支配者階級のエリートたちによって創り出されたのです。でも、しばしば「侍魂《さむらいだましい》」などとも言われるあの武士道の「伝統」が、ちゃんとした哲学として実在したことは一度もないし、ましてや実践的な倫理規範であったことなど、もちろんありません。同じように神道というものが、ひとの行動の倫理規範になるという意味での宗教であったことは、一度もないのです。天皇というものも、一八六八年の王政復古で明治天皇が即位するまで、日本という民族国家、つまり、日本の民衆の実質的な統一者であったことは一度もないのです。

ところが、国民は、このようなことが、まるで太古の昔からその形態でずっと存在していたかのような話を広められ、信じ込まされてきました。言い換えれば、一般の日本人はだまされて、自分たちにアジア太平洋地域の支配者となれと奨励する、神のようなものがずっと存在していたのだと信じてしまったのです。日清戦争の戦勝から数十年が経つと、一九三〇年代の中ごろまでには間違いなくそうなっていたのだけれど、この歴史的な神話捏造《ねつぞう》に対する、かつては手強《てごわ》い反対勢力だった人たちの声も握りつぶされるようになりました。その結果、どうなったか。ナショナリズムの虚飾でしかない、でっち上げられた神話の名の下で、何百万もの人が戦死者、戦傷者となってしまいました。国家神道、武士道、天皇崇拝……これらのものは、実在するどんな道徳や倫理にも裏付けられてはいません。それは自分の地位を高めるために大衆を操ろうとした日本のエリートが、己《おのれ》の強欲さの隠れ蓑《みの》として作り出したものに過ぎません。

戦後、国家神道は特権的な地位を剝奪《はくだつ》されました。武士道は去勢《きょせい》されました。天皇は平和の象徴に戻りました。日本は再び非宗教的な国家に戻りました。そして、日本人が勤勉に、公共心を発揮して国を再建したのは、このような文脈においてでした。

政教分離を実際におこなえる文化を持つ日本は、キリスト教の欧米とイスラム教の中東とが衝突する世界において、交渉の仲介役を務めるのに、最もふさわしい立場にあると言えるでしょう。日常生活から組織化された信仰を排除している日本人は、かえってあらゆる宗教に敬意を払うことができるのです。また特定の宗教に対して個人的な恨みも持たないのです。おまけに、中国の文化と欧米の文化をうまく融合させることに成功した唯一の国として、日本はアメリカと中国の間に立ち、対立の調停者となるのに最もふさわしい国でもあります。

日本という国が存在しなければ、信仰やイデオロギーの衝突という、今後も世界を悩ませ続けるに違いない問題は、世界中の人間にとって、いまよりもはるかに恐ろしい脅威となるでしょう。一九九〇年から二〇一〇年代は、日本に物心両面の危機をもたらしましたが、それは決して「失われた一〇年」でも、「二〇年」でも、「三〇年」でもありません。きっといつの日にか、それは日本人の価値観、倫理観、そしてアイデンティティそのものが大きく変化した最初の三〇年であった、と言われるようになるでしょう。

ぼくは未来に対して大いに希望を持っています。日本人自身がこのような変化が起きていることに気づき、その変化に基づいて自分たちのライフスタイルを考え直し続けてくれるかぎりは、きっと、日本は大丈夫だ。

15 日本よ、自らと世界を再デザインせよ

空間と時間を再構成する日本文化と日本語の素晴らしさ

止まった時計は地金の価値しかない　北大路《きたおおじ》魯《ろ》山人《さんじん》

世界を虜にする再デザイン能力

日本が世界に与えたユニークでまったく唯一無二の贈り物は、見事なデザインです。日本語で「デザイン」というと、かなり限定された意味になります。たいていは、「設計」とか「形態」のことを指しているようです。でもぼくが言いたいのは英語の動詞「to design」のことです。これには、頭の中で形作り、発明する、何かの計画を練ったり作ったりする、プランを体系的な図にして表す、ある具体的な効果をねらってな

にかを作る、きわめて芸術的なやりかたでなにかを作る、といった意味があります。英語の「to design」という動詞には、これらすべての意味とニュアンスが含まれているのです。

日本が江戸時代の終わりに開国してからというもの、海外の人々、特に欧米と中国の人々は、日本の文化の虜《とりこ》になりました。それは日本の文化が、あらゆる分野において、モノの抽象的なデザインとそのモノを巧みに作り上げる力を、見事に両立させているからです。ぼくにとって、日本のデザインとは、空間と時間そのもののデザインのことです。

日本の食事は、単にいろいろな味のものをとりまぜたものではありません。その提供のされかたは、時間の経過の演劇的なデザインになっています。一皿、また一皿と料理が出され、一回の食事の間にさまざまな組み合わせの色と食感を経験させられていると、まるで旅をしているような気分になります。

大分の小鹿田《おんた》焼や小石原《こいしわら》焼の皿の魅力（4章参照）は、ろくろの上で回されている間に、その皿に筆が何度も振り下ろされていることです。それによって動きを表すダイナミックな線が生まれるのです。ちょうど、墨をつけた筆の動きが「見える」、一幅の書《しょ》のように。皿の表面が、時空という四つ目の次元を捉《とら》えているのです。

日本の美が時間を再デザインする際の特徴の一つは、「突然さ」です。日本文化は、予期できない、予想不能の要素に満ちています。これは10章に述べた、日本文化と日本人に特有のジェスチャーの演劇性にも関連する話です。その「突然さ」は、歌舞伎や文楽では、早変わりという、一瞬のうちに変身する手法に表れています。浮世絵では、描かれた人物のポーズや「見得」などが、思いがけないドラマの瞬間を捉えている点に見られます。小林一茶《こばやしいっさ》の俳句も、不条理や突然さがドラマを生み出すことをうまく表現しています。

大仏の鼻から出たる乙鳥《つばめ》哉

宮沢賢治《みやざわけんじ》ほど時間をうまくデザインできる人はいません。彼は『春と修羅《しゅら》』の序でこのように書いています。

すべてこれらの命題は
心象や時間それ自身の性質として
第四次延長のなかで主張されます

賢治は宇宙の拍動《はくどう》を表現したのです。
時計がチクタクという間隔を、ゆっくり動かしたり、ひき延ばしたりできるのは芸術だけです。そして、日本の芸術はどの国の文化よりもこの能力に長《た》けています。

日本の建築は外部と内部を融合させ、空間を巧みにデザインしました。十数年前に知り合った建築家の隈研吾《くまけんご》さんは、自然環境を建物の表面や内部空間に取り入れており、これには大いに刺激を受けています。隈さんが静岡県熱海《あたみ》市に建てた「水／ガラス」というヴィラで、水の美をデザインし、自然を再デザインする手法には驚かされます。その家がブルーノ・タウトのデザインした旧日向《ひゅうが》家熱海別邸地下室の隣にあるのは偶然ではありません。隈さんのそのヴィラには、桂離宮《かつらりきゅう》に漂う穏やかな空気や、空間によって切り取られ静止させられた時間があります。隈さんの『自然な建築』という著書は、ぼくが知る限り、日本の美学について書かれた最高の論文の一つとなっています。

日本庭園とは、基本的には限られた空間のなかに風景を再デザインしたものです。デザインのシンプルさは、そこに不要なものが一切ないことと同じ程度に、重要です。日本では、贅沢《ぜいたく》は「渋い」形で示されます。欧米人はこの一見矛盾したところに、困惑させられ、圧倒させられてきたのです。

日本の美学は空間の縮尺も再デザインする。それについてぼくがまず思い浮かべるのは、一茶の俳句です。

うつくしや障子の穴の天の川

夕不二（富士）に尻を並べてなく蛙

どちらの句も、物と物との空間的な関係を再デザインする、驚くべきイメージを提示しています。何が「大きい」ものなのか？　何が「小さい」ものなのか？　それはすべて、見る者の視野と視点によって決まるのです。

もちろん、このようなことをするのは一茶だけではありません。この、想像力による空間の引き延ばしは、多くの詩人の詩に見られる手法です。子規《しき》はこう書きました。

蝸牛《でむし》や雨雲さそふ角のさき
赤蜻蛉《とんぼ》筑波に雲もなかりけり

ぼくは俳句を「一七音節による空間と時間の再デザイン」と定義したいと思います。このように空間を再デザインすることで、日本文化は人間の自然のなかでの位置を正しく捉えることに成功しています。つまり、多くの要素のなかの、単なる一つの小さな要素として。

日本文化に見られるこのような時間と空間の再デザインは、日本人にのんびりとして、ものごとが起こるのを辛抱強く待つ余裕をもたらしました。それは人々が意見を述べる際に、途中で間を取ったり、ふと黙ったりする話し方にも影響を与えています。

このような生活のゆっくりとしたペースは、現代の日本ではずいぶん失われてしまったけれど、それはまだこの国の文化に潜在的には残っているし、再びそれを人々の生活様式に取り戻し、再生することもできるでしょう。

「未知のデザイン」とエロチシズムの文化

エロチシズムのデザインも、日本が世界に与えてくれた贈り物の一つです。日本というのは、礼節、作法、慎重さを大いに重視する社会ではあるけれど、そこには欧米に見られるような、身体を恥と結びつけるような宗教的な感覚はありません。体を見せることは恥ずかしいことかもしれないが、罪悪というわけではありません。たとえば、矛盾するようですが、欧米のほとんどの国にあるような公共のヌード・ビーチが日本にはありません。しかし、その文化には驚くほどエロチックな図像があふれています。おそらく明治時代に、ヴィクトリア朝のイギリスなどを参考に作られた倫理観によって、江戸時代にあったきわめて猥褻《わいせつ》で猥談《わいだん》風の文化が、現代の日本の、性に関してはかなり堅い文化に変化したのでしょう。しかしいまもその表面をひと皮むけば、昔のみだらな文化が、元気旺盛に生き続けています。

ぼくは上野で北斎《ほくさい》展を見ているときに、その矛盾に気づいてハッとしたのです。博物館の売店では、日本語版と英語版の二種類のカタログが販売されていました。二つの版は、次の一点を除いてすべて同じ作りになっていました。それは、英語版には北斎の春画が収録されていたのに、日本語版にはなかったということです。

与謝野晶子《よさのあきこ》の歌に見られる、時代に先駆けた身体に対する開放的な姿勢は、世界的に見ても珍しい。晶子が『みだれ髪』のいくつかの歌で見せたような率直さと正直さは、日本のエロチシズムのデザインを象徴しています。どの国の女性詩人も、一世紀前にこのような詩を書くことはできなかったでしょう。

乳《ち》ぶさおさへ神秘のとばりそとけりぬここなる花の紅《くれない》ぞ濃き

エロチシズム、グロテスク、演劇性のデザインは、ぼくが深く愛する、ある芸術家の作品において極限にまで高められています。彼の名は弘瀬《ひろせ》金蔵《きんぞう》、愛称は絵金《えきん》。

一八四四年に贋作《がんさく》スキャンダルに、おそらく無実だったろうと思うが巻き込まれて以来、彼は四国の田舎町を渡り歩いて、染め物師やたこ職人などの職人たちのために絵を描いて暮らしていました。

絵金の天才的な才能が発揮されたのは、彼が屏風《びょうぶ》絵を描くようになってからでした。それらの大きな屏風絵には、ドラマチックな場面が描かれ、人々の感極まった、ときにはオーガズムを迎えたような瞬間が捉えられています。それはグロテスクか？　その通り。残酷なシーンも多く、そのような絵はさらにグロテスクです。絵金の絵は、まるでブリューゲルとダリを一つにして、それをもっとショッキングにしたようなものだと言えます。日本の美術には控えめな表現とミニマリズム（余分な飾りを取り、シンプルに徹しようとするスタイル）しかないと思っている人は、ぜひとも絵金の作品を見てほしい。

これが日本の豪華な演劇性の典型例です。

いま述べたような要素をすべて総合したものが、「未知のデザイン」とでも呼ぶべきものになっているのです。過去から現在に至るまで、世界に影響を与え続けている日本のマンガやアニメにも、間違いなくそのような突然さや、歪《ゆが》められた縮尺、時間の大きな飛躍やエロチシズムとグロテスクの力強い混合などが、明らかに存在します。宮崎《みやざき》駿《はやお》の世界も、「未知のデザイン」を抜きには語れないのです。

日本語は本当に「曖昧な言語」か

それから、何と言っても日本語です。

言語の捉えかたの一つに、それはコミュニケーションの道具である、というのがあります。日本語は長いこと、日本人だけの間で用いられる道具と考えられてきました。それは一種の暗号のようなもので、本当に理解できるのは日本人だけだというのです。しかし近年になると、何万人、あるいは何十万人という非日本人が日本語を学び、理解し、話せるようになってきました。暗号は解読されたのです。

日本語の国際化は、戦後の日本にとって最高の出来事の一つでしょう。それをよく表しているかもしれない、ある個人的なエピソードを紹介しましょう。

一九八〇年代に、ぼくはあるフランス人社会学者と時々会って昼飯を一緒に食べていました。ぼくのフランス語は全然だめだし、彼の英語力もいま一つだったので、自然な流れとして、ぼくらはお互いが理解できる唯一の言語、日本語でしゃべるようになりました。日本に長年住んでいるという点は彼もぼくも似たようなものだったけれど、彼のほうは、奥さんが日本人という点で日本語習得には有利でした。

乃木坂《のぎざか》駅に近いフランス料理店で待ち合わせ、ぼくのほうが先に着きました。店は満員で、お客はみんな日本人でした。運良くぼくが二人分の席を予約してありました。ぼくは案内されたテーブル席につきました。それは店のど真ん中でした。

しばらくすると、友人が現れ、あわててそのテーブルに来て「ごめん、ごめん」。

「いえいえ、どうも、しばらくだな」

「ええ」

「お元気ですか？」

「まあ、なんとか」

二人とも着席して会話を続けました。まずお互いの妻と子供たちについて、そしてほかのさまざまな話題について。もう具体的に何を話したのかは忘れてしまったけれど。でもぼくらはすぐに、店内が静まりかえったことに気づきました。さっきまでは三〇人ほどの人たちがにぎやかにおしゃべりをしていたのに。それればかりか、ほとんどの人がこちらをジッと見つめているではないか。彼らは思ったのでしょう、「どうなっているんだ？　この外人ときたら、二人とも日本語でしゃべっているぞ」と。

まったく、ぼくらにはプライバシーなど一切なくて、そのランチのあいだ中ずっとヒソヒソ声で会話をすることになりました。

さて、そのレストランでの光景は、日本人の目には少々不思議なものに映ったのだと思います。だがなぜそう思う必要があったのだろう？　世界中を旅していると、アジア、ヨーロッパ、南アメリカ、アフリカなどの人たちが、ネイティヴスピーカーではない人同士だが英語でしゃべっているのを見たり聞いたりすることがよくあります。ぼくはそれを見ても不思議だとは思わないし、ましてや彼らににじり寄って会話に聞き耳を立てたりしたいと思ったことは一度もありません。

さて食事が終わると、さらに悪いことに、フランス人の友人とぼくはレジ前で、どちらが支払うかでもめ始めました。

「ぼくがおごる」とぼくは言った。

「やー、ロジャーがこの前払ったんだから、俺がご馳走《ちそう》する」

ついに、レストランのお客のみならず、全ウェイターまでもが、驚いた顔でぼくらをジッと見つめはじめました。「あの二人の外人は、何でまたあんなふうに、まるで日本人みたいなことをしているんだ？」と思っていたに違いありません。

しかし実際には、欧米でも、いや世界中のどこでもそうだと思うけれど、友人の食事代ならば気前よく払うのが、一つの礼儀です。ぼくらはなにも日本人らしく振る舞っていたわけではない。ただ人間らしく振る舞っていたのです。

だから日本語の国際化は日本にとって良いことなのです。それによって日本人は、自分たちだけの特殊な行動だと思っていることの多くが、実は普遍的なものであること、また日本語は、コミュニケーションの道具として世界中の人に使われうるものだということが、わかるようになるでしょう。

でも日本語には、デザインとしての文化に関するこの章で、とりあげたい特徴がもう一つあります。それは、日本語が、日本人の思考と感情をデザインする媒体になっているということです。これこそが、日本語の要素のなかでも、日本の文化と社会を完全に理解しない限り、非日本人には理解できない要素なのです。

ぼくはこれまでに、日本人から、数え切れないほど何度も、日本語は「曖昧《あいまい》な言語」だと言われたことがあります。申し訳ないけれど、それはまったく事実に反しています。そもそも、曖昧な、あるいは多義的な言語などというものは存在しないのです。もちろん、ある国民がその国の言語で曖昧な表現をして、そのような印象を与えることはありえます。しかしすべての言語は、いわば中立地帯なのです。

実は、ぼくは、日本人による日本語の使い方を曖昧だとも多義的だとも思っていません。たとえある一人の日本人の使った一つのフレーズが、外部の人にとって曖昧であると感じられたとしても、それが本当に曖昧なのかはわかりません。あるフレーズが曖昧あるいは多義的かどうかを判断する基準は、こうです。話し手が、明確な伝え方をしたときに、聞き手がその意味や話し手の意図を理解できたか？　もし理解できたなら、使われたフレーズは曖昧でも多義的でもありません。

実際、日本語はものごとをきわめて正確に表現できる言葉だと思います。たとえば「ですね」、「だな」、「じゃないか」、「だろうね」のように多様な語尾が使えることによって、日本人は細やかな感情を正確に表現しつつ話すことができるのです。

日本人に特有の日本語の使い方だとぼくが思うもので、もしかすると日本語が曖昧なものだと思われる原因になっているかもしれない特徴の一つは、省略です。言葉の省略は、簡素なデザインが具現化されたものであり、感情をくどくどと説明することを嫌い、口のうまい人をさげすむという、日本人の生き方の一つの特徴でもあります。

失望や嫌悪を表す「もう……」、「そんな!」、「まったく!」のような表現はその典型的な例です。「まったく!」をさらに縮めて「……ったく!」とすることもできます。

誰かに何かについて意見を聞くと、首をかしげて「さあ」と言われることがあります。英語に翻訳するなら、文脈によって「I don't know.」または「I wonder.」となるでしょう。これを一つの語と考えると、曖昧な言葉に思えるかもしれません。でもそれを、ある文脈における、話者の感情のデザインと解釈すれば、それはきわめて明快なメッセージであることがわかります。

また別のタイプの省略もあります。

日本語についてよく言われるのは、「文の主語を省略するので、ときには誰が何を誰に言っているのか把握するのが難しい」ということです。でも、ぼくを含めた英語の話者も、主語になる代名詞を省略することはよくあります。たとえば……
「Saw the movie last night. Loved it.（ゆうべ映画を見た。すごく良いと思った）」
友人からこのようなメールが来れば、主語が本人であることはわかります。いちいち「I（わたしは）」と書いたり言ってもらう必要はありません。

おそらく、ぼくの知る限り、この日本語の省略の例として最高のものは、何度か来日経験のあるオーストラリアの詩人、ジュディス・ライトさんから教えてもらったものでしょう。ちなみに、一九七三年にオーストラリアの小説家パトリック・ホワイトがノーベル文学賞を受賞したときに、ぼくは、本来ならばジュディスさんが取るべきだったのに、と思った記憶があります。

さて、ジュディスさんは日本語はほとんど話せませんでしたが、一つだけ、とても便利な言葉を知っていました。京都のある寺を訪れたとき、彼女はトイレに行きました。電話ボックスほどのサイズの小さな木製の小屋です。用を足し終わったところで（実は英語でも finished her business と日本語と同じ表現をします）、トイレの扉が、内側からは開かなくなっていることに気づきました。その扉には、横に滑らせると鍵《かぎ》がかかる、あの小さな木製の取っ手がついていたのですが、彼女はそんなしくみは知りませんでした。そこで彼女は、小窓の障子を開け、首を外に出して、とある日本語を、たったひと言、叫んだのです。

さて、それがどんな言葉だったのか、おわかりでしょうか？　お教えしましょう。それは、このような状況で使うのにはまさに最適、かつ完璧《かんぺき》な言葉だったのです。ぼくならば「すみません！」とか、あるいは人の姿が見えたら「もしもし！」と呼びかけたかもしれません。しかしジュディスさんの言った言葉はそれだけでじゅうぶんで、実際に彼女の目的も見事一発で果たしたのです。彼女がその言葉を口にするやいなや、雲水《うんすい》さんが駆けつけて、扉を開けてくれました。

それは、

「あのー……！」

という、たったひと言の日本語だったのです。さすがは詩人、と誉《ほ》めたたえるべきでしょうか。

この言葉を曖昧だという人もいます。けれども、この場面では、これ以上に的確な言葉はなかったでしょう。

でも、ぼくが遭遇したかなり新しいタイプの省略は、もっとユーモラスです（少なくともぼくはそう思う）。それは主に日本の若者が使う省略の形だろうと思います。

東京で、あるコーヒーショップに入りテーブル席に座りました。若いウェイトレスが来て、お冷やをテーブルにカチャンと置きました。

「何にしましょう」と目を窓の外にやりながら、彼女は退屈そうに、事務的な口調で言いました。

「ええと、エスプレッソありますか？」とぼくは聞いた。すると彼女はぼくの顔を真正面から見て、こう言いました。

「はないです」

彼女は「は」を強く強調しました。声の高さを上げ、ほとんどしゃっくりをしているみたいに。言うまでもないけれど、その文の主語はエスプレッソです。

「の」の柔軟性と強調の「っ」の便利さ

日本語の使い方のなかで、日本語を曖昧なものと思わせる原因になっているかもしれない特徴をもう一つあげるなら、それは柔軟さです。助詞の「てにをは」があるおかげで、どの単語が文中で何の役割を果たしているか、つまりどれが主語でどれが目的語か、が理解しやすい。英語にはこういった助詞もないし、ロシア語のような格変化もありません。したがって、文の語順を柔軟に変えるようなことはできません。日本の学校の英語のテストで時々見かけるけれど、英語の文章で語順を入れ替えてしまうと、その文は意味をなさないものになってしまうのです。

日本語の「の」という小さな言葉は、日本語のなかで最も柔軟性の高い言葉だとぼくは思います。『銀河鉄道の夜』という題名の「の」は何を意味しているのだろう？　英語を学習している多くの人は、それは「of」の意味だと言うでしょう。でも「of」を使って『Night of the Milky Way Train』などとすると、汽車に所有された夜のような意味不明の英語になってしまいます。いや、この「の」は明らかに、汽車の乗客によって経験された夜という意味です。そこでぼくはこの題名を、「on」を使って『Night on the Milky Way Train』と英訳しました。

それから、安吾《あんご》の有名な、桜に関する小説（ぼくはそれも英訳した）はどうだろう。次のうち、どれが正しい題名でしょう。『満開の桜の森の下』、『森の桜の満開の下』、『桜の満開の森の下』、『桜の森の満開の下』。正しい題名はこのうち一つだけです。だが文法的な観点からすれば、どれも間違ってはいません。

「の」の柔軟性の証拠として、ぼくは学生にこのようなちょっとした問題を出しています。

次の文章を「of」を使わずに英訳しなさい。

「漱石《そうせき》の小説は、留美子の部屋の机の上にあります」

この文を「of」を使わずに英訳する方法は何通りもあります。では、ほんの一例をあげましょう。

The Soseki novel is on the table in Rumiko's room.

もちろん、これはごく単純な問題です。しかし、それは日本語の言語デザインの柔軟性をよく表しています。

日本語における強調や、重要性のデザインもまた興味深い。強調はふつう、文末に来て、標準語ならば「よ」、「だぞ」、「のだ」など、関西弁の男言葉ならば「ワ」という語尾として表されます。しかし強調は、ぼくが日本語におけるデザイン的要素だと考えている、もう一つの小さな音によって表すこともできます。それは小さい「っ」です。この小さい「っ」によって、強調の要素を加えることができるのです。京都の人が「しんどい」と言えば、それは疲れたとかうんざりしたとかいう意味です。それを強調すると「しんどっ!」となります。また、「はい」を短くハッキリと言えば「はいっ!」となります。こう言えば、その人が意志堅固であることを表現できます。

この小さい「っ」は多くの擬態語《ぎたいご》において、感情をデザインする要素となります。たとえば「じっと」、「ざっと」、「ぐっすり」、「ひっそり」、「たっぷり」、「ばっさり」、「ばったり」、「ばっちり」、「ぎっくり腰」など。ぼくの大好きな言葉の一つ「ずんぐりむっくり」もそうです。ぼくはこの小さな「っ」を「多機能辞」と呼んでいます。「へっぽこ文士」もいれば、「へっぽこ政治家」も残念ながら、かなりいるようですが。

小さい「っ」は突然さ、迅速さ、決然としているさまなども表すことができます。たとえば「くるっと回る」、「ぴしゃっと断る」などのように(「きっぱり」もそうです)。首相の演説に対するあなたの感想を聞かれたとしましょう。あなたは「むちゃくちゃだ」と答える。もし小さな「っ」を加えて「むっちゃくちゃだ」と言えば、あなたの意見はより強く聞こえるようになります。あなたが「これっぽっちもない」と言うとき、

「れ」と「ぽ」の間で唇を閉じている時間が長ければ長いほど、あなたが「ない」と言ったものは、それだけ量が少ないことになります。このような小さな言葉の武器が、日本語の表現の命中率を、ますます高めてくれるのです。

　もちろん、「っ」を何かを褒《ほ》める用途にも使うことができます。「君の新しい彼女が作ってくれたお好み焼きはどうだった？」とぼくが聞いたとしましょう。「めちゃうまい」と言われれば、彼女への気持ちはかなり真剣だな、とぼくは思います。もし「めっちゃうまいや」と言われれば、ウェディング・ベルが彼方から聞こえてくるような気がするでしょう。

「やばっ」とか「短っ」とか「すごっ」などという「っ」の言葉遣いも、若い世代でよく聞かれます。これって、やっぱ、面白っ！

　このような要素こそが、日本人の気持ちを、曖昧どころか鮮明に表現するための道具になっているのです。日本人は人名にも小さい「っ」を入れたりします。有名なコメディアンの「Charlie Chaplin」の名字は、「チャプリン」と表記することも可能だけれど、ほとんどの人が「チャップリン」と呼んでいる。そのほうが、なんだかちょっと面白い名前のようにも聞こえます。

　もちろん、日本語にはそのような言葉が何百、いや何千とあります。その一つひとつにそれぞれのドラマがあります。日本語には「ト書き」は必要ありません。日本語の言葉自体に、すでに明快な演劇性が含まれているからです。

これらの特徴をすべてあわせたものが、日本語の感情のデザインになっています。思い出してください。すべての言語は中立的なものであり、曖昧な言語も非曖昧な言語も存在しません。日本人は日本語を、きわめて非曖昧で率直であると同時に、多くのニュアンスを含んだ演劇的な方法でも使っているのです。

擬態語、擬声《ぎせい》語、擬情《ぎじょう》語は日本のオノマトペの三形態で、多くの日本人はそれを日本語に固有のものと考えています。しかし実際には、他の言語にもそのような言語表現の形態は豊富にあります。英語には日本語と同じぐらい多くの、あるいは日本語よりも多くの、擬声語があります。ただ、それはふつうは形が異なっているだけなのです。たとえば「ゼイゼイいう」は英語では「wheeze」です。「バシャバシャ泳ぐ」は「splash」。日本語は同じ音を繰り返す擬声語が多いけれど、英語では一語で同じ効果を出します。擬声語は、宮沢賢治にとってきわめて重要なものだったので、ぼくも賢治の作品を翻訳するときには、どのような英語の擬声語をあてはめるべきかが、何よりも気になっています。

日本語と英語の擬声語については、ぼくの『ほんとうの英語がわかる』シリーズ（新潮社）や『驚くべき日本語』（集英社インターナショナル）にくわしく書いたので、ここでは詳述を避けます。でもぼくが一番言いたいのは、そのような豊かな表現形態があるおかげで、日本人は自分の考えを正確に、しかもきわめて微妙なニュアンスとともに伝えることができるのだ、ということです。

日本語のリズムも、日本語という言語のデザインの一部です。ぼくは日本語の音楽性を「ロジャー武蔵《むさし》」と呼ばれていたころに、浪花節《なにわぶし》の節回しから学びました。芝居をたくさん見たのも参考になりました。井上ひさしや別役実《べつやくみのる》の書く対話には独特のリズムがありますす。その対話はふつうの会話のようにも聞こえるけれど、実際にはもちろんそうではありません。それが本当に素晴らしい対話の一つの特徴です。それは、ぼくが日本の美について先に述べたことと似ています。対話は本物ではありません。「実」生活ではなく舞台で話される言葉なのだから、あたりまえのことです。でもそれは本物のように聞こえる。本物のように見えるし聞こえるが、しかし実はそうではないもの、それが芸術というものなのです。

もう一つ、日本人の言語使用の特徴として、「語呂《ごろ》合わせ、しゃれ」をあげることができます。英語では「wordplay」とか「pun」にあたるものです。日本語には同音異義語が多いので、しゃれを言うのはとても簡単だけど、それをうまくやるのはさほど簡単ではありません（だから多くのしゃれが「駄じゃれ」になってしまう）。しゃれの歴史は、日本語の歴史と同じほど古く、古文にもしゃれは豊富に見られます。

ぼくも実はしゃれが好きです。ひさし先生とぼくはよく、しゃれの応酬をしたものでした。まるで会話は言葉の剣道だ、とでもいうように。彼の戯曲や小説にはたくさんの上手《うま》い語呂合わせがあり、それを英語に翻訳するときはいつもやりがいを感じます。

ぼくはとても真面目な場面でもしゃれを言ってしまうことが時々あります。あるとき、フジテレビの楽屋で「THE WEEK」の本番の直前に、海江田《かいえだ》万里《ばんり》さんに「海江田さんは、お嬢さんいらっしゃいますか？」と聞いて、彼が「おります」と答えると、ぼくはこう言った。「じゃ、娘さんは、バンリのチョウジョになるんですか」。後に彼も実力ある政治家になってしまったので、もう同じことを言う勇気はありません。これはまあ、ちょっと「楽屋オチ」だったでしょうか。

最後に、多くの言語にある「diminutive《ディミニューティヴ》」つまり日本語でいう「指小辞《ししょうじ》」について。日本語では「子」と「ちゃん」は小さいものを、そしてときには可愛いものを指すときに使われます。「かわい子ちゃん」は二重指小辞をつけた日本語ということになります。

だが日本語には、ほかの言語にあまりない指小辞があります。それは敬語的な愛称です。たとえば、だれかの祖母を「おばあちゃん」と呼べば、親しみを表す愛称をつけたことになります。でも「おばあちゃま」と言えば、親しみと敬意を同時に表すことができます。このような言語表現は、とても日本的なものです。それは心で感じていることを、きわめて簡潔にかつ正確に表現しています。日本語の言語デザインの、素晴らしい例ではないかと思います。

美しい日本語の国際化が必要だ

さて、ここで藤牧義夫《ふじまきよしお》の「不思議な國」を「正確に」想像し考えることが重要だ、という言葉が思い出されます。日本人が自分たちの「日本語」という言語の良さをもっともっと理解し、愛するようになり、世界中の人に学んでもらいたいと強く求めるようになることがとても重要です。

五〇年を超える日本での生活のなかで、ぼくは気の毒なほどに自国の文化や習慣の素晴らしさに無頓着《むとんちやく》な、いやあえて無知なと言うか、そういう日本人に、会いすぎるほど会ってきました。

もちろん、自国の文化をあまりに持ち上げることは、昭和の最初の二〇年間の歴史を見ればわかるように、悪質なナショナリズムにも発展しかねません。自国の過去と現在を、鋭いバランス感覚を持って眺める必要があることは言うまでもありません。

でもぼくは、日本の人々が自国の文化をもっとよく知るようになり、日本の文化を形づくってきた驚くべき人々をもっとしっかり正確に知るようになることを願っています。そうなって初めて、日本の人々は、世界の人々と対等な立場でつきあえるようになるのですから。

そして、日本にあこがれを持っている非日本人はどうでしょう？　もしぼくら非日本人が、日本語のさまざまな美しさを知るようになれば、その言葉を作った人々のこともよく理解できるようになるでしょう。日本語は非日本人にとって、覚えるのもしゃべるのも難しい言葉ではありません。ただ、読み書きができるようになるにはかなりの時間と努力が必要です。ぼくは世界中で何百万という数の人が日本語を話せるようになることを願っています。日本語の国際化は、ぜひとも達成しなければならない目標です。それは日本文化をどのように発展させるかというデザインの一部であり、そのようなものとして認識される必要があります。もしそれが実現すれば、世界中の人々は日本語の魅力に夢中になることでしょう。

ぼくは二一世紀の日本人には、まず日本を再デザインしてもらい、その結果として、世界を再デザインしてもらいたい。美しい日本語を外の世界の人々にも理解してもらうことは、その方向に進むための大きなステップであり、日本を世界に開くための大きなステップでもあるのです。

この本の「はじめに」でぼくは、この国に住む、ぼくを含めたすべての人々の今後の課題について、このように述べました。

「日本のみなさんが未来を、新たに形づくろう、新たな発想で、新たな構想を思い描こうとするなら、日本の慣習や伝統、日本ならではの考え方といったものを参考にすればよいのです。明るい未来を作るための鍵は、みなさんの国の文化のなかにあるのです。あなた自身の明るい未来をひらく鍵は、その文化をただ傍観することを選ぶにしろ、積極的に貢献する道を選ぶにしろ、あなたがその文化とどう関わるかにあるのです。

そのことを伝えるのが、この本の役目です。これは、日本のみなさんにとって、将来へのロードマップとなるものです。日本という国は世界にとって、なくてはならない必要な存在です。日本のみなさんがそのことを再び信じられるようになったとき、日本は世界での居場所を取り戻すでしょう」

ぼくが世界で一番好きな作家は、宮沢賢治です。それは、彼の書いた物語や詩が素晴らしいからというだけではありません。それは、彼がぼくらに一番伝えたかったメッセージが、光と希望に関するものだったからなのです。

日本の人々が世界に貢献できるのは(どの分野で活躍している人にも共通して言えることですが)、まさにそれがあるから、つまり光を見る力や、希望を世界中の人々と分かち合おうとする気持ちがあるからなのです。

おわりに

ぼくはこの本を、二〇〇八年九月に北上川《きたかみがわ》の川岸に立っている場面から始めました。そこに立っているぼくの体を風が吹き抜けて行きました。その風はあるメッセージを運んできたのです。それは希望のメッセージでした。

そこからほんの一瞬、といってもその間に長く素晴らしい年月が流れたのですが、さかのぼってみましょう。

ぼくは羽田空港から東京の都心にむかうタクシーに乗っていました。あれは一九六七年九月のことです。そのときは、風ではなく、タクシーの窓の一枚のガラスを通して、街の明かりを眺めていました。その明かりも、あるメッセージを運んできました。そのメッセージはぼくにこう言っていました。

「君はこれから冒険をはじめるのだ。君の冒険が、ワクワクできる、しかも意義深いものとなりますように。君の旅が、長く、魅惑に満ちたものとなりますように」

ぼくは、次に何が起こるかわからない道を選びましたから、いつもワクワクしていました。今後どのような人間になるのか、誰と結婚するのか、子供に恵まれるのか、何が生涯の仕事になるのか、といったことは、まったくわからなかったのです。

いまの若い人は、あまりに早い時期に決断を迫られます。まだ若いうちから、人生の方向性を決める必要はまったくありません。もちろん、すでに決めたというなら、それも結構だけれど。

しかし、海に漂う流木のように、ただ漂っているだけというのはやめよう！　その海の水に深く潜って、水中にあるすべてのものを観察してください。海綿《スポンジ》になって、自分のほうに流れてくるものを、何でもかんでも吸収するのです。外国語を学びましょう。いろんな人と出会いましょう。目をちゃんと開けて、この世界の美しさをよく見てください。

そうすれば、人生の決断を迫られたときに、自信をもって正しい決断ができるでしょう。ぼくはタクシーの窓から万華鏡のような街の明かりを見たときに、日本にとどまり、日本で暮らすことを決心した。その光がぼくの人生を変えました。それはぼくの人生を変えただけではありませんでした。日本のおかげで、いまのぼくという人間があるのです。

ぼくは「はじめに」で若い人には（そして若くない人にも）「反逆の精神」が必要だと書きました。ぼくは「おわりに」でも一つのフレーズを紹介しようと思います。それは「buck the system（体制に反抗する）」というものです。「system」とはここでは「支配体制」を意味します。では「buck」とはどういう意味でしょう?

「buck」は、馬に関連する言葉です。「to buck」するという動詞は、「馬が背を曲げてはね上がる、後脚をけり上げる」という意味です。だが「buck」には比喩《ひゆ》的な意味もあります。それは「何かに立ち向かう、頭を下げて突進する」という意味です。

これを、みなさんが未来をめざして進んでゆく姿勢の比喩だと考えてみてください。もちろん、支配体制のすべてが悪いわけではありません。ぼくらは支配体制が、あらゆる部署とその業務において、国民に役立ってくれることを願っています。そして、選挙、学校、健康保険、年金などを見れば、多くの場面でそれが実現されていることがわかります。

しかし、支配体制はときに、市民や国民の利益に反することもあります。それは、日本のような民主主義国においてもありうることです。

もし、そのようなことが実際に起きているとあなたが個人的に感じたとすれば、そのときあなたは選択を迫られているのです。

その選択はあなた個人の幸福を左右します。

人生を現状のままおとなしく受け入れるか、背を曲げてはね上がる馬のように立ち上がって、頭を下げて突進するか、態度を決めなければならないのは、まさにそういうときなのです。その選択が、あなたを次にどこへ連れて行くのかはわかりませんが、人生という冒険が行き先を決めてくれるでしょう。

あなたは、そのレースには勝てないかもしれません。なぜなら、あなたと同じことをやろうとしている馬はほかにもたくさんいるから。でも、とにかく力の限り速く、できるだけ遠くまで、走れば良いのです。そして運が良ければ、自分自身がどれほど速く、どれほど遠くまで走れるのかに驚かされることでしょう。

本書は二〇一一年一二月に集英社インターナショナルから刊行された単行本『もし、日本という国がなかったら』を文庫化したものです。

もし、日本《にほん》という国《くに》がなかったら

ロジャー・パルバース　坂野由紀子《ばんのゆきこ》＝訳

平成31年 2月25日　初版発行
令和 6 年 12月 5 日　3 版発行

発行者●山下直久

発行●株式会社KADOKAWA
〒102-8177　東京都千代田区富士見2-13-3
電話　0570-002-301（ナビダイヤル）

角川文庫 21473

印刷所●株式会社KADOKAWA
製本所●株式会社KADOKAWA

表紙画●和田三造

●お問い合わせ
https://www.kadokawa.co.jp/（「お問い合わせ」へお進みください）
※内容によっては、お答えできない場合があります。
※サポートは日本国内のみとさせていただきます。
※Japanese text only

ISBN 978-4-04-400455-2　C0195

◆◆◆

角川文庫発刊に際して

角川源義

第二次世界大戦の敗北は、軍事力の敗北であった以上に、私たちの若い文化力の敗退であった。私たちの文化が戦争に対して如何に無力であり、単なるあだ花に過ぎなかったかを、私たちは身を以て体験し痛感した。西洋近代文化の摂取にとって、明治以後八十年の歳月は決して短かすぎたとは言えない。にもかかわらず、近代文化の伝統を確立し、自由な批判と柔軟な良識に富む文化層として自らを形成することに私たちは失敗して来た。そしてこれは、各層への文化の普及滲透を任務とする出版人の責任でもあった。

一九四五年以来、私たちは再び振出しに戻り、第一歩から踏み出すことを余儀なくされた。これは大きな不幸ではあるが、反面、これまでの混沌・未熟・歪曲の中にあった我が国の文化に秩序と確たる基礎を齎らすためには絶好の機会でもある。角川書店は、このような祖国の文化的危機にあたり、微力をも顧みず再建の礎石たるべき抱負と決意とをもって出発したが、ここに創立以来の念願を果すべく角川文庫を発刊する。これまで刊行されたあらゆる全集叢書文庫類の長所と短所とを検討し、古今東西の不朽の典籍を、良心的編集のもとに、廉価に、そして書架にふさわしい美本として、多くのひとびとに提供しようとする。しかし私たちは徒らに百科全書的な知識のジレッタントを作ることを目的とせず、あくまで祖国の文化に秩序と再建への道を示し、この文庫を角川書店の栄ある事業として、今後永久に継続発展せしめ、学芸と教養との殿堂として大成せんことを期したい。多くの読書子の愛情ある忠言と支持とによって、この希望と抱負とを完遂せしめられんことを願う。

一九四九年五月三日

角川ソフィア文庫ベストセラー

新編 日本の面影

ラフカディオ・ハーン
訳／池田雅之

日本の人びとと風物を印象的に描いたハーンの代表作『知られぬ日本の面影』を新編集。「神々の国の首都」「日本人の微笑」ほか、アニミスティックな文学世界や世界観、日本への想いを伝える一一編を新訳収録。

新編 日本の面影 Ⅱ

ラフカディオ・ハーン
訳／池田雅之

代表作『知られぬ日本の面影』を新編集する、詩情豊かな新訳第二弾。「鎌倉・江ノ島詣で」「八重垣神社」「美保関にて」「二つの珍しい祭日」ほか、ハーンの描く、失われゆく美しい日本の姿を感じる一〇編。

新編 日本の怪談

ラフカディオ・ハーン
訳／池田雅之

「幽霊滝の伝説」「ちんちん小袴」「耳無し芳一」ほか、馴染み深い日本の怪談四二編を叙情あふれる新訳で紹介。小学校高学年程度から楽しめ、朗読や読み聞かせにも最適。ハーンの再話文学を探求する決定版！

ペリー提督日本遠征記（上）

M・C・ペリー
編纂／F・L・ホークス
監訳／宮崎壽子

喜望峰をめぐる大航海の末ペリー艦隊が日本に到着、幕府に国書を手渡すまでの克明な記録。当時の琉球王朝や庶民の姿、小笠原をめぐる各国のせめぎあいを描く。美しい図版も多数収録、読みやすい完全翻訳版！

ペリー提督日本遠征記（下）

M・C・ペリー
編纂／F・L・ホークス
監訳／宮崎壽子

刻々と変化する世界情勢を背景に江戸を再訪したペリーと、出迎えた幕府の精鋭たち。緊迫した腹の探り合いが始まる――。日米和親条約の締結、そして幕末日本の素顔や文化を活写した一次資料の決定版！

角川ソフィア文庫ベストセラー

アメリカの鏡・日本　完全版
ヘレン・ミアーズ
伊藤延司＝訳

近代日本は西洋列強がつくり出した鏡であり、そこに映るのは西洋自身の姿なのだ――。開国を境に平和主義であった日本がどう変化し、戦争への道を突き進んだのか。マッカーサーが邦訳を禁じた日本論の名著。

リンドバーグ第二次大戦日記（上）
チャールズ・A・リンドバーグ
新庄哲夫＝訳

アメリカの英雄的飛行家リンドバーグによる衝撃的な日記。ルーズベルトとの確執、軍事産業下の内幕、南太平洋での凄惨な爆撃行――。戦後25年を経て公開、大量殺戮時代の20世紀を政権中枢から語る裏面史。

リンドバーグ第二次大戦日記（下）
チャールズ・A・リンドバーグ
新庄哲夫＝訳

零戦との一騎打ち、日本軍との壮絶な戦闘、アメリカ兵による日本人捕虜への残虐行為――。戦争とは何かが問われる今、アメリカの英雄でありながら西欧批判も辞さないリンドバーグの真摯な証言が重く響く。

新訳　弓と禅　付・「武士道的な弓道」講演録
ビギナーズ　日本の思想
オイゲン・ヘリゲル
魚住孝至＝訳・解説

弓道を学び、無の心で的を射よという師の言葉に禅の奥義を感得した哲学者ヘリゲル。帰国後に著された本書には、あらゆる道に通底する無心の教えが刻み込まれている。最新研究に基づく解説を付す新訳決定版！

新訳　武士道
ビギナーズ　日本の思想
新渡戸稲造
訳／大久保喬樹

深い精神性と倫理性を備えた文化国家・日本を世界に広めた名著『武士道』。平易な訳文とともに、その意義や背景を各章の「解説ノート」で紹介。巻末に「新渡戸稲造の生涯と思想」も付載する新訳決定版！

角川ソフィア文庫ベストセラー

角川ソフィア文庫ベストセラー

天災と日本人
寺田寅彦随筆選

寺田寅彦
編／山折哲雄

地震列島日本に暮らす我々は、どのように自然と向き合うべきか――。災害に対する備えの大切さ、科学と政治の役割、日本人の自然観など、今なお多くの示唆を与える、寺田寅彦の名随筆を編んだ傑作選。

神秘日本

岡本太郎

人々が高度経済成長に沸くころ、太郎の眼差しは日本の奥地へと向けられていた。恐山、津軽、出羽三山、広島、熊野、高野山を経て、京都の密教寺院へ――。現代日本人を根底で動かす「神秘」の実像を探る旅。

日本再発見
芸術風土記

岡本太郎

人間の生活があるところ、どこでも第一級の芸術があり得る――。秋田、岩手、京都、大阪、出雲、四国、長崎を歩き、各地の風土に失われた原始日本の面影を見いだしていく太郎の旅。著者撮影の写真を完全収録。

日本の民俗　祭りと芸能

芳賀日出男

写真家として、日本のみならず世界の祭りや民俗芸能の取材を続ける第一人者、芳賀日出男。昭和から平成へと変貌する日本の姿を民俗学的視点で捉えた、貴重な写真と伝承の数々。記念碑的大作を初文庫化！

京都の精神

梅棹忠夫

町並みや伝統産業、文化に表れる京都中華思想ともいうべき、独自の精神をやさしく解明。京の町と心に触れ、日本文化の真髄を知る不朽の京都論。京都人の常識や本音を忌憚なく語る「私家版　京都小事典」付き。

角川ソフィア文庫ベストセラー

新版 遠野物語 付・遠野物語拾遺

柳田国男

雪女や河童の話、正月行事や狼たちの生態――。遠野郷（岩手県）には、怪異や伝説、古くからの習俗が、なぜかたくさん眠っていた。日本の原風景を描く日本民俗学の金字塔。年譜・索引・地図付き。

東洋的な見方

鈴木大拙

英米の大学で教鞭を執り、帰国後に執筆された、大拙自ら「自分が到着した思想を代表する」という論文十四編全てを掲載。東洋的な考え方を「世界の至宝」と語る、大拙思想の集大成！　解説・中村元／安藤礼二

日本人はなにを食べてきたか

原田信男

縄文・弥生時代から現代まで、日本人はどんな食物を選び、社会システムに組み込み、料理や食の文化をかたちづくってきたのか。聖なるコメと忌避された肉など、制度や祭祀にかかわった食生活の歴史に迫る。

和食とはなにか 旨みの文化をさぐる

原田信男

世界無形文化遺産「和食」はどのようにかたちづくられたか。素材を活かし、旨みを引き立て、栄養バランスにすぐれた食文化が、いつどんな歴史のもとに生まれたかを探り、その成り立ちの意外な背景を説く。

日本文明とは何か

山折哲雄

常に民族と宗教が対立する世界の中で、日本では公家と武家、神と仏などの対立構造をうまく制御しながら長く平和が保たれてきた。この独特の統治システムの正体は何か。様々な事例から日本文明の本質を探る。

角川ソフィア文庫ベストセラー

古代研究Ⅰ 民俗学篇1
折口信夫

折口信夫の代表作、全論文を掲載する完全版！ 折口学の萌芽となった「髯籠《ひげこ》の話」ほか「妣が国へ・常世へ」「水の女」等一五篇を収録する第一弾。池田弥三郎の秀逸な解説に安藤礼二による新版解説を付す。

古代研究Ⅱ 民俗学篇2
折口信夫

折口民俗学を代表する「信太妻の話」「翁の発生」など11篇を収録。折口が何より重視したフィールドワークの成果、そして国文学と芸能研究融合の萌芽が随所に息づく。新かなで読みやすいシリーズ第二弾。

古代研究Ⅲ 民俗学篇3
折口信夫

「鬼の話」「はちまきの話」「ごろつきの話」という折口学のアウトラインを概観できる三篇から始まる第三巻。柳田民俗学と一線を画す論も興味深い。天皇の即位儀礼に関する画期的論考「大嘗祭の本義」所収。

古代研究Ⅳ 民俗学篇4
折口信夫

霊魂、そして神について考察した「霊魂の話」や「河童の話」、折口古代学の核心に迫る「古代人の思考の基礎」など十三篇を収録。「折口学」の論理的根拠と手法について自ら分析・批判した追い書きも掲載。

古代研究Ⅴ 国文学篇1
折口信夫

決まった時期に来臨するまれびと（神）の言葉、「呪言」に国文学の発生をみた折口は、「民俗学的国文学研究」として国文学研究史上に新たな道を切り開いた。その核とも言える論文「国文学の発生」四篇を収録。

角川ソフィア文庫ベストセラー

古代研究Ⅵ
国文学篇2
折口信夫

〈発生とその展開〉に関する、和歌史を主題とした具体論。「女房文学から隠者文学へ」「万葉びとの生活」など13篇を収録。貴重な全巻総索引付き最終巻。解説・折口信夫研究／長谷川政春、新版解説／安藤礼二

日本文学の発生 序説
折口信夫

古代人が諺や枕詞、呪詞に顕した神意と神への信頼を折口は「生命の指標（らいふ・いんできす）」と名づけ、詩歌や物語の変遷を辿りながら、古来脈打つ日本文学の精神を追究する。生涯書き改め続けた貴重な論考。

能の見方
松岡心平

「翁」「井筒」「葵上」「道成寺」など、代表的な能の名作25曲を通して、能の見方、鑑賞のポイント、舞台の魅力に迫る。世阿弥の時代から現代に届けられるメッセージを読み解く、能がもっと楽しくなる鑑賞入門。

俳句、はじめました
岸本葉子

人気エッセイストが俳句に挑戦！　俳句を支える季語の力に驚き、句会仲間の評に感心。冷や汗の連続だった吟行や句会での発見を通して、初心者がつまずくポイントがリアルにわかる。体当たり俳句入門エッセイ。

芭蕉のこころをよむ
「おくのほそ道」入門
尾形仂

『おくのほそ道』完成までの数年間に芭蕉は何を追い求めたのか。その創作の秘密を解き明かし、俳諧ひと筋に生きた芭蕉の足跡と、〝新しみ〟や〝軽み〟を常とした作句の精神を具体的かつ多角的に追究する。